让数据价值触手可及

游戏进化论
数据全景应用指南

数数科技专家组　编著

电子工业出版社
Publishing House of Electronics Industry
北京·BEIJING

内 容 简 介

本书系统梳理游戏行业数据应用的方法论体系与实战方案，涵盖游戏业务场景实战、品类游戏解决方案、游戏数据中台建设指南等核心模块。通过解析 MMO、SLG、休闲游戏等 5 大游戏品类的上百个真实案例，深入阐释用户留存优化、付费转化提升、运营活动调优等场景的落地路径，为游戏策划、运营、数据分析人员提供可直接复用的方法论工具。

本书适合游戏公司中高级管理者，数据分析师，游戏运营、策划、发行人员，以及行业研究者阅读。

未经许可，不得以任何方式复制或抄袭本书之部分或全部内容。
版权所有，侵权必究。

图书在版编目（CIP）数据
游戏进化论：数据全景应用指南 / 数数科技专家组
编著. -- 北京：电子工业出版社，2025.7（2025.8重印）.
ISBN 978-7-121-50348-1
Ⅰ.G898.3
中国国家版本馆 CIP 数据核字第 20251V0Z27 号

责任编辑：刘　皎
印　　刷：固安县铭成印刷有限公司
装　　订：固安县铭成印刷有限公司
出版发行：电子工业出版社
　　　　　北京市海淀区万寿路 173 信箱　邮编：100036
开　　本：787×980　1/16　印张：15　字数：288 千字
版　　次：2025 年 7 月第 1 版
印　　次：2025 年 8 月第 3 次印刷
定　　价：99.00 元

凡所购电子工业出版社图书有缺损问题，请向购买书店调换。若书店售缺，请与本社发行部联系，联系及邮购电话：(010) 88254888，88258888。
质量投诉请发邮件至 zlts@phei.com.cn，盗版侵权举报请发邮件至 dbqq@phei.com.cn。
本书咨询联系方式：faq@phei.com.cn。

推荐序

人类文明的进程，总以技术革命为里程碑。正如蒸汽机的轰鸣拉开工业时代的序幕，电气革命再造了社会生产生活方式，互联网重构了全球协作网络。人工智能时代，我们经历的是一场文明的变革，身处更富颠覆性的历史转折点。以算法重塑世界底层逻辑，以算力升级产业发展维度，以数据推动认知演进变革，以新型生产要素资源推动技术创新和经济增长，快速迭代对原有发展模式的认知，建构发展新范式。

人工智能的影响对于游戏行业亦如是，"AI+游戏"的场景实践正快速赋能。不论是游戏开发方式，抑或是产业运营模式，都在人工智能技术的助力下，悄无声息地发生变化。同时，技术革命也为游戏产业的格局带来了众多新变化，对游戏生产流程重构和内容创作能力放大的影响最为突出。

AI 正在重构游戏生产流程，迭代商业模式。 传统游戏开发难以兼顾开发成本、开发效率、开发质量，而 AIGC 通过自动化生成图像、音频、3D 模型、代码，显著降低开发成本，缩短开发周期。AIGC 大幅降低了游戏开发的成本和技术门槛。借助 AI 工具，以低成本打造高品质作品成为行业新可能。中小团队和独立开发者通过 AI 工具快速生成资源，为与大厂竞争创造可能。

AI 强化内容为王的创作逻辑，更新行业打法。 AIGC 突破传统游戏开发的人力产能天花板，以游戏剧情设计为例，线性的游戏剧情实现了动态生成，可以根据用户行为、兴趣实时调整剧情分支与场景交互，让用户触发独特故事线，形成"一人一宇宙"的专属沉浸式体验，剧情更丰富、场景更多元、内容更精彩。开放架构使游戏从封闭产品进化为开放世界，用户既是游戏消费者，也是内容创作者，极大延展游戏内容生命周期与商业价值，继而为游戏用户提供不同的体验，创造精神理想世界的无限可能，最终形成支付转化，留下良好消费体验。

在此背景下，数数科技撰写了《游戏进化论：数据全景应用指南》，以独到的产业理解和方法论体系，既为游戏行业沉淀方法论，也在不断转化跨界人才的道路上迈出了坚实一步。

本书从"道-术-器"三个层面，结合 DIKW "数据-信息-知识-智慧"架构，展现数数科技对以数据驱动的游戏产业进化历程的看法。读来不仅能够感受到数数科技的专业技术水准，更能了解以数据衡量游戏不同环节价值的公平秤。

数据分析既是立竿见影、直接创收的手段；也是深谋远虑、提升玩家长期体验的思考方式。在短期价值方面，精准的数据分析能够算快账、促进付费转化、剖析用户流失原因，判断高价值群体的召回性价比。在长期价值方面，数据分析让游戏运营者更懂用户群体，形成用户黏性。通过数据分析，游戏运营者能够结合用户和游戏双重生命周期进行分析，为不同阶段的用户设计差异化的游戏心流，从而让用户"从习得到精通，再到成人达己"，实现个人在虚拟世界中的价值感最大化。

期待本书不仅是游戏行业的数据方法论，也能在人工智能时代为产业带来全新的发展思路，以数据驱动变革，为用户和企业创造更多商业附加值，推动产业持续健康发展。

钟俊浩　秘书长

上海人工智能行业协会

前言

在数字娱乐产业蓬勃发展的今天，人工智能与大数据技术已成为驱动游戏行业发展的核心动力。

10 年前，我们为第一家客户部署产品时，对方问："数据能让游戏变得更好玩吗？"这个问题始终指引着我们的征程。如今，当看到越来越多的开发者通过数据实现游戏项目的优化与迭代，通过动态调优让留存曲线焕发生机，我们确信：数据不是冰冷的数字，而是连接创作者与玩家的精神纽带。

作为深耕游戏行业十载的实践者，我们也目睹了无数团队在先进技术应用过程中遭遇的困境——工具使用碎片化、分析方法断层化、价值认知片面化，这促使我们萌生了构建系统性知识图谱的初心。

本书的诞生源于两个维度的行业观察：其一，头部游戏厂商的技术应用已进入"方法论沉淀"阶段，而中小团队仍困囿于基础建设；其二，行业亟须既懂游戏业务逻辑又精通人工智能技术与数据应用的复合型人才。基于此，我们历时一年梳理了涵盖游戏行业多个细分领域的超过 1200 个案例，最终打造具有普遍适用价值的方法论体系。

游戏进化论：数据全景应用指南

  全书采用"金字塔式"结构：顶层聚焦游戏行业商业智能与决策支持，中间层构建多维分析模型与用户行为解析框架，基础层详解游戏企业中台架构建设。通过"场景化作战"，针对游戏行业重点关注的留存优化、付费转化等典型问题进行解剖式教学。

  需要说明的是，本书并非空中楼阁式的玄奥理论，所有方法论均经过三个维度的实践验证：跨品类的项目适配性、不同生命周期的方案延展性、多地区游戏市场的文化兼容性。读者既可系统研读构建完整的知识体系，亦可按需检索找到特定场景解决方案。

  值此付梓之际，我们期待本书能成为连接先进技术与游戏业务的桥梁，助力从业者在从"经验驱动"到"数据驱动"的转型中把握先机，帮助更多从业者穿越技术迷雾，让"Data+AI"真正成为触手可及的生产工具。

数数科技

2025 年 6 月

目录

第 1 部分　数据应用基础理论

第 1 章　游戏数据应用基础理论 ………………………………………………… 2

1.1　游戏数据应用发展趋势 ……………………………………………………… 2
- 1.1.1　爆发期 …………………………………………………………………… 3
- 1.1.2　调整期 …………………………………………………………………… 4
- 1.1.3　稳定期 …………………………………………………………………… 4
- 1.1.4　创新期 …………………………………………………………………… 5

1.2　把数据用好：道、术、器 ……………………………………………………… 6
- 1.2.1　道——意识 ……………………………………………………………… 7
- 1.2.2　术——方法 ……………………………………………………………… 9
- 1.2.3　器——工具 ……………………………………………………………… 13

第 2 部分　游戏业务场景实战

第 2 章　新增用户分析实战技巧解析 18

2.1　新增用户分析的过程 19
- 2.1.1　数据完整性 19
- 2.1.2　数据打通 20
- 2.1.3　转化漏斗 22
- 2.1.4　新增用户的行为分析 24
- 2.1.5　新增用户的流失节点判断 26

2.2　新增用户分析的原则 28
- 2.2.1　不仅聚焦短期行为，还要聚焦中长期行为 28
- 2.2.2　记录更多的数据，丰富分析的维度 28
- 2.2.3　"时效性"：得出结论后，能足够快速地对游戏进行迭代 28

2.3　新增用户分析的误区 29
- 2.3.1　对定量数据过分依赖，忽视了游戏内容本身 29
- 2.3.2　忽略了用户进入游戏过程的程序侧埋点 30
- 2.3.3　过度关注短期指标而忽视了游戏的长期体验 30

2.4　新增用户的统计口径 30

第 3 章　留存分析实战技巧解析 32

3.1　从业务思路出发，分析留存数据 33
- 3.1.1　什么是业务思路分析 37
- 3.1.2　业务思路的留存分析怎么做 39

3.2　如何将分析过程落地 40

3.3　完成分析后，如何提升用户留存率 43

3.4　统计口径很重要 44
- 3.4.1　用户的识别维度和识别规则 45
- 3.4.2　首次行为和关键回访行为的定义 46
- 3.4.3　用户时区和留存窗口的处理 47

目录

第 4 章 流失分析实战技巧解析 49
4.1 如何定义流失用户 50
4.1.1 流失用户的定义 50
4.1.2 流失用户的圈选 51
4.2 如何发现用户的流失信号 53
4.2.1 回访率曲线 53
4.2.2 流失用户行为特征分析 57
4.3 如何召回流失用户 60
4.3.1 所有流失用户都要召回吗 60
4.3.2 召回流失用户 61

第 5 章 付费分析实战技巧解析 64
5.1 付费行为的动机 64
5.1.1 用户付费交换的价值 65
5.1.2 游戏开发者/运营者通过付费内容交换的价值 65
5.2 游戏中价值交换的发生时机 66
5.2.1 游戏早期 66
5.2.2 游戏中期 67
5.2.3 游戏后期 67
5.3 如何分析用户付费 67
5.3.1 确定用户所处的阶段 68
5.3.2 观察用户付费前的行为 70
5.3.3 分析用户对付费内容是否满意 73
5.4 如何判断付费意愿的变化 73
5.5 如何优化用户付费机制 75

第 6 章 活跃分析实战技巧解析 76
6.1 狭义上的活跃分析 76
6.1.1 常用活跃指标的定义、特点、实现基础 77

6.1.2 构建符合自身业务特点的活跃指标 81
6.2 广义上的活跃分析 82
6.3 针对不同的活跃用户设定不同的运营策略 85
6.4 活跃分析中的误区 87

第 7 章 出海游戏分析实战技巧解析 88
7.1 出海游戏的分析思路 88
7.1.1 确定业务目标 88
7.1.2 识别关键问题 89
7.1.3 拆解问题 89
7.1.4 数据分析思路 90
7.1.5 改进迭代 90
7.2 出海游戏的数据分析注意事项 90
7.2.1 游戏内容与用户文化的匹配度及游戏本地化 91
7.2.2 多货币和支付系统 91
7.2.3 各国的数据合规问题 92
7.2.4 数据衡量标准的地区差异 93
7.2.5 用户行为差异 95

第 3 部分 品类游戏解决方案

第 8 章 MMO 场景实战 98
8.1 MMO 概述 98
8.2 MMO 典型分析场景 99
8.2.1 滚服生态分析 99
8.2.2 养成路径选择分析和玩法引导 101
8.2.3 交易行分析 105

第9章　战略生存 SLG 典型场景实战 109
9.1　战略生存 SLG 概述 109
9.2　战略生存 SLG 典型场景分析 110
9.2.1　出征 111
9.2.2　扩张与发展 114
9.2.3　经营与开发 117

第10章　卡牌 RPG 典型场景实战 121
10.1　卡牌 RPG 概述 121
10.2　卡牌 RPG 典型场景分析 122
10.2.1　抽卡分析 122
10.2.2　卡牌养成 124
10.2.3　剧情与主线任务或关卡 127

第11章　休闲游戏典型场景实战 130
11.1　休闲游戏概述 130
11.2　休闲游戏典型场景分析 131
11.2.1　关卡分析：找到流程中有价值的分析点 131
11.2.2　肉鸽元素的分析 136
11.2.3　弹雾射击游戏的付费破冰分析 137

第12章　模拟经营游戏典型场景实战 140
12.1　模拟经营游戏概述 140
12.2　模拟经营游戏典型场景分析 141
12.2.1　模拟触达 141
12.2.2　经营瓶颈 143
12.2.3　模拟经营游戏的资源特色 144
12.2.4　模拟经营游戏的中期流失 146

第4部分 游戏数据中台建设指南

第13章 游戏数据中台建设 ... 150

13.1 如何提升数据质量 ... 151
- 13.1.1 在源头把控数据质量 ... 152
- 13.1.2 打造高效、可靠、弹性的数据网关 ... 155
- 13.1.3 构建实时、灵活的数据处理引擎 ... 158
- 13.1.4 基于湖仓一体框架的数据存储 ... 163
- 13.1.5 统一的数据分析口径 ... 166

13.2 如何打破数据孤岛 ... 171
- 13.2.1 简单高效的集成工具 ... 172
- 13.2.2 统一清晰的数据标准 ... 174
- 13.2.3 开放融合的平台架构 ... 178
- 13.2.4 敏捷快速的数据飞轮 ... 181

13.3 如何高效响应业务 ... 182
- 13.3.1 抽象封装的数据模型 ... 183
- 13.3.2 自助化的应用工具 ... 189
- 13.3.3 可扩展的系统能力 ... 193
- 13.3.4 智能的AI辅助功能 ... 195

13.4 打造降本增效的数据中台 ... 198
- 13.4.1 存算分离架构 ... 199
- 13.4.2 原生化弹性存储 ... 202
- 13.4.3 原生化弹性计算 ... 207

13.5 如何解决安全合规问题 ... 211
- 13.5.1 如何保证数据安全 ... 212
- 13.5.2 如何满足数据采集合规性 ... 216
- 13.5.3 如何解决游戏出海数据隐私问题 ... 218

13.6 打造面向未来的游戏数据中台 ... 222

后记 为全球游戏构建数据基础设施 ... 224

第 1 部分

数据应用基础理论

第1章 游戏数据应用基础理论

1.1 游戏数据应用发展趋势

上善若水，水善利万物而不争。

数据如同清澈的水，遍布我们生活的各个角落。水有饮用、灌溉、发电及工业生产等用途，数据在各个行业中也扮演着不可或缺的角色。它帮助我们获取更精准的洞见，做出更明智的决策。正如生命离不开水，在当下社会，企业如果缺乏数据的支撑，发展也会举步维艰。

随着人类对水资源的开发利用越来越成熟，从最初简单的自来水龙头，到如今精细智能的全屋净水系统，支撑用水的基础设施也在快速发展进化。

企业数据应用的发展历程与此相似。从最初简单的报表需求实现，到如今覆盖从数据生产到消费、从数据分析到业务增长的数据应用及平台，支撑数据的基础设施也正随着行业发展而日新月异。

在游戏行业，数据的作用尤为突出，它不仅是游戏设计和运营的基石，更是提升用户体验、驱动创新和保持竞争力的核心动力。随着技术的进步，游戏企业对数据的采集、分析和应用能力日益增强，数据已经成为影响游戏产品成功与否的关键因素。

数据应用的演变不仅是技术革新的结果，更是游戏行业发展阶段性特征的直接体现。在过去几年，随着移动互联网的兴起和发展，游戏行业也经历了前所未有的变革，企业对数据的需求与日俱增。如图1-1所示，自2015年以来，中国游戏行业的发展大致经历了以下几个阶段。

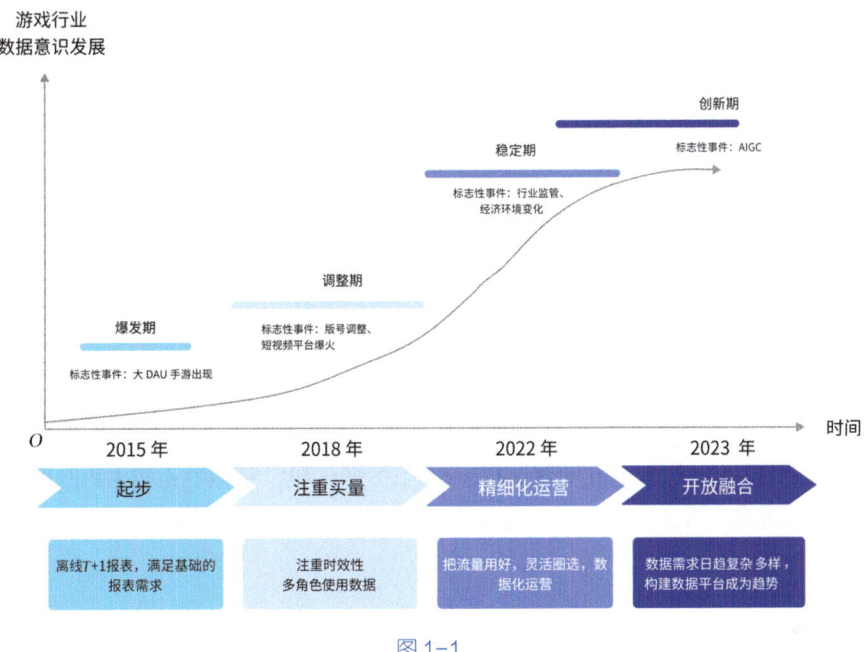

图1-1

1.1.1 爆发期

随着智能手机的普及和移动互联网的发展，大量的移动游戏涌现，用户规模迅速扩大，产业链日趋成熟。2015年是一个重要的时间节点，随着高日活跃用户数（Daily Active User, DAU）游戏的出现，移动游戏市场迎来了爆发式的增长。在这一阶段，企业致力于快速推出新的游戏，抢占市场，游戏数据分析和应用尚处于起步阶段。游戏公司开始收集用户在游戏中的行为数据，如登录频率、游戏时长、虚拟商品购买情况等，用以分析用户行为、优化游戏设计，

3

提高用户在游戏中的留存率和转化率。由于缺乏标杆性的产品，企业对数据的采集和应用呈现多样化的特点，或采用泛行业的第三方工具，或自主研发。

1.1.2　调整期

2018 年，原国家新闻出版广播电影电视总局暂停了新游戏版号的审批，导致游戏市场增速放缓，也促使游戏企业开始转型，注重游戏质量和创新，而非仅仅追求数量。与此同时，抖音等流量平台的崛起也深刻地改变了原有的买量市场。短视频平台的出现扩大了整个互联网用户基础，传统渠道的优势逐渐减弱，买量逐渐成为最主要的用户获取方式。过去以图文为主的广告形式逐渐向视频转变，买量素材的投放周期变短，对游戏质量、素材创意和投放优化的要求越来越高。在这样的背景下，企业更加注重对游戏内用户行为的分析，不再满足于关注大盘指标，更多的企业开始用数据指导产品的迭代。同时，为了更快地进行投放优化，企业对数据实时性的要求也越来越高。传统的 T+1（Transaction Date+1，当天产生的数据需要在第二天才能被看到）展示数据的模式已经无法满足行业的需求。数数科技（后文简称数数）在这一年正式发布了分析产品 ThinkingAnalytics（TA）系统，为行业提供了满足实时数据查询需求的、低代码的自助式分析工具。产品一经推出，便迅速获得了客户的认可。

1.1.3　稳定期

2022 年，游戏行业监管逐渐成为常态，对游戏内容和运营的要求更加严格。2022 年 4 月，游戏版号审批节奏逐渐趋于稳定，游戏企业更加注重产品的质量和长线运营，游戏产业进入存量竞争时代。受新冠疫情影响，资本市场的投资意愿和用户的付费意愿下降，导致游戏行业整体规模出现收缩。据统计，2022 年中国游戏市场实际销售收入为 2658.84 亿元，同比减少 306.29 亿元，下降 10.33%；游戏用户规模为 6.64 亿人，同比下降 0.33%。在这样的背景下，降本增效逐渐成为全行业的统一动作。在存量市场，对用户的精细化运营成为一个核心命题。怎样更高效地利用数据进行科学决策，怎样将更好地让数据助力业务发展，成为这一阶段企业在数据层面关注的重点。数数在这一年公布了产品升级的计划，从聚焦游戏行为分析转变为致力于打造从数据分析到精细化运营的增长闭环。经过一年多的市场检验，证实了行业对于精细化运营的需求在逐渐增长，部分先行者已经享受到了数据带来的价值。

1.1.4 创新期

伴随着第 5 代移动通信技术（5th Generation Mobile Communication Technology，5G）、人工智能（Artificial Intelligence，AI）、虚拟现实（Virtual Reality，VR）和增强现实（Augmented Reality，AR）等技术的发展，游戏行业开始探索新的游戏形态和体验。2023年开始，随着人工智能生成内容（Artificial Intelligence Generated Content，AIGC）的出现和蓬勃发展，游戏行业迎来了新的创新期。作为 AIGC 的天然适用场景之一，游戏行业重新焕发了生机，成为相关技术最重要的商业化方向之一。AI 的学习和决策能力依赖大量高质量数据，对数据的准确性提出了更高的要求。新的设备和场景也将带来数据量的激增，如何高效地处理和分析大数据，提取有价值的信息，成为行业发展的关键。企业对数据的诉求不再局限于用户行为数据的分析和数据化运营的闭环，面向未来构建能支持复杂数据应用场景、具备完善的数据治理能力和高业务价值的数据中台成为头部企业关注的重点。在构建面向未来的数据中台时，企业需要着力解决两个问题：第一，数据中台的建设离不开对业务的深入理解，缺乏业务理解的通用数据模型的效果会严重受限；第二，在降本增效的大背景下，企业对于数据中台的投入是相对有限的，如何利用有限的投入，让数据中台发挥更大的业务价值是企业保持竞争力的关键。面对这样的挑战，企业必须采取创新的策略来构建数据中台。首先，企业需要打造与自身业务紧密结合的定制化数据模型，这要求数据科学家和业务专家进行深入的沟通与合作，确保数据模型能够真实反映业务需求，并为 AI 算法提供有价值的洞察。其次，与外部合作伙伴共建数据中台，通过资源共享和专业分工，实现成本分摊和技术互补，成为许多头部企业的选择。这种合作模式不仅能够扩大数据的规模、增加数据的多样性，还能加速新技术的应用和创新，从而让企业在激烈的市场竞争中保持领先。

中国游戏行业不断适应市场和政策的变化，通过技术创新和模式探索，实现了从数量扩张到质量提升的转变，在经历了政策调整和大环境变化的双重考验后，行业展现出更为健康和成熟的发展态势。这些考验促使企业审视并优化自身的经营模式，加强合规意识和科学决策的能力，提升了整个行业的抗风险能力。在这个过程中，数据的重要性和获得的关注度在持续增强，能否更好地释放数据价值成为企业保持竞争力的关键要素。

1.2 把数据用好：道、术、器

作为数字经济时代的核心生产要素，数据对于游戏行业的重要性不言而喻。如何更好地释放数据价值、赋能商业增长是很多企业非常关心的话题。对企业来说，把数据用好是一件非常有挑战性的事情，但同时是一件正确的、值得长期投入的事情。数数将"把数据用好"总结为道、术、器三个方面，并以此为依据，创建了新一代游戏数据基础设施，获得了一千多家游戏行业客户的认可，如图1-2所示。

图1-2

要提升使用数据的水平，首先要确认问题的症结所在：是认知问题、能力问题，还是动力问题？所谓认知问题，指的是对数据之"道"的理解和判断是否存在偏差，只有透彻理解了问题的症结，才能找到解决之道。对于能力问题，则需要考虑团队是否缺乏解决该问题所需的经验、技能和专业能力，如果缺乏，则需要在"术"的层面进行更多投入。而动力问题则可能来自资源、效率、时间等方面的制约，通过一个称手的"器"，可以为解决问题注入必要的动力。

1.2.1 道——意识

有道无术，术尚可求；有术无道，止于术。

数据本身并不自动拥有价值，它的价值在于如何被分析和应用。如图 1-3 所示，经典的 DIKW 模型提供了一个很好的描述数据价值化过程的视角。

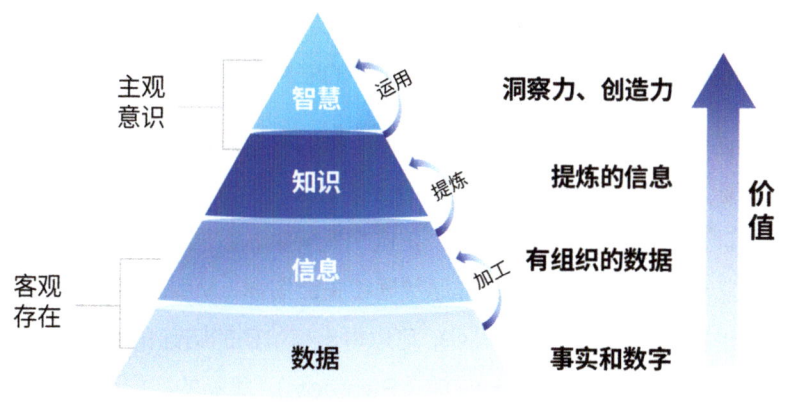

图 1-3

DIKW 是常用于知识管理和信息学领域的概念模型，它将数据、信息、知识和智慧按照层次结构排列，用以解释从数据到智慧的转化过程。

- **数据**（Data）：数据是事实的记录，是没有经过加工的原始数字、字符和事实的集合。数据是客观存在的，它本身并不包含任何意义。
- **信息**（Information）：对数据进行归纳、加工，为数据赋予意义，则形成信息。信息通常回答"谁""什么""何时""哪里"等问题。
- **知识**（Knowledge）：知识是对信息的进一步理解和应用，进而形成对相关关系、因果关系、逻辑关系的理解。知识包含了经验、价值和洞察力，拥有了业务内涵。知识帮助人们理解"为什么"，并能够指导人们将信息应用于具体情境中。
- **智慧**（Wisdom）：智慧是对知识的深刻理解，能够帮助人们洞察本质，预见未来，并在复杂情境中做出明智的判断和决策。智慧本质上指决策（识别和应用知识）的能力，决策的难点在于行动，如果仅仅是纸上谈兵，那么将永远停留在知识层次。

简而言之，原始数据在业务场景中产生，经过采集、归纳、加工、治理，形成有意义的数据，即信息。数据和信息是客观存在的，是数据被进一步应用的基础。结合业务对信息进一步分析和理解，形成关键的洞察，将洞察结论应用到业务决策，即为智慧。

数据和信息是基础，保障数据的质量是让数据产生价值的前提。数据的采集、传输、处理、存储涉及非常多的概念、流程和工具，很多企业投入了大量的人力物力；在知识和智慧层面，企业投入的精力反而很少，无暇顾及。而真正造成差异的，恰好是企业对用户和业务的独特认知，这也是知识和智慧的沉淀。在存量市场，这样的差异将成为企业能否保持竞争力的关键。

为了深入阐述数据在游戏行业中的重要价值，我们对数据知识化的过程进行了梳理，并提出了 MASA 框架。MASA 框架作为数据驱动业务增长的引擎，其核心在于将数据的潜在价值（势能）转换成实际的业务推动力（动能）。在这个框架中，数据是引擎的燃料，通过在引擎中被精炼和处理，转化为具有业务意义的详尽数据和关键指标（Measurement）。结合具体的业务场景，对数据进行深入分析（Analysis），可以得出有价值的结论和深刻的商业洞察，这些结论和洞察将指导企业制定接下来的行动策略（Strategy）。策略的实施和行动的执行（Action）不仅展现了企业的智慧，也是数据价值实现的关键所在。最终，通过对行动成效的评估和分析，进入持续迭代的新循环，不断优化和提升业务成果，如图 1-4 所示。

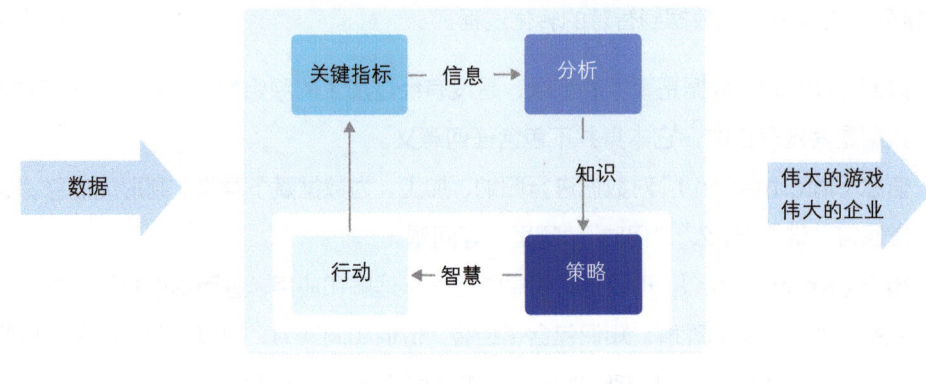

图 1-4

MASA 框架的精髓在于强调企业应将焦点集中于知识的获取与智慧的积累，迅速构建对用户和业务的深刻洞察，这种独到的认知使卓越的游戏和杰出的游戏公司能够脱颖而出。在构建数据体系和平台时，企业不仅要确保数据和信息的质量，还要特别强调提升数据的可操作性，只有将数据洞察迅速而灵活地应用于业务实践中，才能真正实现数据驱动业务增长。

不少企业希望通过工具在数据建设方面获得立竿见影的效果，快速获取业务上有价值的洞察，立刻在业务上看到结果。然而，罗马不是一日建成的，用好数据也需要耐心和循序渐进。在从数据中获取有价值的洞察之前，有以下三个关键要素。

- 数据质量符合标准。
- 业务人员取数方便。
- 团队建立统一的、良好的数据思路。

数据质量是前提中的前提，企业要重视并投入资源做好数据采集和治理工作，必须保证数据在完整性、准确性、全面性、取值规范性、时效性等维度符合一定标准。

业务人员很方便地取数、看数也非常关键。许多业务上的灵感是在不断取数和分析的过程中出现的，稍纵即逝。如果取数很麻烦，需要排期和等待，就难以期待业务侧有余力做更多的洞察与沉淀。保证数据质量和取数方便是用好数据的前提和基础，也是容易被企业忽略的要素。

数据意识和组织的数据文化也是非常重要的因素。如果缺乏数据意识，那么即使投入很多成本搭建了数据中台，也很难用好数据。团队负责人的数据意识尤其重要，一个团队能否把数据用好，往往取决于团队负责人是否重视数据，是否高频使用数据。数据意识是自发产生的，源于企业对于数据的理解和重视，源于团队的大多数成员能够高频使用数据，并从数据的使用中获得正向反馈。MASA 框架的每一个循环，不仅是团队的业务认知加强的过程，也是团队的数据意识不断强化的过程，而数据意识的不断强化，也必将在业务结果上有所体现。

1.2.2 术——方法

企业拥有的数据只是潜在价值的起点，没有恰当的数据运用方法，就仿佛坐拥金矿却无法将其转化为真金。为了有效利用数据，企业必须首先确定清晰的数据策略，明确组织如何、在哪些场景下使用数据。数据策略是企业将数据转化为商业价值的蓝图，它指导企业收集、分析、共享和利用数据，以支持决策制定和业务增长。数据策略作为将数据潜能转化为业务增长的关键，也是指引数据投资的明灯。缺乏清晰的数据策略，不仅会使数据应用缺乏系统性，还可能导致数据中台建设方向迷失，造成高投入低回报的局面，如图 1-5 所示。

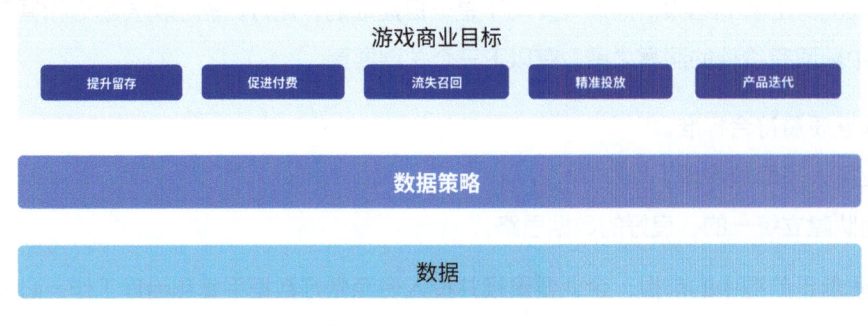

图 1-5

企业通常可以结合自身业务从以下维度构建自己的数据策略，明确数据应用的场景。

1. 查看

查看数据是基础且普遍的数据应用场景。企业应结合自身的业务目标，明确那些能够反映业务状况的关键指标，并确保这些数据的高可见性，这是数据利用的基础。这意味着，数据不仅需要与业务目标紧密相连、能够实时更新，还应通过高效展示手段被轻松获取并理解。

鉴于人脑处理图像的速度远超文本和数字，为了提高数据的可理解性，我们可以利用数据可视化技术，将复杂的数据集转化为直观的图表和图形，以便数据的使用者迅速把握数据所要传达的核心信息。数据可视化工具，如仪表板和报告，能够协助团队迅速构建、组织并呈现关键数据。

数据的应用场景并不限于数据中台本身，它还可以被集成到更广泛的业务流程中。一个高效的数据中台通常具备将数据直接推送到工作环境中的功能，无论是通过电子邮件，还是通过即时消息群组，都能确保相关数据被直观地呈现给相关人员，使数据真正成为日常工作的切入点。这样做不仅有助于团队成员养成依赖数据的工作习惯，还能提高他们对关键业务指标的敏感度。

2. 探索

除了查看数据，对数据进行深入探索也是一个常见且关键的应用场景。数据探索是分析工作的基石，涵盖追踪数据趋势、对数据进行细分，以及跨不同维度进行比较等方法。在多数情况下，数据探索能够协助业务人员揭示隐藏的商业机遇和潜在问题，掌握数据探索技能对于大多数业务从业者而言是必要的。

为了降低数据探索的技术门槛，企业可以构建交互式仪表板和自助式分析工具，让那些没有技术背景的人员也能够轻松地进行数据探索。这种做法不仅简化了数据分析流程，还使数据分析的民主化成为可能，从而增强了整个组织的数据驱动决策能力。AIGC 的出现为数据探索开辟了新的天地，基于大模型的人工智能技术可以使数据探索更加智能化和自动化，用户可以直接以自然语言的方式进行提问，由大模型结合业务数据给出结论、预测和进一步探索的思路。

总而言之，数据探索是每个人都可以，也需要掌握的技术。培养数据文化，鼓励全体员工参与数据探索和分析，也是提升组织数据能力的重要途径。通过定期的数据分析培训、工作坊和数据驱动的决策制定流程，可以使数据分析成为组织文化的一部分，进而促进业务创新和效率的提升。

3. 预测

在分析复杂问题时，企业亟须采用更先进的工具和方法深入挖掘数据背后的深层含义。这通常意味着要运用高级数据挖掘技术和精细化的预测模型，这些技术和模型不仅能够助力企业预测未来的业务趋势，还能够在产品设计优化和潜在风险防范上发挥作用。

为实现这些目标，企业可能需要投资于机器学习、人工智能等尖端技术，这些技术具备处理和分析庞大数据集的能力，能够识别出复杂的数据模式和趋势。此外，企业还需组建一支由数据科学家、分析师和业务专家组成的专业团队，他们将运用高级工具，将数据转化为宝贵的商业洞察。许多企业选择借助第三方的产品和技术来强化自身的高级分析能力，但深度的业务参与是确保分析成效的关键。

无论是自主构建还是与第三方合作，强化预测和洞察能力的基础都是建设一个开放而强大的数据中台。这样的平台能够提供多源异构的数据集成、丰富的数据加工和任务调度能力，确保数据准备工作的顺利进行。在与第三方合作的情况下，数据中台还需要在提供必要的数据特征的同时，确保企业数据的安全性和隐私性得到妥善保护。

4. 行动

有效利用数据不仅意味着从中提取深刻的业务洞察，更关键的是要能够根据数据实施具体的行动，这一转化过程需依托强有力的工具和系统支持。为了让数据真正成为行动策略的驱动力，我们必须让数据与行动无缝对接，并建立数据回传机制，以实现对所有子系统数据的有效整合和应用。

在竞争激烈的游戏行业，基于数据的运营尤为关键，特别是在当前的存量市场环境下。为了实现数据化运营，企业需要构建完善的用户标签体系，并为业务团队提供直观易操作的用户细分和圈选工具，以便为不同用户群体量身定制运营方案。在行动策略的制定和实施过程中，持续地实验和验证是关键，它允许企业基于数据反馈快速优化和迭代行动策略。

一旦策略经过彻底的验证并被证实有效，便可进一步实现自动化，提升操作效率，减少人为失误，并保障业务决策与执行的流畅和一致。通过这样的机制，企业可以确保其数据策略的执行不仅建立在深入的洞察之上，而且能够转化为实际的、有效的行动，从而推动业务的持续增长和发展。

综上所述，打造数据策略是一个立体多面的过程，企业需要从查看、探索、预测及行动的维度出发，思考和明确符合自身当前业务状况的数据应用场景。在这一过程中，外部信息的引入和激发同样至关重要，数数在服务客户的实践中积累了丰富的专业知识，这些宝贵的知识将通过产品和服务传递给客户，为他们提供灵感和思路。企业应结合自身业务的具体需求，构建并持续优化自己的数据策略。

1.2.3 器——工具

当企业形成对数据重要性的共识,并且明确了数据策略及其实施方法后,接下来关键的一步就是打造一个合适的数据工具来实施这些策略。理想的工具应该既能满足企业当前需求,又能与企业的数据生态无缝对接,同时具备易用性和灵活性,能够随着企业的成长和数据策略的演进适时调整产品。与数据相关的产品和工具五花八门,功能各异,如何选择最合适的工具成为一个挑战。

与数据相关的产品和工具众多,它们的核心目标都是围绕数据生产和数据消费两大关键环节进行增效和优化。数据消费关乎企业员工如何在不同的业务情境中利用数据,数据中台的构建应以数据消费为出发点和归宿,始终围绕明确的消费场景展开。数据生产构成了数据应用的前提和底层支撑,包括数据的采集、传输、加工和存储等环节。没有高效、高质量的数据采集和处理,数据的价值就无法得到充分发挥。在数据生产和消费环节,因为场景不同,对工具的需求和建设重点也有所差异,如图 1-6 所示。

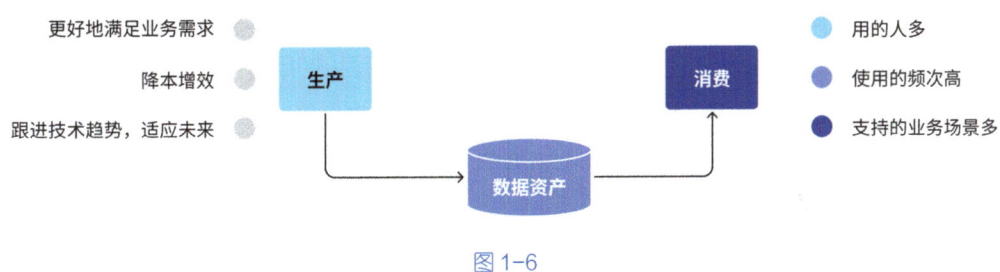

图 1-6

在数据消费环节,理想的数据工具应该具备以下几个关键特性,以满足企业对数据分析的高效和深入需求。

- 实时性和深度下钻能力是现代数据分析工具的基本要素。企业需要对业务动态进行实时监控,并能够迅速做出反应。数据工具应当提供强大的数据下钻功能,使用户能够透彻深入地探索数据的各个层面,以便揭示隐藏的问题和机遇。

- 低门槛操作对于提升数据工具的普及性至关重要。一个优秀的数据工具应当设计得简洁直观，即使是非技术背景的用户也能够轻松上手。通过直观的用户界面和简化的操作流程，用户无须深入了解技术细节或 SQL 语言，就能进行数据分析，这样可以大大降低数据分析的门槛，提高工具的使用率。
- 适应性与便捷性也是不可或缺的。数据工具需要无缝融入用户的工作流程中，与他们的工作习惯契合。数据工具的设计应当充分考虑不同行业的特点，以确保实用性和有效性。
- 支持多样化业务场景的能力也是衡量数据工具优劣的重要标准。数据只有被应用到业务场景中，才能真正产生价值，一个理想的数据工具要能与业务系统无缝对接，帮助业务人员将从数据中获得的结论快速转化为业务动作，并能通过数据打通，快速评估行动的效果，形成数据驱动的增长闭环。

数据生产环节是企业获取洞察力和竞争优势的源泉。理想的数据工具应当具备以下特点，以推动企业的数据战略实现最好的效果。

- 业务需求是数据生产的起点和终极目标。一个理想的数据工具不仅应当能够无缝地整合数据生产和消费的各个环节，而且还应确保整个过程紧密围绕业务需求展开。这意味着数据的采集、处理和加工必须与业务人员的工作流程和使用习惯匹配，以便他们能够轻松地获取和利用所需信息。
- 降本增效是数据工具追求的另一个重要目标。数据工具应具备状态伸缩的能力，能够根据数据量的大小自动调整资源使用量，以优化成本。跨源映射功能也是必不可少的，它允许工具从不同的数据源中提取和整合数据，无论是对于结构化的数据库还是对于非结构化的数据库，都能够高效地进行数据处理。
- 跟进技术迭代是数据工具持续进步的关键。随着技术的不断发展，新的数据处理技术和算法不断涌现，一个理想的数据工具应当具备足够的开放性，能够兼容各种数据生态系统和技术标准。这种开放性不仅能够保证数据工具与最新技术同步，还能使工具更加灵活和可扩展，适应未来的发展需求，如图 1-7 所示。

第 1 章 游戏数据应用基础理论

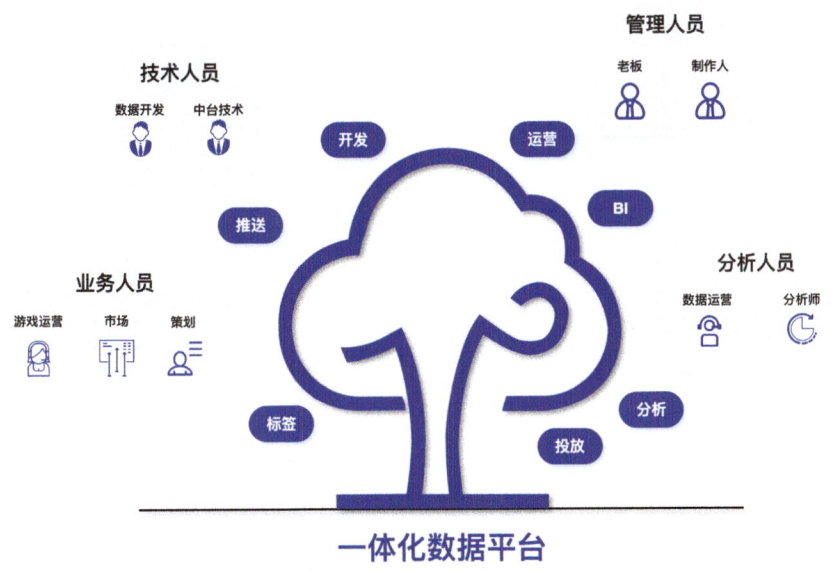

图 1-7

在企业内部，成员背景多样，但他们共同的需求是利用数据来实现价值最大化。一个出色的数据工具必须考虑到不同用户群体的特性和应用场景，并确保这些场景之间能够无缝对接。在这个过程中，一个至关重要的原则是保障数据能够在不同产品模块之间流畅地传递和整合，数数的游戏大数据引擎 ThinkingEngine（TE）系统在设计之初就深刻领会并实践了这一理念。我们可以将一个产品比作一棵树，在面对多样化的需求和场景时，我们的目标不是去培育一片杂乱无章的森林，而是精心培养一棵茁壮成长的大树。在这棵大树上，不同的场景如同树枝和叶片，虽各自独立，但又有机地连接在同一主干上，我们要确保数据能够在树干和枝叶间自由流动，滋养整棵树。通过这样的设计，TE 系统不仅提升了数据的可访问性和实用性，还强化了数据工具的整体性和协同效应。这种一体化的数据架构让企业能够更加灵活地应对各种业务挑战，同时促进了跨部门和跨团队的数据共享与合作，从而推动整个企业的数据智能化转型。这一理念可以作为企业建设自己的数据中台时的参考。

第 2 部分

游戏业务场景实战

第 2 章
新增用户分析实战技巧解析

新增用户的数据表现不仅是衡量游戏吸引力和市场接受度的直接指标，更是推动游戏持续成长和优化的关键动力。

通过新增用户分析，有助于团队了解哪些营销策略最有效、哪些游戏内容最受欢迎，以及哪些需求和偏好在用户群体中是具有广泛共性的。这些信息对于制定更有效的用户获取和留存策略至关重要。关于对大盘数据的地理位置、年龄、性别、游戏偏好等方面的分析，相信大家已经做过很多，如果在分析过程中发现具有某一特征的用户在数据增长上表现良好，那么我们可以寻找其中的原因，并尝试在游戏内容或推广策略上进行更多调整，从而优化整体的新增数据表现。

总的来说，我们关注以下 4 个方面的数据：渠道质量、行为转化、活跃情况和流失原因。这些数据是用户行为偏好的整体反映，而对于每一个具体的用户，我们需要从更细致的角度分析影响他们进入游戏和参与游戏的因素。例如，可以观察新用户的行为模式和活动参与度：如果新用户在游戏的某个特定阶段大量流失，则可能表明该阶段关卡难度过高或玩法缺乏吸引力。反之，如果用户在特定类型的任务或挑战中愿意投入更多时间，我们就需要深入思考造成这种现象的原因。

2.1 新增用户分析的过程

我们来看一个案例，以此探讨新增用户分析的过程：有一款卡牌角色扮演游戏（Role-Playing Game，RPG），在推出初期获得了一定量的用户，但两周后用户的增长速度明显放缓，且留存率低于行业平均水平，运营团队不得不深入分析原因。

2.1.1 数据完整性

首先遇到的问题是**数据不全**，无法进行细致的分析。虽然团队通过数据追踪工具和第三方分析平台收集了用户行为、来源、游戏进度等数据，但由于在游戏发布之前，研发团队的主要精力放在了游戏代码的迭代优化上，在数据上报方面的工作投入不足，导致实际实现的埋点内容相对有限，许多细致的用户行为信息没有被收集到。因此，他们不得不紧急进行一轮埋点开发工作。

这样的"救急"场景在新游戏上线时屡见不鲜。数据准备工作本应作为游戏项目开发的一部分并被纳入项目管理规划，然而，从工作内容的优先级来看，完成高质量的游戏逻辑代码确实比完成埋点上报代码更为重要。在这种情况下，为了更好地应对埋点内容可能存在的局限性，我们首先要规划埋点内容的落地优先级。通常来说，重要性从高到低的排序如下。

1. 第一优先：安装、注册、登录、登出、付费、程序加载

这些是最基础的用户行为数据和程序运营过程中的状态数据，有助于我们了解用户最基本的行为，以及数据运行过程中是否出现了影响用户正常游戏进程的漏洞。

2. 第二优先：升级、通关、资源/道具产销

这些数据与游戏核心玩法相关，在基础数据完备的情况下，可以考虑进一步记录，它们对于我们了解用户留存和游戏时长存在区别的原因，具有关键作用。

3. 第三优先：活动、副本、互动

这些数据指向游戏中的支线玩法与内容，具有统计分析的价值，也能反映出不同用户行为的偏好，但相比前两个优先级的数据，单独对其进行统计与分析的价值较低。因此，在条件允许的情况下，我们再考虑对其进行记录和分析。

TE 系统可以充分满足大家对新增用户进行分析的需求。首先，在保证数据完整性方面，TE 系统提供了一系列配套的软件开发工具包（Software Development Kit，SDK）和工具，帮助大家在埋点开发过程中提高效率，将更完备的用户数据上传到 TE 系统进行分析，如图 2-1 所示。

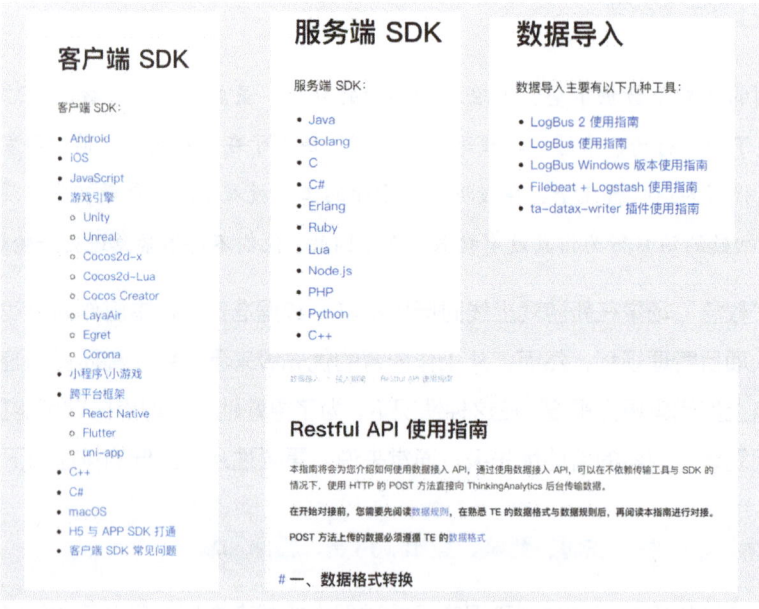

图 2-1

2.1.2 数据打通

根据新增用户数量和投放数据，投放团队认为有一些渠道表现不错，但运营团队认为，对于渠道带来的用户还需要进一步分析其行为细节，以确定其质量。虽然每个渠道都返回了投放结果的统计数据，可对于游戏中具体用户的所属渠道却并没有打上标记。这就导致一个问题：

虽然知道"各渠道来了多少人",却无法知晓"来的人具体源于哪个渠道"。

这个问题的难点在于,第三方渠道的统计口径和我们自己的统计口径可能不同,因此,我们需要**使用统一的用户标识符来完成统计口径的对齐**:确保每个用户都有唯一的标识符,无论他们是通过哪个渠道进入的。这个标识符应该在所有数据点中保持一致,以便跟踪用户的整个行为链路。

另外,归因本身是一个复杂的逻辑。理论上,我们可以自己进行归因,但现在有许多**第三方追踪和分析工具**,如 AppsFlyer、Adjust、Firebase 等,它们能够完成用户从点击广告到下载安装的归因。如果能接入这些厂商的服务,再结合统一的用户身份(Identity,ID)标识号码,归因的问题就可以解决。当然,想得到比较准确的归因信息,还需要做大量的工作,但第三方厂商的逻辑是足够为我们所用的。

在这一逻辑下,TE 系统具备对接多种第三方工具的能力,可实现投放侧数据与应用内数据的打通。如此一来,不再需要手动关联多个平台之间的用户,投放效果分析可以更加深入,如图 2-2、图 2-3 所示。

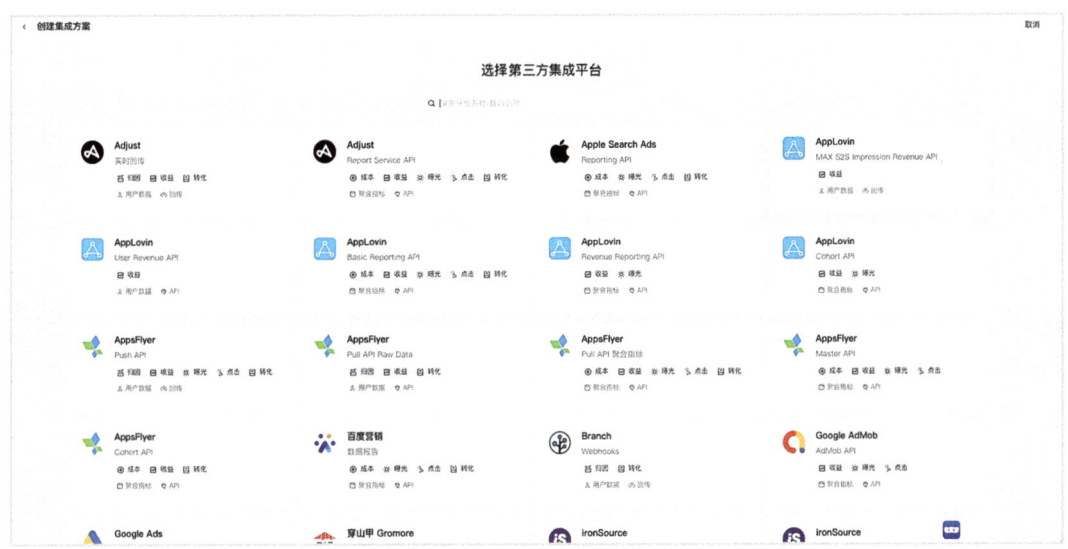

图 2-2

游戏进化论：数据全景应用指南

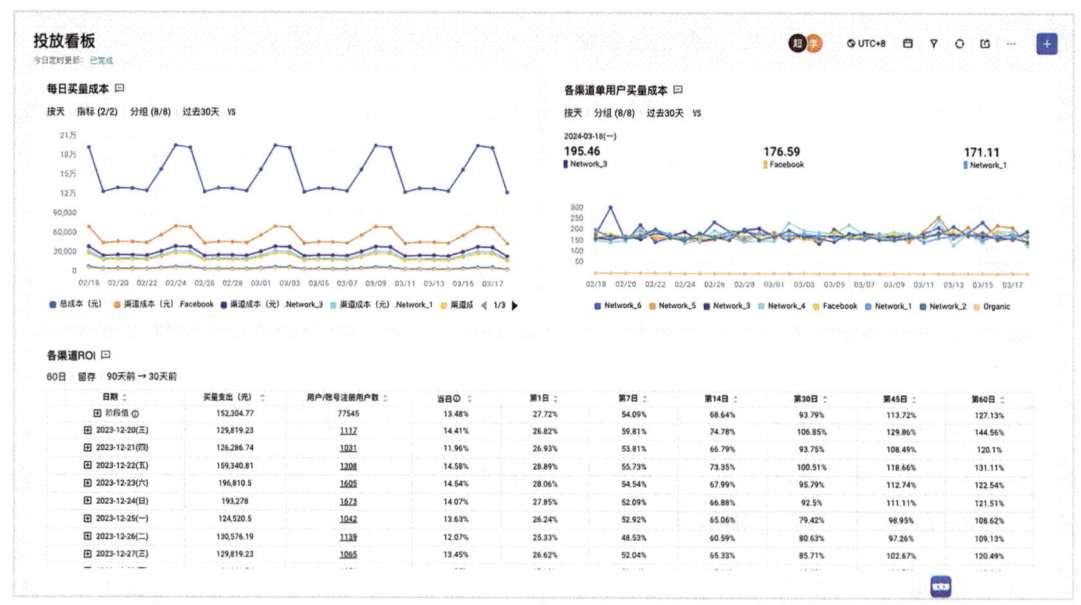

图 2-3

2.1.3 转化漏斗

从第三方获得买量数据后，运营团队又统计了进入游戏的用户数量，发现游戏用户的下载到创角转化率为 85%，团队认为这一转化率还有提升空间。

最初，运营团队认为问题出在游戏初始阶段的内容吸引力上。由于游戏相对重度，在完成创角前用户需要对角色进行一系列设定，这个过程缺少了游戏的相关玩法，对用户来说可能有些枯燥。因此，团队迅速采取行动，在具体的角色设定工作开始之前，增加了玩法体验环节，让创角过程和游戏的进程融合得更加顺畅。但是从结果来看，转化率没有显著变化，依旧徘徊在 85% 左右，这让团队陷入了苦恼。

实际上，在解决这个问题之前，我们需要先了解转化漏斗的全貌。对于新增用户的转化，我们应该从源头开始关注，即广告投放。具体的转化分析步骤如图 2-4 所示。

- 投放:广告展示->广告点击->下载应用->安装应用
- 注册:应用启动->SDK初始化->实名认证->注册账号
- 创角:选择服务器->资源加载->完成创角
- 引导:新手引导->主线任务引导

图 2-4

对于投放侧,通常无法从广告投放平台获取明细数据,只能通过汇总结果从整体上判断用户的转化情况。这部分工作更多涉及广告投放优化,需要从买量的渠道和素材入手,寻找最有效的用户转化点。

而从注册开始,就是我们可以获得明细数据并能进行深度优化的部分。从大的方面来说,应用启动后要经历技术角度的 SDK 初始化等一系列操作,还需要通过实名认证,才能完成账号注册。这期间可能会因为程序原因导致用户无法进入游戏,例如产品漏洞导致的游戏闪退或者崩溃,又如实名过程导致注册率下降。所以,在注册账号之前,除了游戏内容本身,还可以从技术侧做更细致的漏斗分析,观察程序加载过程中的耗时与转化情况。

在账号创建完成后,还会有进一步的选服和创角操作(中轻度游戏可能不需要,这里以复杂情况为例)。在这个过程中,每一步的转化率都需要关注。只有用户最终完成了游戏的引导过程,从普遍意义上的新手期进入高速成长的成熟期,才能说明用户已经成功通过新手期的转化漏斗,对于新手期的转化分析才算告一段落。

对于每个转化环节,TE 系统可以通过"漏斗分析"模型进行卡点分析,找出未完成转化的用户与完成转化的用户之间的差异,如图 2-5 所示。

游戏进化论：数据全景应用指南

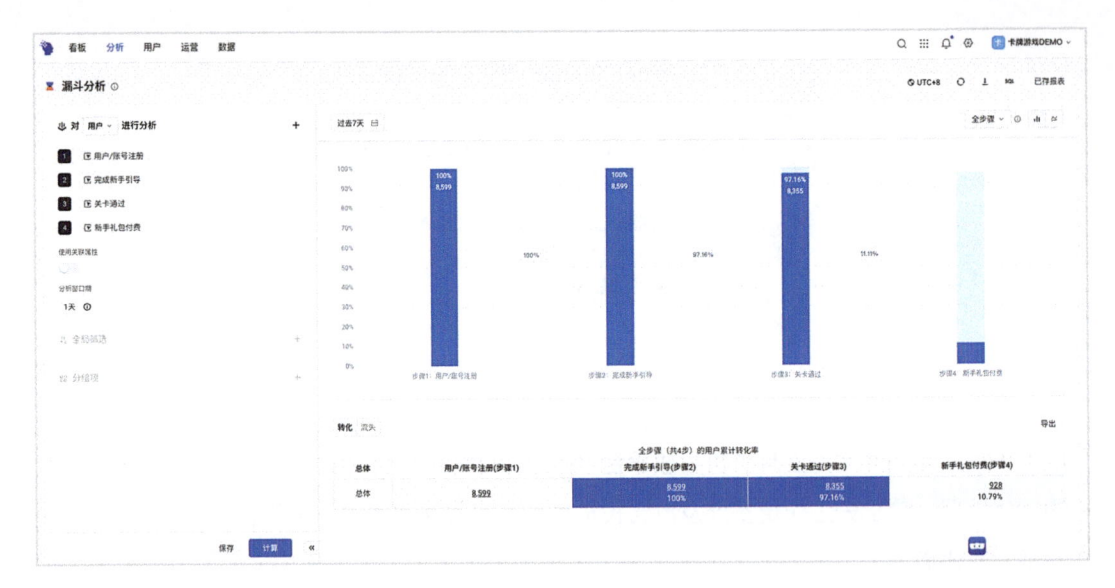

图 2-5

2.1.4 新增用户的行为分析

完成了下载和注册环节的优化，新增用户的转化数据看起来趋于健康，但接下来又发现这些用户在游戏中的时长和留存率不尽如人意，这表明很多用户并没有被游戏内容吸引。因此，还需要想办法进一步留住新增用户。

在新增用户的分析过程中，留存率和游戏时长是最值得关注的，这些指标直接反映了用户对游戏的参与意愿。然而，这些指标反映的只是用户行为的最终结果，游戏过程才是决定用户是否留下的关键因素。对于这款游戏，运营团队发现从第三天开始，用户的游戏时长相比前两天显著下降。

在这种情况下，需要深入挖掘导致用户游戏时长下降的原因。通常来说，游戏时长下降可能是因为用户在游戏中的成长遇到瓶颈，或者可探索内容不足，无法在游戏中完成自己的目标。针对成长瓶颈，关注以下几个方面。

- 任务、关卡、等级的突破耗时，重新挑战的次数。

- 资源、道具、英雄的获取和养成速度。
- 对于新的玩法、领域的探索度。

　　这些指标反映了用户在游戏中的成长情况，当核心数据未达预期时，需要关注这些指标在用户进入游戏后的变化情况。需要注意的是，上述指标体现出的阻力在大多数情况下会给用户带来挫败感，但在某些情况下，也可能激发用户对游戏内容的挑战欲。例如，在通关过程非常顺利的情况下，突然提高难度可以促使用户寻找更多养成方向、探索游戏内容、消耗更多资源。因此，不能一概而论地认为用户成长过程中的阻力只有负面影响，而需要结合游戏内容具体分析。

　　以案例中的情况为例，用户在第三天游戏时长下降的原因在于，资源获取的节奏无法与用户成长的节奏匹配，免费资源枯竭的速度过快，从而使用户过早陷入了靠氪金才能变强的境地，在游戏中的失败感过强。

　　针对活跃用户的具体行为分析，可以综合运用各种 TE 系统的分析模型，实现对用户行为全面且深入的洞察，如图 2-6、图 2-7 所示。

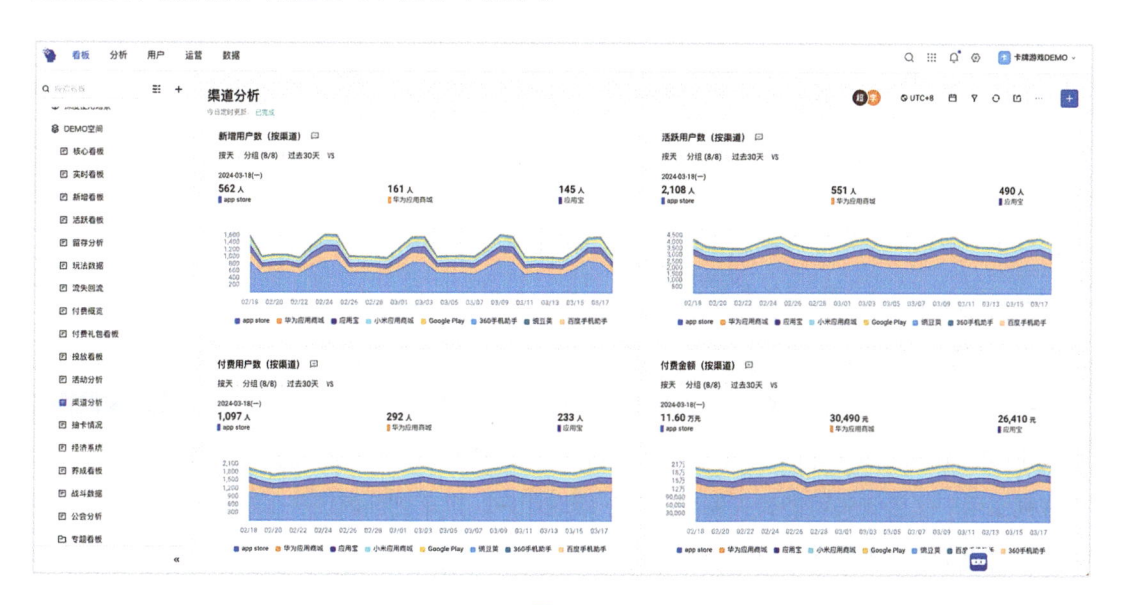

图 2-6

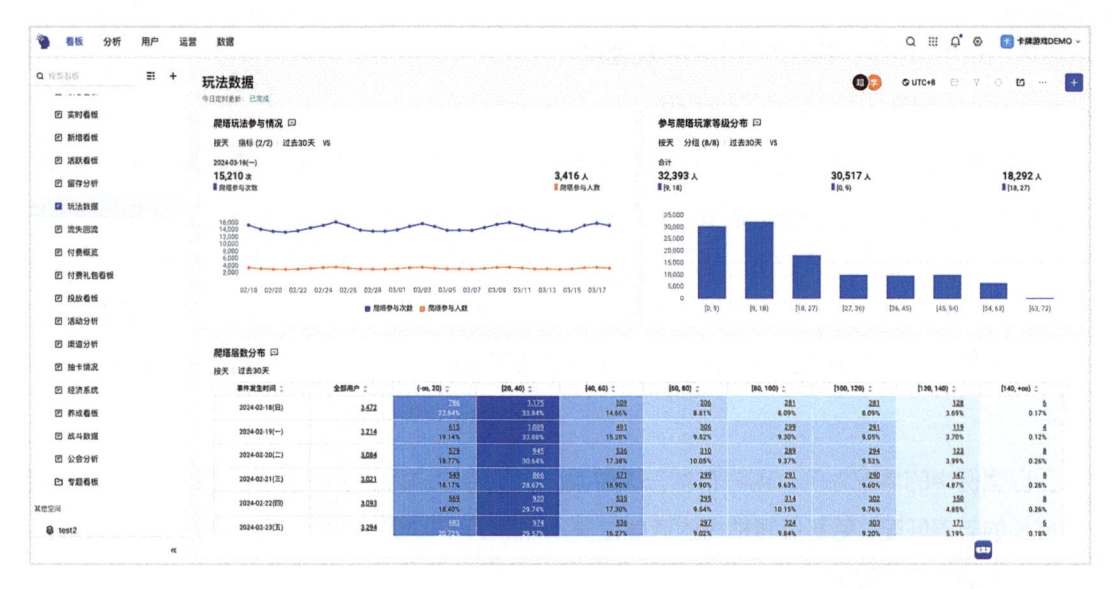

图 2-7

2.1.5　新增用户的流失节点判断

活跃度的下降可能预示着用户即将流失，因此，运营团队需要尽早识别出新增用户的流失倾向。尽管团队已经对游戏用户的活跃情况进行了深入分析，但对于那些早期流失且尚未体验游戏核心玩法的用户，仍然缺乏有效的分析手段，有些用户在新手引导阶段就离开了游戏。因此，对于如何判断早期可能流失的用户，我们需要更多方法。

要对流失用户进行分析，首先要明确流失用户的定义。对于游戏的早期用户，根据有限的数据无法掌握他们的留存特征，不能仅根据用户某一天或某几天没有进行游戏，就判断他们已经流失，原因如下：一是数据的时效性不好，往往要等到结果产生后才能了解情况，这时已经错过了影响用户的最佳时机；二是新用户暂时离开，并不意味着他们真的流失了。长期来看，这样判断用户是否流失可能有失偏颇。对于新增用户，提前判断其流失倾向的关键思路是：尽量详细记录用户在前期游戏过程中的操作。

在新手引导过程中，对于每一步所消耗的时间以及手机端的非有效点击操作，都可以作为埋点信息记录下来。通过记录新手引导过程消耗的时间，从侧面了解用户对游戏剧情的兴趣、对玩法的熟悉程度，以及引导设置的合理性。例如，有一类用户对游戏的剧情内容不太感兴趣，他们可能会快速跳过新手引导过程中的对话。这类用户在游戏中的行为可能更偏向于追求高成就，而对游戏的背景信息和人物故事没有太多兴趣。从用户运营的角度来看，可以在后期的游戏进程中尝试引导他们进行更多的通关和养成操作，并发放更多资源。

而关注游戏剧情的用户可能更愿意为了游戏中的角色去探索相关副本，他们容易对有特殊故事的角色感兴趣，愿意花时间和精力解锁隐藏信息和成就。但是，对于关卡进度和更高的账号等级，他们兴趣不大。

通过对"用户新手引导过程"的分析，我们尝试在前期确定用户在游戏中的行为偏好，以便尽早开始干预。通过灵活的运营策略，提高游戏提供的内容与用户对游戏内容预期的匹配度。

对于有流失风险的用户，可以在 TE 系统中查看"用户行为序列"，了解用户在游戏过程中的具体行为，如图 2-8 所示。

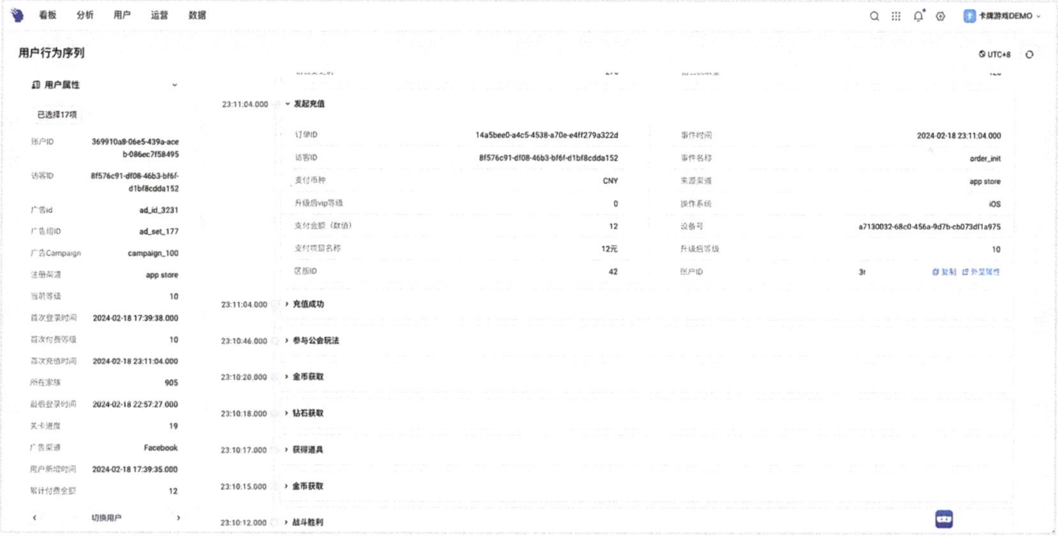

图 2-8

2.2 新增用户分析的原则

新增用户分析与其他用户分析的主要区别在于分析目标和分析深度不同。新用户在短时间内无法深入探索游戏内容，但前期有限的游戏行为对其后续留存有重要影响。因此，对于新增用户，全面地记录和分析用户信息非常重要。

2.2.1 不仅聚焦短期行为，还要聚焦中长期行为

与长期用户分析不同，新增用户分析需要更加关注用户的短期行为。因此，选择合适的短期行为指标至关重要，合适的指标能明确反映新用户的初期体验。然而，长期行为的分析同样值得重视，因为所有用户都是从新用户开始的，要了解一个用户当前的行为，就需要从他之前的行为入手。

2.2.2 记录更多的数据，丰富分析的维度

新用户的来源、地理位置、游戏过程中的行为表现等数据，可以用来构建用户画像的相对较少。在游戏初期，对游戏用户的行为很难进行深度分析。因此，我们需要在只有少量数据的情况下，完成对游戏用户的个人风格判断。为了更细致地分析用户在前期游戏过程中的行为，需要从更多角度记录用户行为，这些行为既可以是主动的（例如新手引导过程中的无意义点击），也可以是被动的（例如程序加载过程中的埋点信息）。

2.2.3 "时效性"：得出结论后，能足够快速地对游戏进行迭代

根据分析结论进行快速迭代会增加新游戏运营和研发团队的工作压力。新游戏上线时，团队不仅需要处理游戏中的大量问题，还需要快速迭代和验证游戏的前期流程，这对游戏的项目

管理要求很高，因此整个团队需要做好充分准备，才能真正发现并解决问题。

　　TE 系统的运营模块能够实时判断用户表现、制定运营策略并实时下发，通过触发式的运营任务，在新用户进入游戏后，根据其行为采取相应的运营策略。这样，可以在短时间内完成对新增用户的行为分析和对游戏内容的优化，为新游戏的效果回收和调优效果落地争取宝贵时间，如图 2-9 所示。

图 2-9

2.3 新增用户分析的误区

2.3.1 对定量数据过分依赖，忽视了游戏内容本身

　　量化数据（如登录频率、会话时长等）可以反映用户行为过程，但无法完全解释用户在游

戏过程中的动机和体验。对于一款游戏来说，让用户感兴趣，才是留住用户的关键，而将这种兴趣转化为数据是非常困难的。因此，对于一些更偏定性的数据内容，例如用户访谈、问卷调查等，可提供更开放的反馈渠道，也可将它们作为用户反馈的参考。此外，游戏人的直觉非常重要，虽然它不能解释问题背后的原因，但能让你捕捉到问题。

2.3.2 忽略了用户进入游戏过程的程序侧埋点

在预算范围内，我们可以尽可能详细地记录新用户行为和游戏运营过程中的数据。因为用户在这个阶段的时间不会太长，所以我们更需要细致了解这个过程中发生的各种情况，而游戏的加载及运营信息可以帮助我们从更多角度发现影响用户游戏体验的潜在因素。

2.3.3 过度关注短期指标而忽视了游戏的长期体验

有些时候，过分追求短期指标（如在线时长）的提升，容易忽视用户在游戏中的"有效游戏体验"。如果用户在游戏中的行为更多出于被迫，而不是主动选择，那么他们对游戏内容的新鲜感和对可探索内容的预期就会下降。例如，为了增加用户的游戏时长而增加重复性的关卡数量，那么用户在游戏过程中可能会过早陷入"无聊"状态。相反，如果针对特定的 1~2 个关卡提升难度，来激发用户的胜负欲，那么在同样的游戏时长中，用户可能会主动挖掘更多上阵搭配与关卡策略，在这个过程中也可以加深对游戏玩法的理解，这样的游戏时间才是"有效的游戏时间"。

2.4 新增用户的统计口径

我们需要根据不同的产品形态和产品阶段定义"新用户"及其统计口径。"新用户"可以是一个新的角色、账号，或者设备，可以使用复杂的方法进行判断。例如，对于一个新出现的账号，只有在其所在设备没有注册过其他账号的情况下，才认为这个"新账号"是一个新用户（反之亦然），如图 2-10 所示。

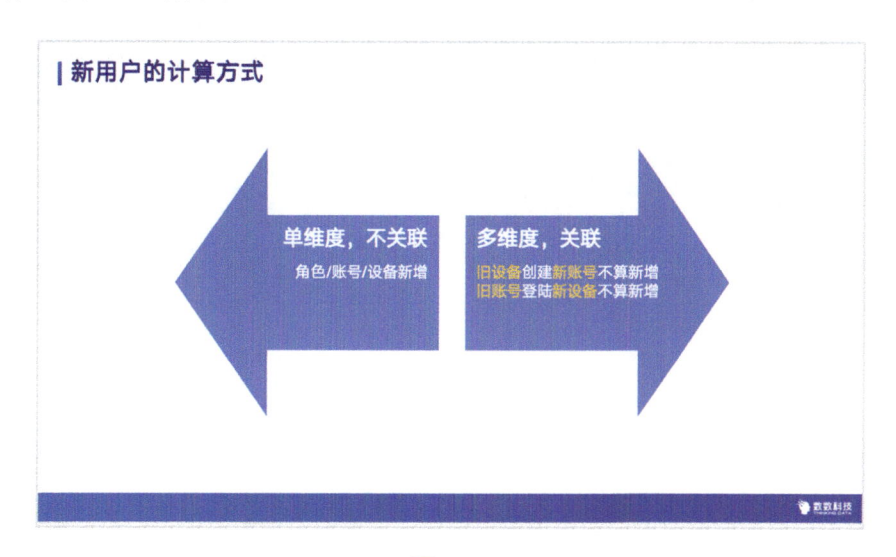

图 2-10

| 新用户的计算方式 |

单维度，不关联
角色/账号/设备新增

多维度，关联
旧设备创建新账号不算新增
旧账号登陆新设备不算新增

图 2-10

通常情况下，对于新用户，我们可以选择"单维度，不关联"的方式进行判断。而更复杂的"多维度，关联"逻辑更多应用在社交和金融场景中。

第 3 章
留存分析实战技巧解析

留存率是衡量游戏质量的核心指标，它直接反映了用户的忠诚度和游戏的商业潜力。高留存率意味着用户更活跃，游戏生命周期更长，商业成功的可能性更大。在当今激烈的市场竞争中，数据分析至关重要，而重中之重就是对留存数据的分析。我们不仅要能正确解读留存数据，还要能及时发现数据变化的原因，最终找到提升用户留存率的方法。

提升用户留存率并非一蹴而就，它需要游戏开发者深入理解用户需求并持续优化游戏体验。然而，许多开发者只关注留存数据，例如过分依赖短期激励措施提升数据，忽视了数据背后的深层问题，未能从游戏质量和用户体验角度系统地解决问题。这样做虽然可能暂时让数据更"好看"，但透支了用户未来的黏性和游戏意愿。

根据第三方厂商的统计，游戏排行榜各位置的留存率如表 3-1 所示。

表 3-1

综合排名	Day1	Day7	Day30
前 15%	40%	15%	6%
腰部	25%	5%	2%
后 15%	10%	1%	0%

有了参考数据，下一步如何做留存分析？如果你现在拿到一份留存数据，需要根据这份数据进行用户留存情况的分析，那么你会先做什么？

3.1 从业务思路出发，分析留存数据

请大家跟随下面这个案例，一起完成分析过程。这是一款经典卡牌类游戏，留存数据如图 3-1 所示。

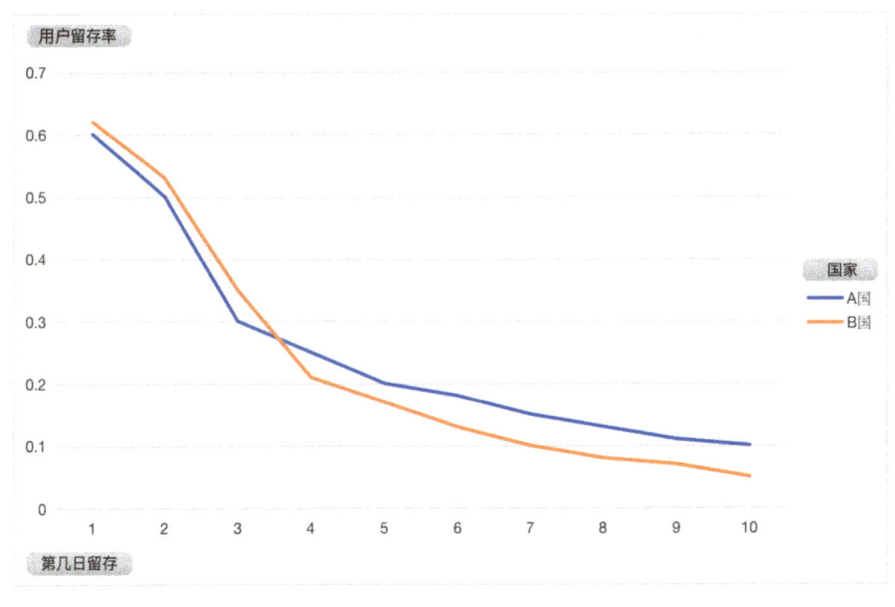

图 3-1

我们能从中读出以下信息。

- 前 3 日 A 国用户留存率不及 B 国，第 4~10 日 A 国用户留存率高于 B 国。
- 用户留存率在第 3~4 日下降最快，之后相对平缓，两国用户留存率的变化趋势基本一致。
- ……

| 游戏进化论：数据全景应用指南

我们注意到留存数据出现了异常，并据此归纳了一些信息。进行留存分析的首要步骤便是观察数据表现，并深入探究背后的具体原因。这就需要我们进一步分析这部分用户在游戏中的其他行为数据，以查明是什么原因导致了留存率的波动。

在实际工作中，我们可能会挖掘与用户游戏体验直接相关的数据，例如通关和升级情况。

我们首先审视用户通关情况，试图了解两国用户的通关率与用户留存率之间是否存在某些相关性，如图 3-2 所示，横轴表示关卡编号，纵轴表示两国用户在注册后 10 日内的通关率。

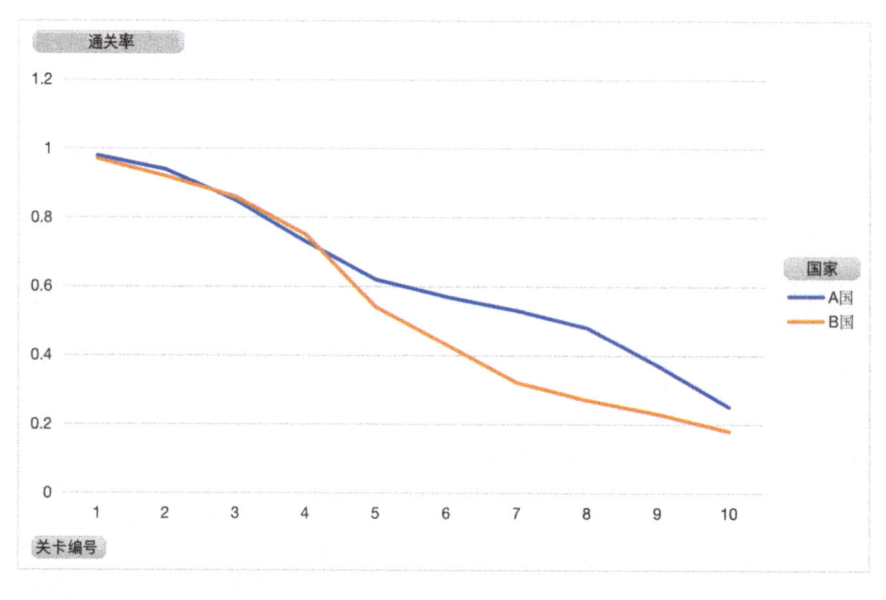

图 3-2

我们能从图中获得以下信息。

- 对于前 4 关，A 国用户的通关率和 B 国相近。第 5~10 关，A 国用户的通关率高于 B 国。
- B 国用户在第 5~7 关的通关率下降较快，第 7 关之后通关率的下降速度变慢；A 国用户在第 8 关之后的通关率下降速度增加。

……

基于观察新数据得到的信息，结合此前的留存率，我们尝试找到它们之间的相关性，并提出关于留存率数据变化原因的假设。

在用户注册后的前 3 天，A 国和 B 国的用户留存率差异并不显著，且 A 国的用户留存率低于 B 国。然而，在 3 天后，A 国的用户留存率超过了 B 国，两国之间用户留存率差距的绝对值也逐渐变大。观察通关数据，我们发现在第 4 关后，A 国用户的通关率明显高于 B 国，这使我们不得不假设：A 国用户可能在游戏中期掌握了通关技巧，B 国用户则没有，由此导致两国用户在游戏中期的体验出现显著差异，进而影响了他们继续游戏的意愿。

要验证这个假设，我们需要分析更多的数据，并从不同角度寻找证据。接下来，我们将面临数据分析工作中的核心挑战：我们应该分析哪些数据？又该如何分析这些数据？

对通关率的分析只是探索留存数据变化原因的一个起点，在实际的留存率变化原因分析中，我们会面临一个问题：可用的数据维度非常多，似乎每个维度的数据都与留存率有一定相关性，在这么多有相关性的维度中，如何找到导致用户留存率变化的核心原因？

理论上，我们可以利用"数据分析算法"计算各维度与用户留存率的相关程度，但实际上，完成这样的工作需要付出巨大的时间和人力成本。即使不考虑是否有实施这项工作所需的资源，仅是以周或月为单位的算法准备和调优工作就无法满足临时业务问题分析的时效性需求。因此，对于广大游戏运营人员或分析师来说，迫切需要找到一种成本更低、操作性更强的方法，以最快速度缩小问题原因的搜索范围，并迅速定位问题原因。

这个方法就是，基于对游戏业务的理解，从业务思路出发分析数据。那具体应该怎么实践呢？

在这个案例中，我们继续抱着探索的心态去观察两国用户在更多行为上的数据差异，如图 3-3 所示，其中横轴代表当前行为的人均次数。

| 游戏进化论：数据全景应用指南

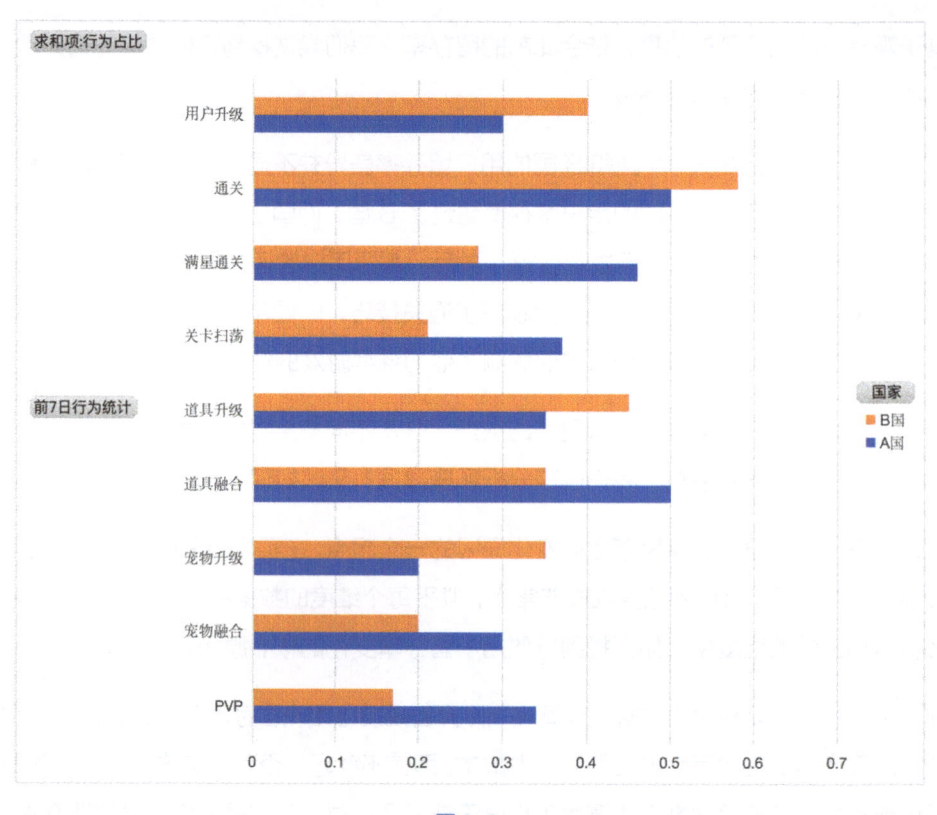

图 3-3

我们能从中看出以下信息。

- A 国用户在满星通关、关卡扫荡、道具融合、宠物融合、用户对战用户（Player Versus Player，PVP）的人均次数上高于 B 国。
- A 国用户在用户升级、通关、道具升级、宠物升级上的人均次数低于 B 国。

结合之前的信息和对游戏玩法及用户心理的理解，我们做出以下推测。

- B 国用户不太关注关卡完成的质量，更倾向于迅速开启新的关卡。尽管 B 国用户的通关次数较多，但满星通关的次数较少。
- B 国用户对于获取满星通关的成就没有太深的执念，他们更像非"强迫症"类型的用户。因此，B 国用户在游戏初期可能会比 A 国用户通过更多关卡，但在关卡完成质量上，A

国用户可能表现得更好。B 国用户的关卡扫荡次数较少，因为扫荡会消耗体力，如果过多地在旧关卡上消耗体力，那么将影响新关卡的通关速度。所以 B 国用户更倾向于将体力用于攻克更多新关卡，而不是通过反复扫荡旧关卡来获取资源、强化角色，以及达成满星通关的成就。

- B 国用户倾向于将资源更多地用于提升角色或宠物等级，对于提升宠物或道具的品质则不太关心，这表明 B 国用户对于深入研究游戏养成策略的意愿不高。B 国用户的升级行为更频繁，A 国用户则更多进行道具融合，这不仅需要承担风险，也是一种更复杂的养成方式。
- 随着游戏进程的推进，B 国用户将"资源"转化为"战力"的效率可能会更快降低。B 国用户在第 5 关之后的通关率显著下降，部分原因是满星通关次数较少，错失了一些奖励资源。而到了游戏中期，需要通过道具融合进一步提升战力，这恰恰是 B 国用户较少进行的操作，导致他们在中期的关卡中遇到困难。
- B 国用户在游戏初期成长顺利，但在中后期的成长势头不足。由于 B 国用户对游戏养成策略探索不够，导致他们对卡关的容忍度较低，中期关卡难度增加，这部分用户容易流失。
- 有了这些推测，下一步需要验证的内容变得清晰。我们不打算进一步展开这些推测在更细粒度数据上的验证，而是回顾整个分析过程：从观察到留存率的波动，到最终根据用户行为数据推测留存率波动的原因，我们是如何进行分析和推理的？在这个案例中，我们为什么选择分析这些用户行为数据，并据此得出了这些推测？在这一分析过程中，你是否也发现了数据背后的信息，并对自己接下来要分析哪些数据有了想法？

我们可以将上述案例的分析过程称为基于"业务思路"的留存数据分析，对此，下文将进一步阐述。

3.1.1 什么是业务思路分析

在上述案例中，我们调用了用户等级成长、道具/宠物成长和通关情况等数据进行分析。至于为何选择这些数据，我们可以先来看看这些数据与用户游戏活动之间的联系。

游戏进化论：数据全景应用指南

- 用户等级成长：通常与游戏进程相辅相成。用户在通过游戏中的挑战和任务时，会获得经验值或积分，从而提升等级。等级提升后不仅能解锁新的技能、装备或特权，还能让用户变得更加强大，以应对更高难度的挑战。
- 道具/宠物成长：道具包括装备、武器、药品等辅助商品，它们的能力会随着用户升级和不断被使用而增强。道具的成长可以提升用户的攻击力、防御力、生命值等属性，助力用户取得更好的成绩。
- 通关情况：关卡是一系列任务或挑战的集合，用户必须完成当前关卡才能进入下一个关卡。通关情况记录了用户的成绩和进度，是评价用户游戏表现和成就的关键指标。

这些数据反映了用户在游戏中的成长轨迹。用户采取这些行动的原因是实现在游戏中成长的目标。因此，在分析用户行为时，**最重要的是理解用户行为背后的驱动因素，洞察用户在游戏进程中追求的目标，这正是业务思路分析的核心理念。**

在进行业务思路分析时，需要注意以下几点。

- 确认我们认为的目标是否真的与用户目标一致。用户的实际目标可能与我们的设想不同，理解这一点至关重要。
- 评估用户是否以"合理"的方式实现了自己的目标。这里的"合理"指用户能够通过游戏设计中的途径达成目标，并且这个过程既不会过于迅速，也不会过于缓慢。

在游戏过程中，用户通常会有以下 3 类目标。

- 发现真相：通过推进剧情、获取线索、解开谜题、战胜敌人等行为，探索游戏世界的秘密。
- 掌握规律：通过新手引导、游戏学习等环节，逐步熟悉并掌握游戏的基本规律，如等级系统、经济体系、战斗方式、任务流程、社交互动、地图探索等。
- 自我实现：在游戏的各个方面取得成就，包括等级、操作技巧和角色互动，追求"我更强、我更厉害"的优越感，实现自我价值。

通过深入理解用户目标，可以更准确地分析用户行为，并据此优化游戏体验。那么我们怎么判断这些目标是否实现了呢？这就要依靠各种分析指标，如图 3-4 所示。

图 3-4

在明确了这些指标之后，我们可以进一步规划所需的游戏内行为追踪点。这样，在进行数据分析时，我们就能够观察到用户的具体行为，从而完成对用户行为的详细分析。

基于这些理解，我们来定义业务思路分析。游戏的**业务思路分析是依据行业经验，预判用户在游戏的某个阶段可能追求的目标**，这个目标就是业务思路分析的焦点。从这个焦点出发，可以推断出需要关注哪些关键指标，进而将这些指标细化为具体的行为事件，并对关键用户的行为进行深入分析。

我们需要对所关注的留存周期内的用户有清晰的认知，例如，他们在这个阶段需要达成的目标，以及这些目标的完成顺序。接着，将目标实现过程细化为一系列具体的里程碑式行动，并观察这些行动是否能够按计划完成，这就是运用业务思路进行留存分析的方法。

3.1.2 业务思路的留存分析怎么做

在掌握了业务分析的基本思路后，让我们重新审视案例中的数据分析。

我们从用户的游戏目标出发，整理了对应的具体行为指标，具体如下。

- 发现真相：剧情播放时长、跳过剧情播放、关键剧情解锁时间、解谜花费时间、重复解谜次数、BOSS 挑战次数、章节通过用时、章节通过消耗资源。
- 掌握规律：新手引导通过时长、新手引导后首次行为、无意义点击次数、核心操作首次触发时机、核心操作触发频率、新内容解锁时间间隔、资源投入偏好。
- 自我实现：通关情况、养成等级、战略思路（上阵情况）、战术操作（技能偏好）、PVP 胜利、社团互动情况（团战、公会活动、游戏内沟通、排行榜名次）。

我们需要根据用户在游戏中所处的阶段来选择分析的角度。通过对游戏流程的拆解，我们能够总结出用户的目标与游戏阶段的关联程度。如表 3-2 所示，颜色深浅对应关联程度的深浅，不同游戏的情况可能有差异，但核心分析思路是一致的。

表 3-2

	发现真相	掌握规律	自我实现
用户新手期			
高速成长期			
成长瓶颈期			
游戏中后期			

基于游戏的各个阶段，思考用户实现目标的具体行为，观察这些行为的数据，分析用户留存率出现波动的原因，这就是将业务思路应用于留存分析的方法。

在分析留存数据时，我们必须对用户画像进行细致的区分。用户来自不同渠道、处于不同的生命周期阶段、具有不同的区域背景及付费等级，这些因素将显著影响用户实现目标的难易程度和进度。只有针对不同用户画像分别分析，才更有可能发现用户行为的共性。如果用户画像划分得不够细致，那么用户群体的特征就可能显得模糊，难以辨识具体差异。

3.2　如何将分析过程落地

TE 系统提供了全面而强大的功能，帮助我们完成上述分析过程。我们可以利用 TE 系统的

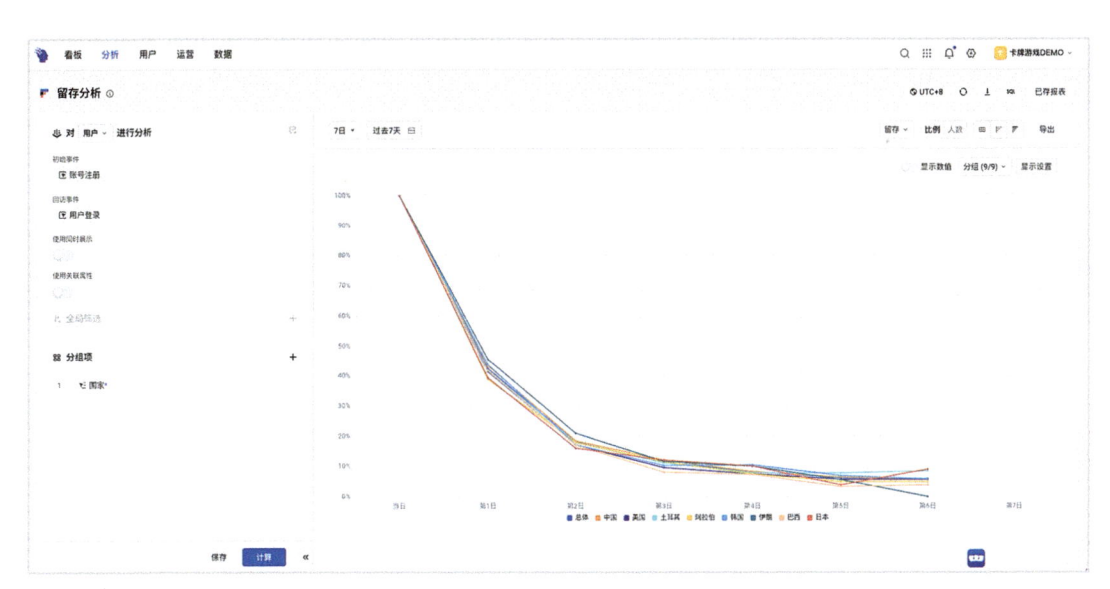

"留存分析"模型计算用户留存率，如图 3-5 所示。

图 3-5

通过选定合适的"初始事件"和"回访事件"，能够计算出新增用户的留存率。例如，我们可以选择适合自己游戏的"注册"和"活跃"事件，并针对不同的维度，采用分组的方式观察数据。

以"国家"作为分组依据，可以观察到不同国家的用户留存率差异。如果想探究不同国家的用户在具体行为表现上的差异，那么可以通过分布分析来实现。如图 3-6 所示。

此外，如果希望了解不同行为在不同国家用户中的占比，那么可以在事件分析模型中按照图 3-7 进行配置。

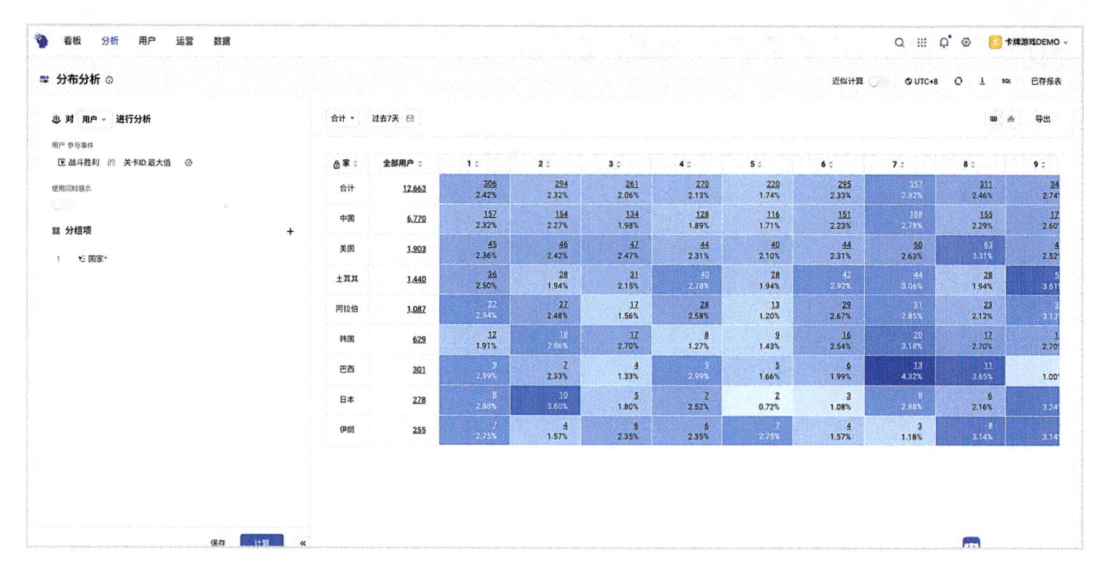

图 3-6

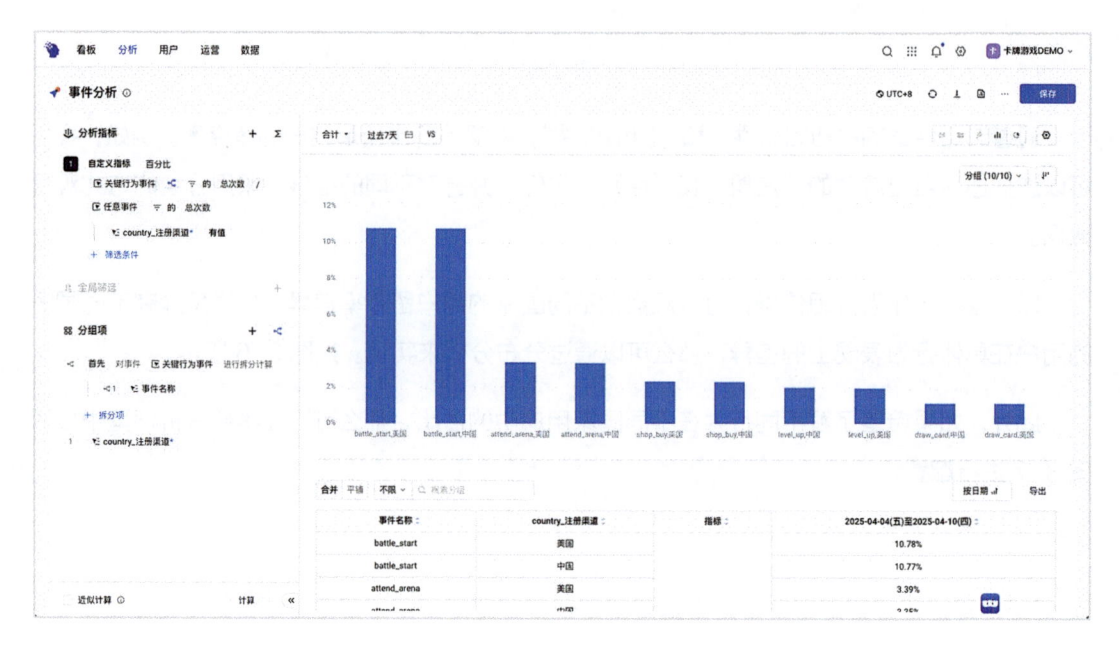

图 3-7

以上只是 TE 系统的部分应用方法举例，如果大家想了解更多案例和使用方法，那么可以关注数数的公众号、官网。

3.3 完成分析后，如何提升用户留存率

我们的最终目标是提升用户留存率，因此分析用户留存率产生波动的原因只是第一步。完成分析后，我们需要制定游戏内容的迭代策略，并确保新策略行之有效。

在这个过程中，策略的构建、实施、效果评估与分析是必不可少的环节，幸运的是，TE 系统的运营模块已经为我们准备了一整套工具，帮助我们高效地完成相关工作。通过这套工具，我们不仅能够了解新策略触达了多少用户，还能评估这些用户是否真正完成了我们期望的行为，从而提高他们的黏性，如图 3-8 所示。

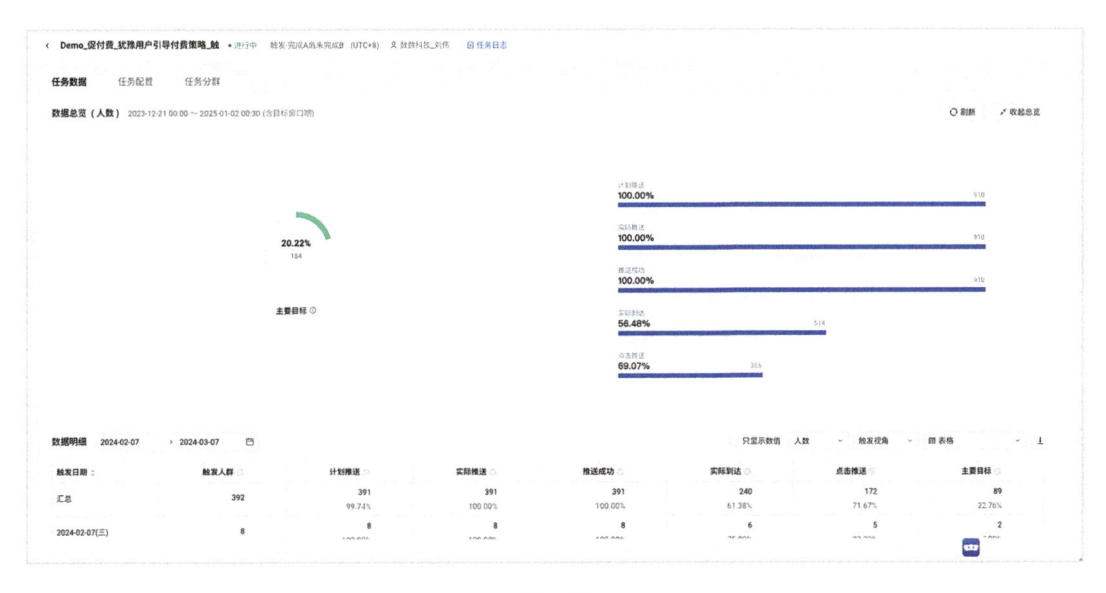

图 3-8

通过 TE 系统针对不同用户下发策略的步骤如下。

（1）明确要影响的用户群体，确定要对他们实施的具体动作，如图 3-9 所示。

（2）用户完成特定行为即被视为策略目标达成，耐心等待用户对新策略的反馈，进而评估新策略是否有效。

图 3-9

TE 系统不仅提供了强大的数据分析功能，还将运营与分析能力结合，解决游戏分析与优化工作中遇到的各种问题，让大家在游戏优化过程中拥有高效且流畅的体验。

3.4　统计口径很重要

在深入分析之前，有一个关键步骤需要完成，那就是彻底了解数据是如何计算出来的，只有这样，才能确保后续分析建立在对数据准确解读的基础上。那么，我们需要了解哪些内容呢？

3.4.1 用户的识别维度和识别规则

对于中重度游戏，在统计新增用户时常常面临一个问题：如何剔除那些仅为老账号服务的"小号"。许多新注册的账号实际上只是为了辅助其他账号而存在，如果不进行筛选，那么可能会低估用户的实际留存表现，从而影响对游戏整体情况的正确评估。

1. 如何识别"真实用户"

首先需要明确"用户"的定义。对于中重度游戏，可以将一个"账号"视为一个"用户"，或者将一个"角色"视为一个"用户"。而对于中轻度游戏，由于不存在账号注册和创建角色的概念，那么一台"设备"或者一个"匿名访客"可能就代表了一个"用户"。

2. 推荐的解决思路

选择与游戏进度相关性最高的标识符作为"用户"的标识 ID。例如，在中重度游戏中，如果用户在创建账号后还需要在不同区服创建角色进行游戏，那么角色 ID 就是用户的 ID；在中轻度游戏中，如果使用游戏客户端的匿名 ID 记录用户的游戏进度，那么匿名 ID 就是用户的 ID，这个建议是从方便业务分析的角度提出的。对于收集到的最原始的用户行为数据，只要数据足够全面，那么无论从哪个用户维度进行分析都是可行的，只是实现的成本会有所不同。

你可能会问，真正的用户不就是玩游戏的人吗？我们是否可以忽略账号、角色、设备、访客的具体定义，将人作为真正的用户？

这个观点在逻辑上是合理的，但我们面临的实际问题是：很难确定每次玩游戏的人是否为同一个。账号可能被他人使用，设备也可能被转手，我们缺乏有效的手段来从"人"的层面追踪信息。将与游戏进度直接绑定的 ID 作为"用户"的识别 ID，是因为我们最关心的是用户在游戏不同阶段的体验是否顺畅。以游戏体验的发展过程为视角进行分析，有助于我们发现游戏不同阶段的共性问题，同时为我们提供了一个"足够稳定"的用户 ID，以便进行后续分析。

确定了用户维度后，接下来需要关注的是有效用户的识别规则。有效用户可以是经过筛选后剔除了小号的剩余用户，也可以是触发了特定行为的用户（例如完成新手教程、达到某个等级）。

3.4.2　首次行为和关键回访行为的定义

通常，当我们提到"留存率"而不加其他修饰语时，指的是"新增用户留存率"。这就涉及如何定义用户的新增和留存行为。直观上，我们可能会认为这很简单，用户注册新账号时，我们就认定他为新增用户，注册行为即新增行为；用户注册后登录游戏，我们就认为产生了留存行为。然而，在实际操作中，业务逻辑上的这种"理所当然"需要考虑更多的现实因素。

以注册为例，并非所有游戏都有明显的用户注册流程。在许多轻度游戏中，所谓的用户账号实际上只是用户设备上的一个访客标识，由游戏客户端生成并保存。如果用户卸载并重新安装游戏，那么将重新生成访客标识，导致原有的游戏进度丢失。在这种情况下，注册实际上是指游戏客户端生成了一个访客标识，而非游戏服务器生成了一个用户账号。那么，客户端生成访客标识与服务器生成用户账号之间有何区别呢？

从理论上讲，一旦用户打开游戏客户端，客户端生成访客标识这一动作就已经完成。如果将此动作定义为用户的新增行为，则此时的新增行为意味着用户已点击游戏图标并成功进入游戏。而如果将服务器生成用户账号定义为用户的新增行为，则此时的新增行为意味着用户不仅点击了游戏图标、成功进入游戏，还主动点击注册按钮，在填写实名认证信息后，获得了游戏账号。在实际分析中，这两种行为都可能被标记为用户新增行为，但它们代表的用户操作路径和深度是完全不同的，这也意味着触发用户首次行为的难度不同。

上述内容仅对新增用户留存率中的首次行为进行了基础拆解和分析，实际的情况会更加复杂。在计算留存率时，首次行为可以是注册、登录，甚至是购买或通关等，不同的首次行为定义将导致留存率的含义不同。

关键回访行为的定义同样重要，回想一下我们日常工作中看到的留存数据，我们是否清楚地了解其中关于首次行为和关键回访行为的定义逻辑？我们是否清楚地知道用户在触发这些行为时需要在游戏中完成哪些操作？掌握了这些信息，我们才能迈出留存分析的第一步。

接下来，我们考虑一个场景：一款全球发行的游戏将拥有来自不同国家的用户，这种情况对留存率计算可能产生哪些影响？

3.4.3　用户时区和留存窗口的处理

假设在北京时间 2024 年 2 月 1 日，我们记录到 1 名位于中国北京的用户和 1 名位于美国旧金山的用户注册了新账号。将 2 月 1 日作为他们的新增日期，并观察他们在 2 月 2 日是否达到了次日留存目标。结果显示只有中国用户达到了目标，具体数据如下。

- 中国用户的新增时间是北京时间 2 月 1 日 22 点，持续活跃 4 小时，至 2 月 2 日凌晨 2 点，实现了次日留存。
- 美国用户的新增时间是北京时间 2 月 1 日 14 点，同样持续活跃 4 小时，至 2 月 1 日 18 点，未实现次日留存。

这里显然存在一个问题：若按照旧金山本地时间，那么美国用户的新增时间实际上是 1 月 31 日 22 点，持续活跃至 2 月 1 日凌晨 2 点，据此，似乎应该被计入次日留存。但因为我们的统计是根据北京时间进行的，美国用户的游戏行为被视作在同一天内发生，因而没有被计入次日留存。

面对这种情况，我们应该如何处理？是使用北京时间还是旧金山时间进行统计？一种解决方案是，无论用户身处何地，都使用用户的当地时间进行统计。按照这种方法，统计结果将变为

- 中国用户的新增时间是当地时间 2 月 1 日 22 点，持续活跃 4 小时，至 2 月 2 日凌晨 2 点，达成次日留存。
- 美国用户的新增时间是当地时间 1 月 31 日 22 点，持续活跃 4 小时，至 2 月 1 日凌晨 2 点，同样达成次日留存。

这种统计方式的优势在于，我们观察到的用户行为基于他们实际的生物钟和日常生活节奏，能更真实地反映用户是否愿意在一天中抽出时间来进行游戏。通过这种方式，我们可以在统计时忽略用户的时区差异。

然而，第二个问题又出现了：如果以本地时间观察，那么两个用户的游戏行为确实跨越了两天。但实际上，这两天的活跃行为都是在一次游戏过程中完成的。留存分析的目的是了解用户在这一次游戏后，是否愿意进行下一次游戏。因此，如果简单地以当地时间 0 点作为判断用户是否在第二天继续活跃的分界点，那么对于那些深夜活跃的用户，可能会错误地估计了他们继续游戏的意愿。

为了解决这一问题，可以采用非自然日窗口的统计方法计算留存数据。按照这种方法，用户行为产生在次日的定义基于用户后续行为是否发生在用户新增时刻加上 24 小时之后。也就是说，只有在超过新增时刻 24 小时后的行为，才被视为第二天的行为。

需要注意的是，一些第三方归因平台在统计留存数据时默认采用非自然日窗口方法。因此，当我们发现自己统计的数据与第三方平台的数据不一致时，应该检查是否是因为统计方法的不同导致的。

尽管非自然日窗口统计方法可以在一定程度上减少由于跨天行为导致的留存率误判，但业界普遍采用的留存率计算方法仍然是自然日窗口方法。随着游戏发布时间的推移，个别用户的跨天行为对留存率的影响变得不那么重要。例如，如果用户在第 30 天仍然活跃，那么通常意味着他们具有较好的长期黏性，跨天行为带来的小时级误差对 30 天留存率的影响微不足道。同时，自然日窗口统计方法的实现成本也比非自然日窗口方法低。因此，如果游戏刚上线，需要关注短期用户留存，我们就需要考虑自然日窗口的计算逻辑可能带来的统计误差。随着时间的推移，这种误差的影响会逐渐减小。

第 4 章
流失分析实战技巧解析

流失分析是众多业务分析场景中最为特殊的一个。在其他业务分析场景中，我们可以聚焦用户的具体行为分析：注册行为对应新增分析、登录行为对应留存分析、通关和玩法参与对应活跃分析。在这些场景中，我们可以通过即时、明确的信号来识别用户行为，以及他们可能还想做什么。

然而，用户的流失不对应具体行为。通常情况下，只有当用户长时间没有产生行为时，我们才会意识到他可能已经流失了，这个特性使流失分析工作很容易陷入刻舟求剑、大海捞针的境地。

流失分析有其特殊的一面，但它依然属于用户分析的范畴，沿着用户分析的思路，我们需要做的就是：**定义流失用户、发现用户流失信号、尽早干预**。有了即时、明确的信号，我们就能用经典的业务思路开展后续分析工作，也就解决了流失分析工作的核心问题。

从流失分析的实践经验来看，流失信号一定是由一系列具体的行为信号叠加产生的。这些信号有的可以转换成可量化的数据并被识别（如游戏中出现了卡点），有的则难以转换（如美术风格、剧情走向不符合用户口味）。只有深入了解游戏内容、敏锐洞察用户心理，并真正站在用户视角去体验游戏过程，才能更快发现有效的流失信号。

幸运的是，如今我们已经有很多成熟的方法可以借鉴，帮助我们更好地进行系统性的流失分析工作。

4.1 如何定义流失用户

流失分析之所以困难，是因为缺少即时且明确的流失信号。而在寻找流失信号之前，还有一个必要步骤，那就是定义流失用户。

4.1.1 流失用户的定义

对应对流失用户的不同定义，出现了不同的计算方式，表 4-1 是两种常见计算方式的对比。

表 4-1

类型	当前日期前 N 日不活跃	历史活跃后连续 N 日不活跃
计算方式	确定一个具体日期，如 2024 年 1 月 1 日，向前寻找最近 N 日内没有登录的用户，就是相对 2024 年 1 月 1 日的 N 日流失用户	确定一个具体的日期，如 2024 年 1 月 1 日，然后找出在该日期之后的 N 日内没有登录的用户，就是相对于 2024 年 1 月 1 日的 N 日流失用户
优势	计算方式简单，结果直观，只关注用户在特定时间段内是否活跃，无须考虑用户在长时间内的情况	获取的用户均为同期游戏用户，用户群体在流失时长特征上具有一致性，能准确反映这批用户在历史某段时间内的流失情况
不足	无法区分超长期流失和近期流失用户。例如，一个用户上次登录是 2 年前，另一个用户上次登录是 2 周前。在这个算法中，如果我们将 N 设定为 7，那么他们都会被归为当前日期的 7 日流失用户。但是，对于这两个用户的后续流失召回来说，显然上次登录在 2 周前的用户，回流的概率	计算的时间范围越接近当下，数据的准确性就越低。例如，在 2024 年 1 月 15 日统计 2024 年 1 月 1 日至 1 月 15 日注册用户的 7 日流失情况时，对于 1 月 10 日注册的用户，即使他在 1 月 15 日之前没有再次登录，也不能将其归类为 7 日流失用户，因为在 1

续表

类型	当前日期前 N 日不活跃	历史活跃后连续 N 日不活跃
	更大。而 2 年前登录的用户可能连这个游戏的名字都想不起来，回流的可能性降低很多	月 15 日时，他的注册时间还不满 7 日
适用场景	新游戏开服后不久（此时不会有超长期流失用户）	开服一定时间之后的游戏，已经有一定的中长期用户存在（在这种情况下，可以尽量避免对最近日期的计算。不过，由于历史用户基数足够大，因此仍然能反映当前用户整体流失情况）

4.1.2 流失用户的圈选

对于流失用户的定义和圈选，可以通过 TE 系统的留存分析/用户分群/用户标签功能实现。

1. 当前日期前 N 日不活跃的用户圈选

要实现当前日期前 N 日不活跃的用户圈选，可以使用 TE 系统的用户分群功能，如图 4-1 所示。

图 4-1

游戏进化论：数据全景应用指南

圈选用户后，不仅可以深入用户明细列表了解每个用户的画像特征，还可以在其他模块中进一步分析，了解流失用户的行为特征，如图 4-2、图 4-3 所示。此外，通过用户明细列表，还可以比较流失用户和非流失用户之间的行为差异。

图 4-2

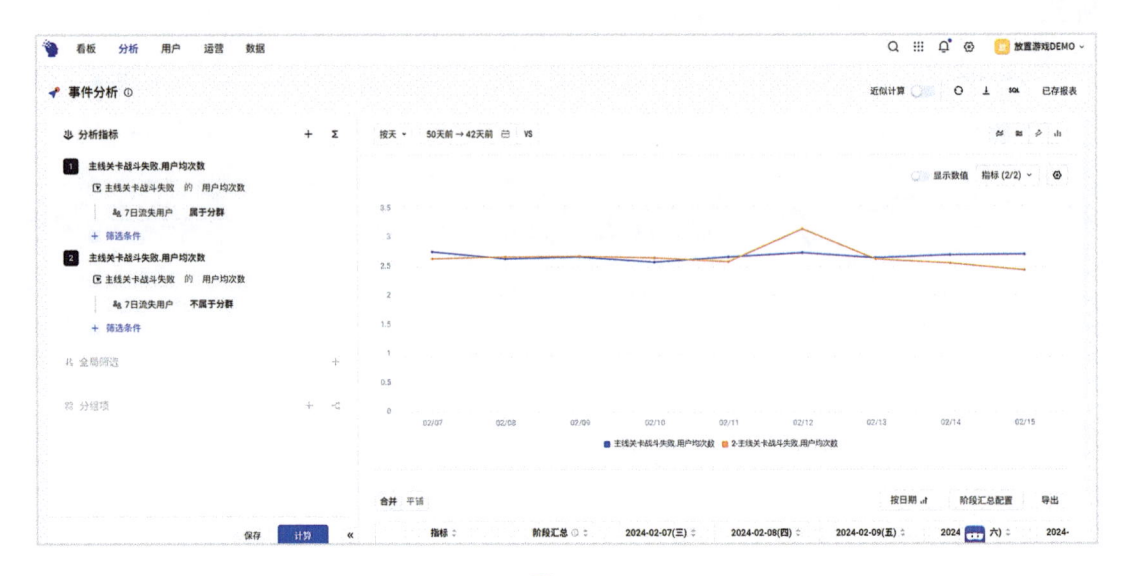

图 4-3

2. 历史活跃后连续 N 日不活跃的用户圈选

如果要选出历史活跃后连续 N 日不活跃的用户，那么可以使用留存分析功能，直接得到留失 N 日用户的列表，如图 4-4 所示。

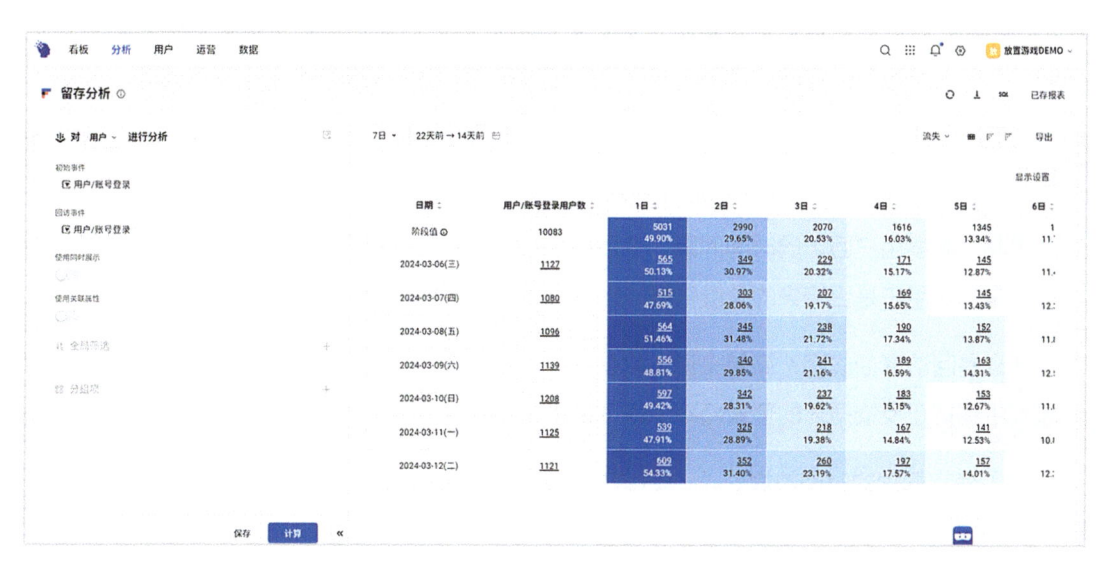

图 4-4

4.2 如何发现用户的流失信号

4.2.1 回访率曲线

先看一下定义流失用户的难点。

用户在游戏中有几天不登录的情况是很常见的，把这类用户定义为流失用户显然不合适，因为他们未来回流的概率很高。例如，一个用户"三天打鱼两天晒网"地玩了一年，这其实是一个长期留存用户，而不是流失用户。即使用户一周甚至一个月登录一次，也不能简单地将其判定为流失用户，因为回访一直存在。只通过一段时间内用户的行为表现，无法判断用户是否流失。

随着用户回访间隔时长增加，用户流失风险也在不断变高。这是因为用户首次进入游戏会经历冷启动过程，此时他们进入游戏的兴趣源于不断得到的即时反馈，而进行游戏的前提是进入游戏，进入游戏和进行游戏实际上是一个正反馈循环，任一节点被打破都难以为继。所以，当用户进入游戏的兴趣减弱时，就意味着游戏内容对用户的吸引力已经下降，也意味着用户流失的风险升高。

因此，观察用户回访的时间间隔，就是在观察上述正反馈循环的频率。用户两次登录的时间差就是判断用户是否流失的关键依据，也是进行回访率曲线分析的核心数据。

什么是回访率曲线呢？简单来说，就是通过观察历史用户的回访情况，给出能让用户在游戏过程中保持正反馈循环的登录频率。以下是回访率曲线的绘制流程。

（1）确定横轴的时间粒度。

（2）计算一定时间后再次登录的用户数。

（3）回访率=（一定时间后再次登录的用户数/上次登录的用户数）×100%。

（4）将回访率按照活跃用户数进行加权平均，得到总回访率曲线，如图4-5所示。

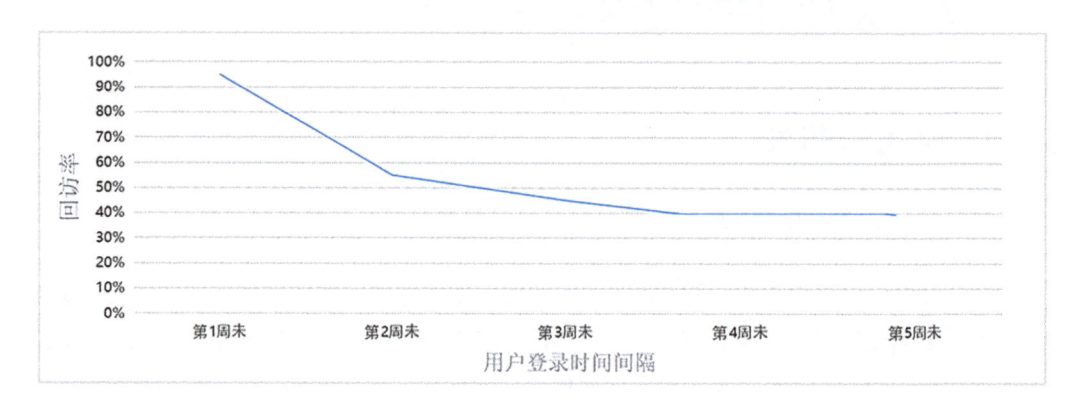

图4-5

通过回访率曲线可以看出用户登录时间间隔和流失概率的关系。

- 90%的用户在 1 周后再次登录，实际没有流失，所以如果用户在一段时间内的平均登录频率为 1 周 1 次，那么他流失的概率是 100%-90%=10%。
- 55%的用户在 2 周后再次登录，实际没有流失，所以如果用户在一段时间内的平均登录频率为 2 周 1 次，那么他流失的概率是 100%-55%=45%。
- 以此类推。

找到曲线上斜率最小的点，对应的横坐标为第 4 周末，纵坐标为 35%。可以看到，在超过 4 周的情况下，回访率不会再有明显下降。如果用户在一段时间内的平均登录频率下降到 4 周一次，那么他流失的概率是 100%-35%=65%，这意味着他回流的概率很小。这里的第 4 周末所在的点就是拐点，它并不是数学意义上的拐点，而是从图像形态上看，是整条曲线（回访率）下降趋势开始减缓的点。

可以发现，随着登录时间间隔变长，用户流失的概率越来越大。我们可以选择一个特定的回访率作为阈值，当用户回访率小于这个阈值时，我们认为流失趋势已经非常明显，可以进行干预。而回访率曲线的拐点所对应的横坐标就是最大登录时间间隔阈值，超过这个时间再进行干预，投资回报率就会非常低。在 TE 系统中，通过 SQL 查询功能，可以输出回访率曲线，如图 4-6 所示。

游戏进化论：数据全景应用指南

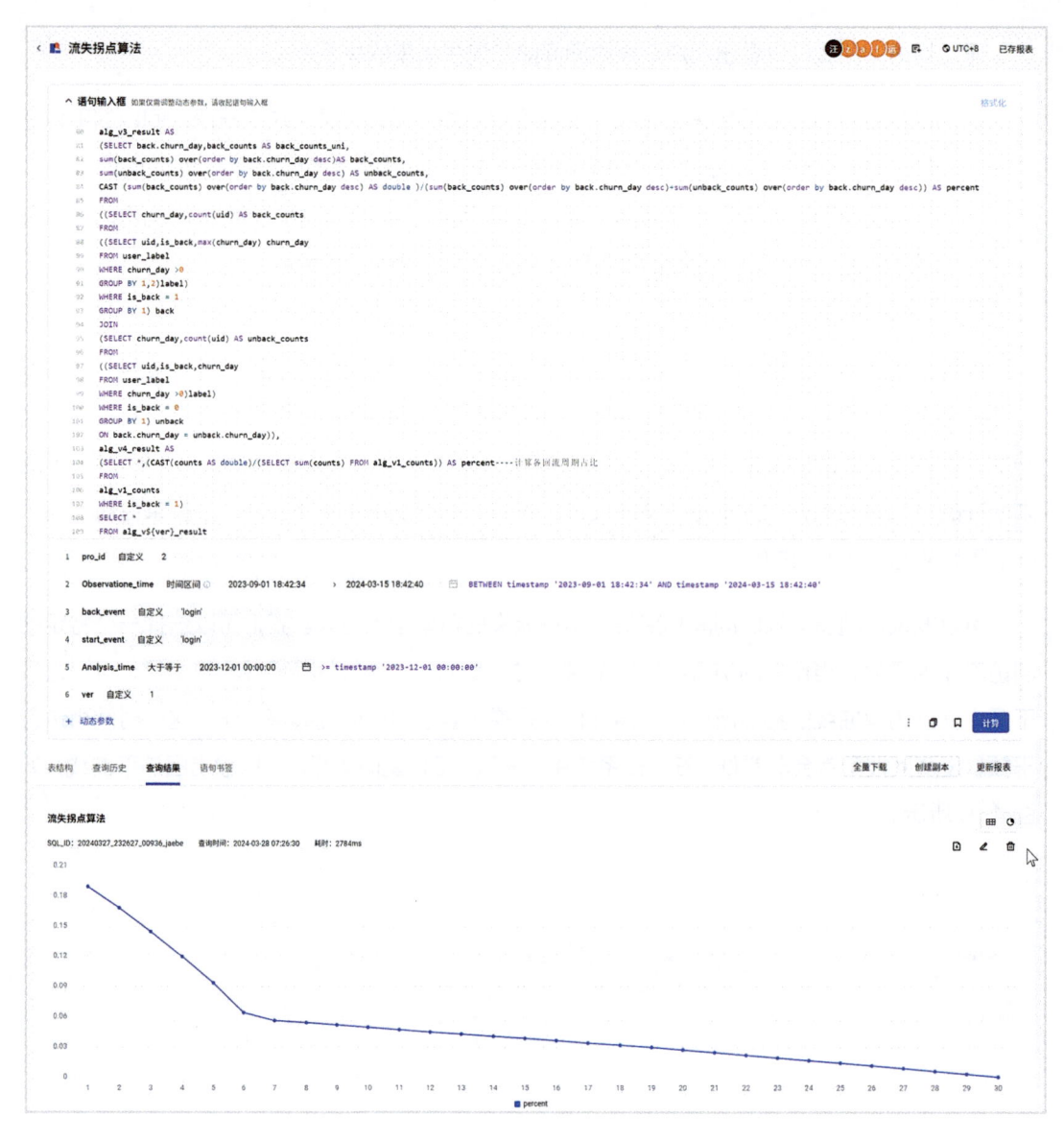

图 4-6

4.2.2 流失用户行为特征分析

流失用户行为特征分析是对用户的具体行为表现进行分析。对于已经被定义为流失的用户，我们需要找到他们的特征，并将这些特征与当前用户进行匹配，以便尽早发现用户的流失倾向。

可以根据用户流失时所处的游戏阶段，将用户流失分为超早期流失、新手期流失和中长期流失。

1. 超早期流失

超早期流失通常指用户在注册/创角前就已流失。为了发现超早期流失，需要观察用户从安装 App 到注册/成功创建角色的转化漏斗，找到流失率较高的环节。可以按照以下步骤设置漏斗：安装→启动→初始化→确认协议→加载资源→开始注册→输入验证码→注册成功→创建角色→登录。导致超早期流失的主要原因如下。

（1）**产品缺陷**。关注新增用户在首日使用时系统的崩溃和重启情况。如果系统崩溃率较高，则建议优先优化产品设计。同时，观察用户从安装到注册成功的时间间隔是否符合设计预期，以判断产品是否存在缺陷。

（2）**用户质量不佳**。对比流失与未流失用户的来源等特征，找到流失率高的用户的特征，从而有针对性地优化投放计划。可以对比的具体指标包括用户的来源；用户的推广计划、广告组、广告素材；用户的设备信息，如设备型号、内存、是否使用模拟器等；用户的区域、年龄、性别等。

（3）**渠道造假**。观察是否有反复卸载安装、一个设备注册多个账号等情况，并观察这些设备是否集中在某个渠道，将重复安装/注册超过 N 次的设备定义为问题设备。若流失用户集中于某几个 IP 地址，那么也同样可疑。

2. 新手期流失

新手期流失通常指用户在新手体验期的流失与次日前流失。观察用户的安装→注册→完成新手引导→体验核心玩法→次日登录的转化漏斗，找到流失率较高的环节，尤其关注用户在新手引导各步骤间的流失情况。新手期流失的形成原因及重点关注指标如下。

（1）产品设计问题。观察高流失率环节的各项指标是否符合设计预期，如新手引导相邻步骤之间的时间间隔、新手闯关的时间间隔、闯关失败次数、任务完成时长、任务完成率等。

（2）用户调性不匹配。对比流失与未流失用户的特性，找到更适配本产品的用户调性，具体可对比的指标包括用户的来源、推广计划、广告组、广告素材、用户的区域、年龄、性别、职业等。

3. 中长期流失

中长期流失通常指用户体验过一段时间核心玩法后流失。观察近期留存和活跃指标变化，并通过流失分析，合理定义用户流失周期。可以使用的分析方法如下。

（1）对比流失与未流失用户在游戏内关键行为的差异，包括在线时长、等级驻留情况、通关情况、副本情况、资源情况等。

（2）进行流失前行为路径分析。筛选一批有分析价值的用户行为事件，观察流失用户的行为路径，从用户流失前的行为路径中探寻流失原因。可能的原因包括反复的战斗失败、某个难以完成的任务、资源不足、某个环节的流程无法顺利进行、频发的产品漏洞等。

在 TE 系统中，对不同阶段的用户，可以使用不同的模型进行针对性分析，如图 4-7、图 4-8 所示。

第 4 章 流失分析实战技巧解析

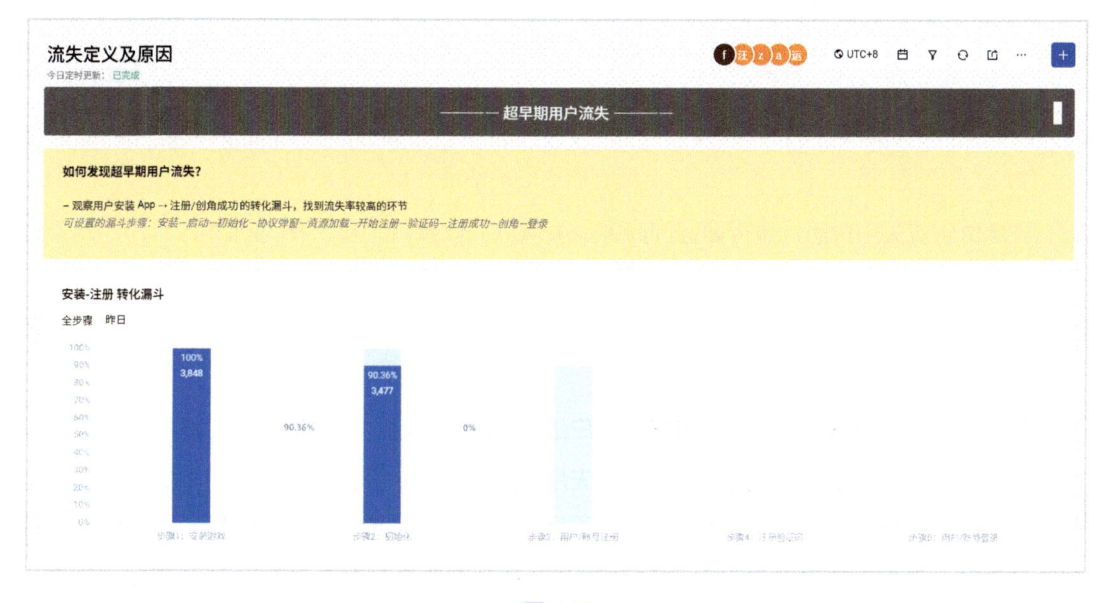

图 4-7

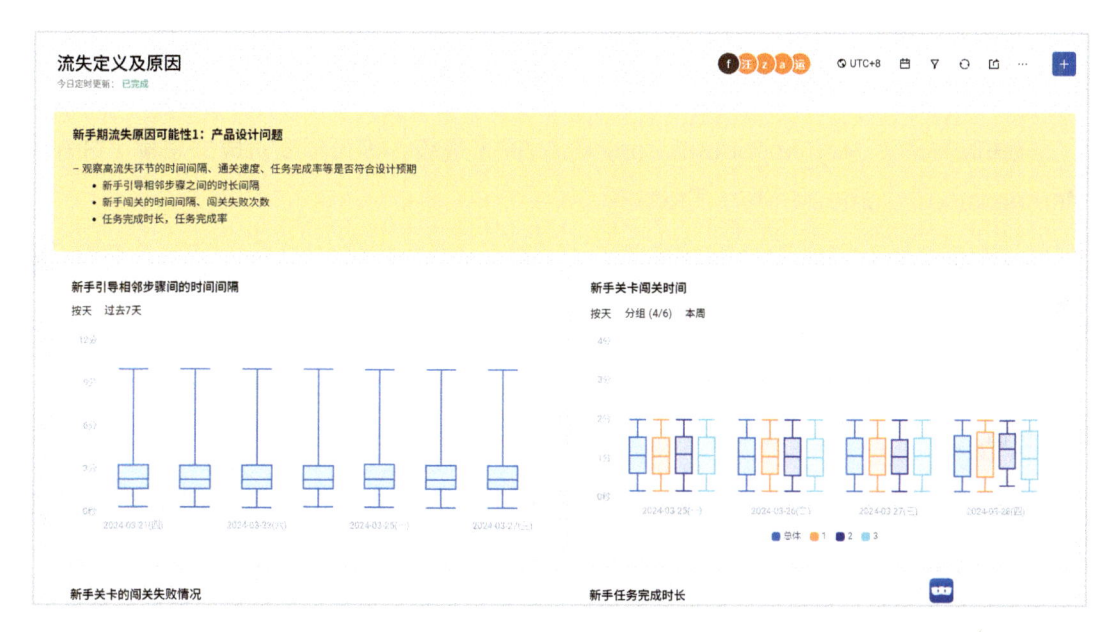

图 4-8

4.3 如何召回流失用户

在定位到流失用户后，是否要召回所有流失用户，这是首先要思考的问题。

4.3.1 所有流失用户都要召回吗

定位到流失用户后，如果对所有流失用户进行无差别召回，那么不仅成功率不高，还会造成资源浪费。为了进行精准召回，需要对流失用户进行分层。可以使用与 RFM 模型类似的思路，从用户召回价值、用户召回成本、用户召回可能性三个维度对用户进行拆分，评定用户的召回优先级。对不同优先级的用户使用不同策略，在节约成本的同时，缩小目标运营人群范围，提高转化率。

1. 常用的召回价值指标

流失时贵宾（Very Important Person，VIP）等级：等级越高对成交总额（Gross Merchandise Volume，GMV）贡献越多。

流失时累计付费次数/金额：代表用户流失前的应用内购买（In-App Purchase，IAP）终身价值。

流失时观看广告时长/次数：代表用户流失前的应用内广告（In-App Advertising，IAA）终身价值。

流失时核心玩法总次数/日均次数：代表用户对产品的认可度，适合黏性越高越容易付费的产品。

2. 常用的召回成本指标

流失时生命周期：流失时的生命周期越短，代表用户对产品认知越低，召回成本越高。

流失时历史高价值行为占比：流失时历史高价值行为占比越高，用户越优质，越容易接受触达。

流失时历史活跃周期/频率：历史上多次沉睡的用户，更有可能保留着 App，触达成本更可控。

流失时历史礼包/站内信点击率：历史站内信点击率反映用户对活动的关注度，关注度越高，越容易点击触达链接。

3. 常用的召回可能性指标

流失天数/游戏进度：进度越快，流失天数越少，沉默成本对用户的影响越大。

流失时历史活动参与率：历史上活动参与率越高，越有可能通过触达活动召回。

流失时礼包价格敏感度：礼包价格敏感度可以通过购买的平均折扣和购买次数最多的折扣来衡量，不同的业务选择不同的衡量指标，用户的礼包敏感度越高，越容易被折扣吸引。

流失时社交好友数：用户好友关系链越多，回流可能性越大。

对于用户召回价值、用户召回成本、用户召回可能性指标，TE 系统均可以灵活分析，如图 4-9 所示。

4.3.2　召回流失用户

流失用户不再打开游戏，我们无法通过游戏内提示来取得联系，需要更多样化的触达方式向用户传递信息，进行用户召回。对于老用户，奖励与道具是召回的有效工具。

TE 系统的运营模块可以计算圈选结果，给特定用户发放奖励和礼包，还可以通过端外渠道向用户推送消息，让老用户感受到关怀，有效提高流失用户召回效果，并实时记录用户回流情况，以便快速调整用户召回策略，实现更高的召回投资回报率（Return On Investment，ROI），如图 4-10、图 4-11 所示。

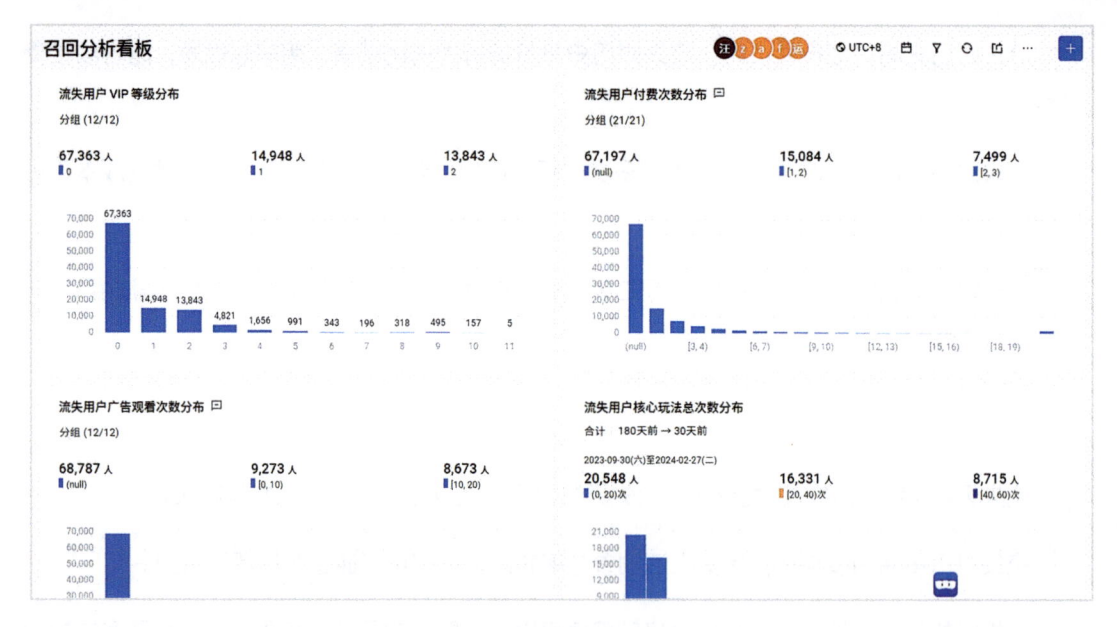

图 4-9

图 4-10

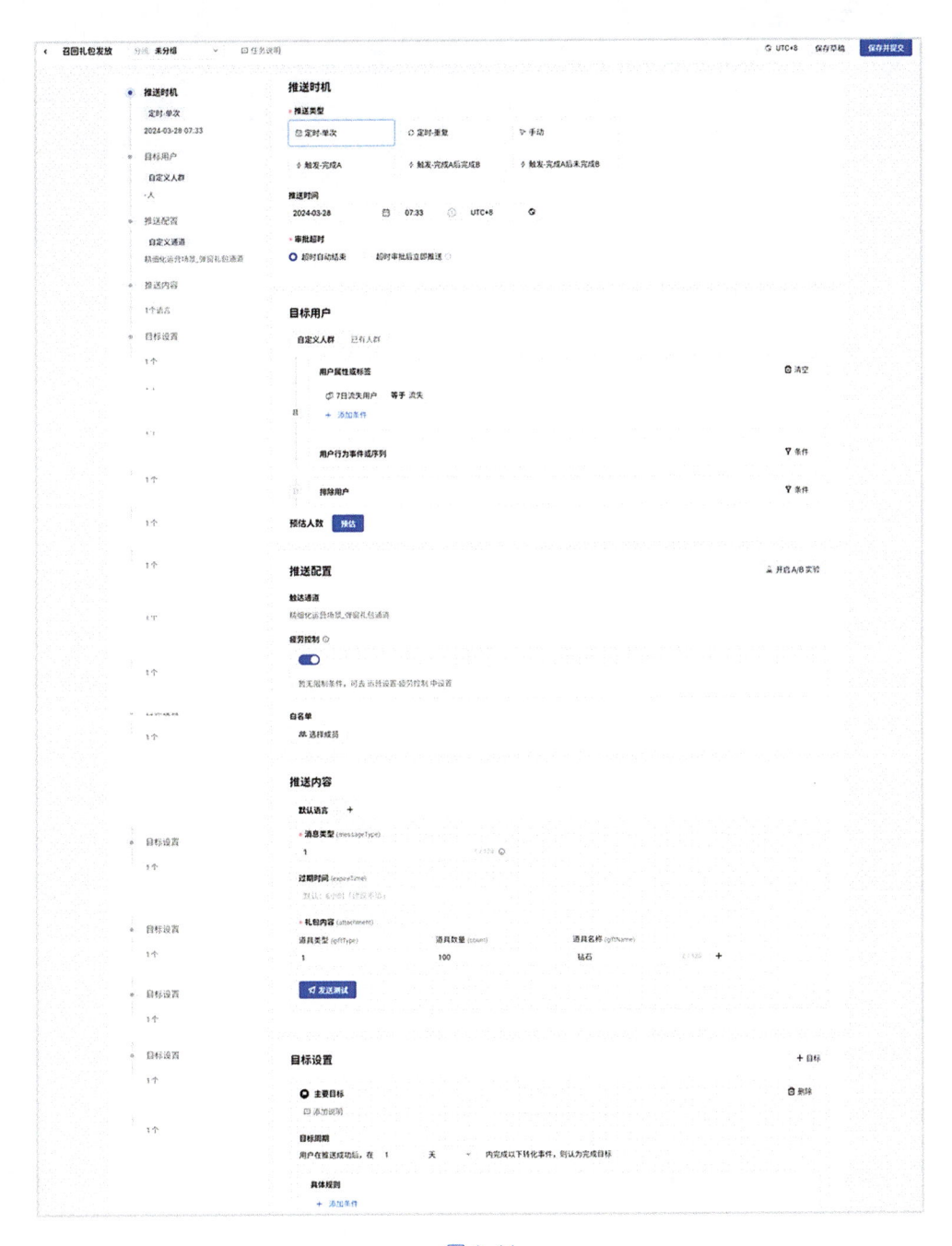

图 4-11

第 5 章 付费分析实战技巧解析

用户付费是衡量游戏商业化成功的关键指标，是任何有商业化目标的游戏都必须关注的。无论游戏设计得多么出色、社区多么活跃，没有收入支撑，游戏的长期发展和团队的持续运作也难以为继。

游戏的收入目标可以通过付费或广告等方式实现，付费和广告看似是两种不同的收入模式，实际上它们之间存在着密切联系。商业化的关键在于理解用户在何种情境下愿意进行"交换"，以及愿意用什么来换取游戏中的成长。明白了这些，就掌握了付费分析的核心。

5.1 付费行为的动机

要深入理解付费行为背后的动机，需要从"交易"这一行为的本质谈起。

交易本质上是双方基于互惠原则进行的资源、商品或服务的交换，这种交换涉及价值的转移，每一方都希望通过自己拥有的资源换取所需的其他资源，以实现价值增长。价值互换和互惠是交易的核心，在游戏中，价值互换需要从用户和游戏开发者/运营者两个角度来理解。

5.1.1 用户付费交换的价值

1. 获取内容

用户通过付费购买游戏内的虚拟商品（如装备、皮肤、角色等）或服务（如增值服务、会员资格等），获取更丰富的游戏内容或更深入的游戏体验。

2. 节省时间

付费可以帮助用户节省达成某些游戏目标所需的时间，例如直接购买升级所需的资源或经验值。在这种情况下，付费实际上是在获取时间价值。

3. 社交地位与认同

通过购买独特或限量的游戏内商品，用户可以在游戏社区中获得特定的地位或认同感，这种交换更多关乎社交价值。

4. 提升娱乐体验

付费购买的游戏内容或服务通常能提供更好的娱乐体验，包括更精美的视觉效果、更吸引人的游戏剧情等。

5.1.2 游戏开发者/运营者通过付费内容交换的价值

1. 资金回报

用户付费是游戏开发者/运营者的主要收入来源之一，这直接影响他们的经济利益。通过用户付费，开发者/运营者能够获得资金回报，这些资金将用于游戏的维护、内容更新、市场推广等关键活动。

2. 市场与用户数据

用户的付费行为可以提供关于用户偏好和行为模式的重要数据，这些数据对于指导游戏的后续开发和优化至关重要。

3. 用户参与度与忠诚度

通常，愿意付费的用户也是游戏中的活跃分子，他们的参与和反馈对游戏社区的活跃度和稳定性具有显著影响。通过提供高质量的内容和服务吸引用户付费，实际上是在提升用户的参与度和忠诚度。

用户的付费行为能否交换到符合其预期的价值，这将决定用户的付费意愿。游戏开发者/运营者需要思考如何在不同阶段提供符合用户预期的内容。

5.2 游戏中价值交换的发生时机

随着用户不断深入游戏，他们对价值交换的需求也在不断演变。游戏设计之初就要考虑从不同角度激发和满足用户的多样化需求，如剧情发展、任务难度、可解锁内容和用户成长路径等。这种设计不仅塑造了用户在游戏中的行为，也影响了他们对价值交换的看法和期望。具体到游戏中，可以从以下 3 个阶段入手。

5.2.1 游戏早期

用户通常处于学习和探索阶段，对游戏机制、故事背景和操作技巧的了解还不够深入。在这一阶段，用户的主要需求可能是获取更多游戏信息和指导，帮助自己更快融入游戏。游戏设计会通过教学关卡、引导任务等来满足这一需求。同时，用户可能更愿意进行那些能直接提升游戏理解程度和操作技能的价值交换，例如购买新手包或参与新手引导活动。

5.2.2 游戏中期

用户的需求从了解游戏变为提升操作技巧和享受游戏乐趣。游戏设计在这一阶段会引入更多挑战和竞争元素，例如 PVP、团队合作任务，以及更丰富的内容和更复杂的机制。用户可能转向购买能提升角色能力、获得竞技优势或增强互动体验的商品和服务。

5.2.3 游戏后期

此时，许多用户已拥有较高技能水平，对游戏有深刻理解，他们的需求可能更加个性化，包括追求游戏内的社交地位、完成收集任务和达成成就、探索游戏深层内容等。游戏设计为这一阶段的用户提供了高难度挑战、深度社交互动和丰富的世界探索机会。相应地，用户可能对那些能帮助他们实现这些目标的价值交换更感兴趣，如限量版商品、高级会员服务或独特游戏内容的访问权限。在进行付费分析时，必须明确用户所处的阶段，这样才能准确把握促使用户付费的真正原因。

5.3　如何分析用户付费

理解了用户的付费动机，并明确了游戏各个阶段的价值交换重点，结合通用的用户行为分析方法，我们将分析用户付费行为的流程总结如下。

（1）确定用户所处的游戏阶段。

（2）观察用户付费前的行为变化。

（3）分析用户付费后所获得的价值是否符合预期。

然而，在实际工作中，我们往往需要在有限的时间内找到最具成本效益的付费点位。由于时间和资源的限制，我们很难对游戏中的每一个付费点位进行详尽的分析。因此，找到付费分析的切入点是实际操作中的首要步骤。针对这一问题，我们可以从观察当前付费行为的分布情况入手，识别付费集中的区域，然后有针对性地对付费较多或较少的点位进行深入分析和优化。

假设我们面对的是一款已经上线并运营了一段时间的游戏，目标是提升用户的生命周期总价值（Life Time Value，LTV），应该从何处着手？

5.3.1　确定用户所处的阶段

LTV 指标受时间影响显著，随着游戏的进展，在不同的阶段，用户会有不同的付费动机。

当我们观察付费金额或次数占比最高的付费点位时，不仅需要考虑它们为用户提供的价值，还要注意到所处阶段对用户付费点位产生的影响。

例如，在分析 7 日 LTV 时，发现游戏早期的付费金额占比达到 70%，这可能是因为新手期的付费点位对用户有较强的吸引力，也可能是因为后续的付费点位尚未被用户广泛感知或解锁，用户没有机会在后续点位进行付费。

若要了解后续付费点位对用户的实际吸引力，那么需要延长观察时间，直到大多数用户解锁了该点位。例如，将观察时间延长至 30 日，这时的结果更能反映用户在充分了解游戏中期付费项目后做出的选择。假设到 30 日时，游戏早期的付费金额仍占总付费金额的 70%，那么才能认为中期付费内容对用户的吸引力可能不足。通常，选定的 LTV 范围应略大于实际分析的范围，以确保用户付费是主观选择，而非游戏进程等外部因素所导致。

要在 TE 系统中实现上述分析，首先需要观察付费数据的总体变化趋势，如图 5-1 所示，具体如下。

- 明确发生显著变化的指标，如付费率、付费金额总和、人均付费金额、人均付费次数。
- 若特定指标出现预期外的波动，则根据具体的波动情况，细致分析是否由某个或某些付费项目的购买情况变化所致。

为此，我们需要观察用户付费情况与生命周期之间的关联。

第 5 章　付费分析实战技巧解析

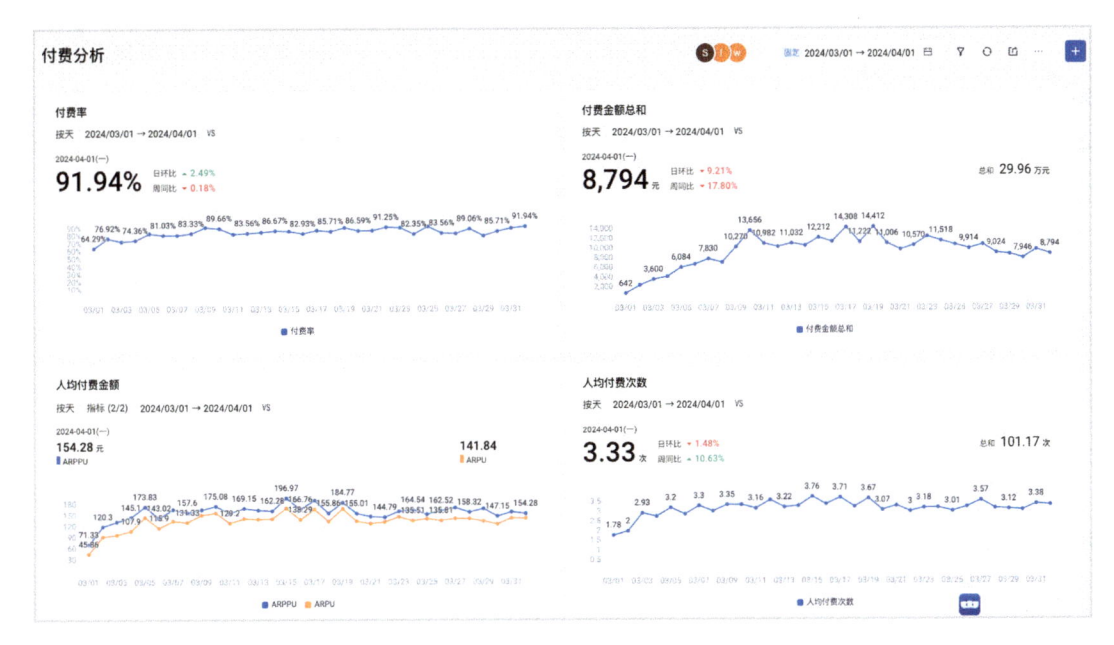

图 5-1

在生命周期的某个阶段，用户群体的相关付费指标是否出现了明显的波动？如果确实如此，那么可以结合该生命周期阶段的特点来推断原因。例如，可能是在用户进入游戏 30 天左右时，新板块或功能解锁导致短期难度降低、付费减少；或者是资深用户间的竞争导致付费增加。结合游戏的玩法和板块，我们可以进一步验证这些假设。一个常见的现象是，新用户的不稳定状态在游戏前期可能导致付费指标波动。为了确认这一点，我们可以结合相关数据表进行分析，如图 5-2 所示。

图 5-2

要判断不同生命周期阶段的用户的付费情况是否存在差异，需要分析总体付费数据的变化究竟是普遍存在于所有生命周期阶段的用户中，还是仅集中在某个特定的生命周期阶段的用户中。在定位时，要注意观察该生命周期阶段的用户对付费点位的解锁情况，避免将尚未解锁的付费点位纳入分析过程。之后，应针对该生命周期阶段用户的 LTV 进行深入分析。

我们可以根据每日注册用户的 LTV 变化做出初步判断，如图 5-3 所示。

- 是否存在某日注册用户的 LTV 与其他日期注册用户的 LTV 相差很大的情况？如果存在，那么可以结合该日的实际营销广告、应用内活动或购买情况得出结论。
- LTV 的总体增长趋势是怎样的？注册后特定日期的增长率是否有明显变化？

如果有明显变化，那么可以判断其是否符合预期，例如，3 天的新手保护期、注册 7 天后解锁折扣等。

LTV(1)

7日 留存 2024/03/01 → 2024/04/01

日期	账号注册用户数	当日	第1日	第2日	第3日	第4日	第5日	第6日	第7日
阶段值	447	106.41	210.52	296.32	370.86	445.27	517.09	580.73	636.58
2024-03-01(五)	16	40.13	116	164.5	226.13	307.75	376	487.25	564
2024-03-02(六)	22	67.64	161.91	220.91	332	446.82	519.55	595.64	741.55
2024-03-03(日)	21	64.38	166.76	231.33	317.14	431.33	567.52	610.29	694
2024-03-04(一)	13	54.31	106.92	182.77	296.62	325.85	405.85	560.31	619.54
2024-03-05(二)	10	129.8	192	256	314.6	434.6	620.6	737.4	889.4
2024-03-06(三)	13	62.31	109.85	160.15	244.15	380.92	481.54	566.62	608.15
2024-03-07(四)	13	120.92	232.31	358.77	408.62	476.31	566.77	665.85	742.15
2024-03-08(五)	13	160.62	286.31	448.77	514.92	550.92	635.85	659.85	738.62

图 5-3

5.3.2 观察用户付费前的行为

接着看上面的案例。如果发现游戏中期的用户在这一阶段的付费金额仅占其总体付费的 30%，就需要深入分析中期阶段的付费点位以及付费用户的行为。同时，也需要观察那些尚未付费的用户的行为，从而分析不同用户在付费表现上的差异及产生差异的原因。

通常，用户在游戏中遇到特定情境时，如果感到需要变得更强，就可能产生付费意愿。而要实现较好的付费转化效果，还需要有与用户付费意愿相匹配的付费点位。

例如，一个 30 元的礼包与 3 个 10 元的礼包所含内容的总价值相同，由于 10 元礼包的价格更低，可能会吸引更多用户付费，但其带来的总收入可能不如只提供 30 元礼包。因此，需要了解用户的付费意愿会在何时以及什么情况下被激发，付费点位的设置是否能满足更多用户的付费意愿（用户的付费能力决定了其付费意愿）。

在明确付费波动发生在哪个阶段后，就可以针对具体付费点位进行详细分析，进一步确定产生付费波动的原因，如图 5-4 所示。

- 观察新用户首次付费与总体付费情况是否存在显著差异？如果存在显著差异，那么总体付费的波动可能源于新用户数量的变化。
- 首次付费耗时是否与预期相符？如果时间过长，那么可能意味着新手礼包、新手引导等前期措施存在优化空间。如果时间过短，那么可能需要考虑提高部分新手礼包的折扣率，以避免用户以过低的成本获取道具或资源后，降低后续阶段的付费意愿。

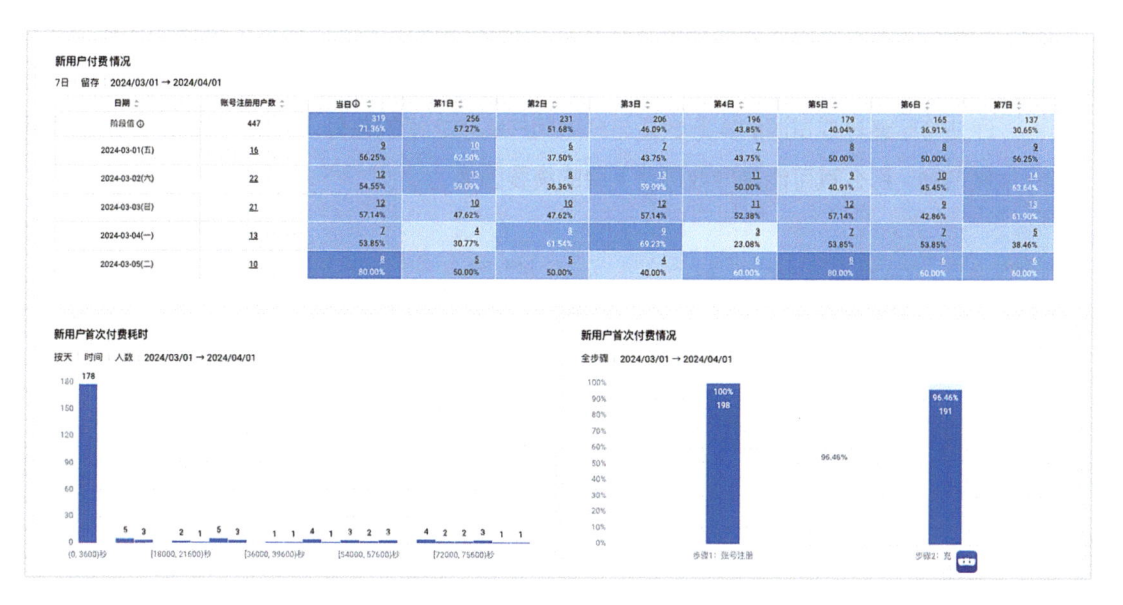

图 5-4

另外，需要观察付费行为与付费点位之间的关系，判断用户在不同付费点位上的付费情况是否存在差异，如图 5-5 所示。

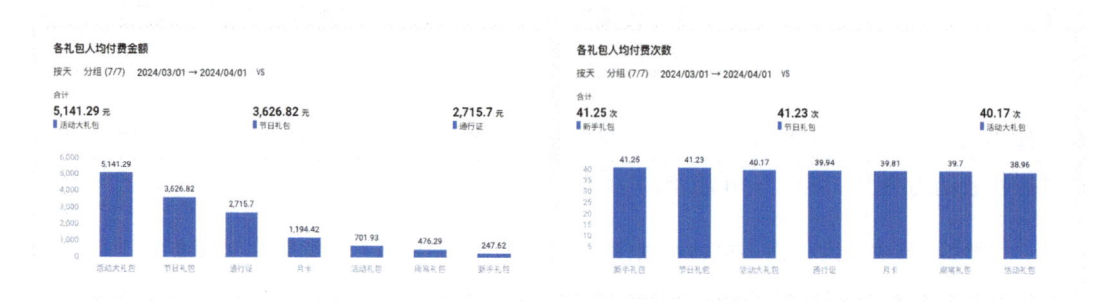

图 5-5

我们需要关注道具或资源需求与付费波动之间的关系。在分析付费波动时，应考虑道具或资源的变量和存量情况，如图 5-6 所示。

- 如果特定道具或资源的消耗量显著增加，或者存量显著减少，那其可能是付费增长的关键因素。
- 评估特定道具或资源的实际数量与预期用户需求之间的差异。例如，关键道具或资源明显过剩，那么其可能是导致付费下降的重要因素。

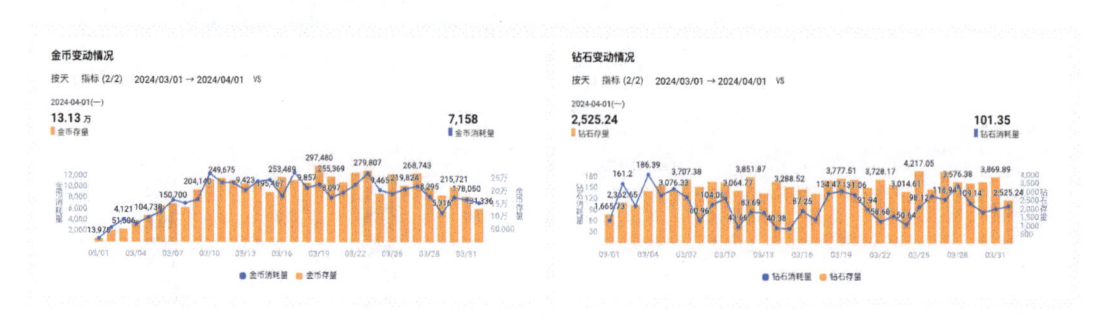

图 5-6

付费波动还可能与游戏玩法有关，这就需要我们判断处于不同等级或关卡的用户在付费情况上的波动是否存在差异。

在找到导致付费波动的原因后，我们需要进一步确认用户对于通过付费获得的内容是否感到满意。这可以通过观察用户对付费获得的道具或资源的使用情况，以及英雄的升级和上阵情况来判断。

5.3.3　分析用户对付费内容是否满意

我们需要关注用户付费后对所获得内容的使用情况，这有助于判断用户是否认为付费交换到的价值达到了他们的预期。在很多情况下，这种判断并不会在付费行为发生的那一刻立即形成。例如，用户购买了一个 5 星英雄，要评估这次购买是否让用户觉得"值得"，需要观察用户随后对该英雄的培养和使用情况。当然，对于某些以收集为目标的用户来说，"获得"这一行为本身就是付费的价值所在，这里不做深入讨论。

类似地，我们也需要关注用户付费购买的资源是否被正常消耗，如果资源消耗速度缓慢，那么可能会影响用户未来的付费意愿。只有当付费所交换的价值真正符合用户的预期时，用户才会更有动力进一步付费。

5.4　如何判断付费意愿的变化

用户付费意愿的变化受多种因素影响，包括付费内容的调整、游戏进程，以及游戏难度的变化等。一种有效的方法是通过 A/B 测试观察不同情境下用户对付费点位的实际反应。例如，可以通过发放不同类型的商业化礼包，来测试用户对不同付费点位或折扣的敏感度。

商业化礼包可以通过 TE 系统的运营模块发放，同时，可以设计并实施多种策略，以观察不同策略组合对用户付费意愿的具体影响，如图 5-7 所示。

游戏进化论：数据全景应用指南

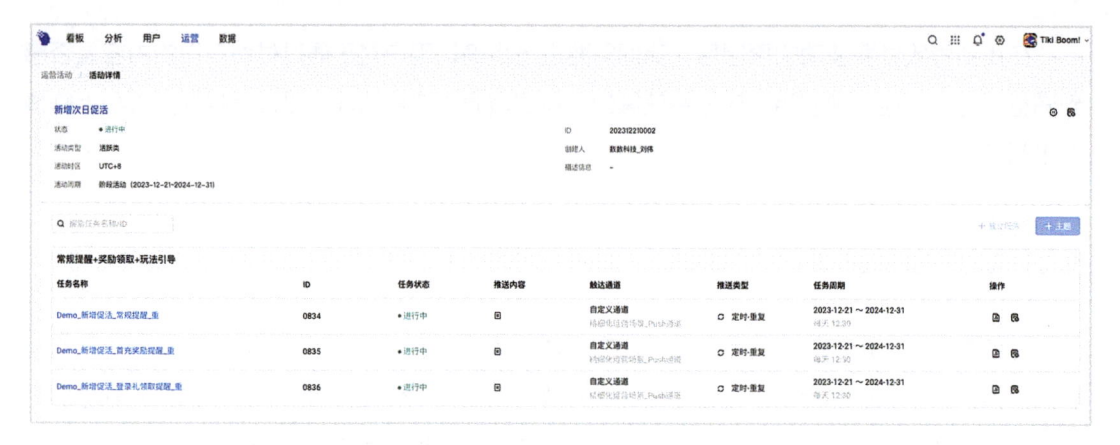

图 5-7

发送礼包后，可以观察用户是否完成了对礼包内容的购买，以此评估我们对用户付费意愿的洞察是否准确，如图 5-8、图 5-9 所示。

图 5-8

图 5-9

5.5 如何优化用户付费机制

　　虽然我们的目标是鼓励用户增加付费，以实现游戏在商业上的更大成功，但对付费机制的优化需要极为谨慎。付费内容往往对游戏的平衡性和用户体验产生显著影响，因此，如果在优化付费机制的过程中破坏了游戏内的平衡，导致付费用户与非付费用户之间的实力差距过大，那么可能会引起某些用户群体的不满。随着舆论的扩散，这种不满可能会引发更广泛的影响。

　　此外，过度的付费行为可能会减少用户的探索机会，降低他们在探索过程中获得的成就感，缩短游戏的有效玩法周期。这不但会对用户进一步了解游戏的深层策略产生负面影响，还可能导致游戏运营者过分依赖用户的短期行为，过分关注短期收益，而损害了用户的长期付费潜力和对游戏深度体验的追求。

第 6 章 活跃分析实战技巧解析

活跃分析可以从两个不同角度来理解。狭义上，活跃分析主要关注用户的活跃情况，专注于分析用户特定的活跃行为。广义上，活跃分析通过综合分析当前活跃用户的行为，识别游戏中可能需要关注的问题。

如果将新增、留存、流失和付费分析比作针对具体问题寻找答案的过程，那么广义上的活跃分析则更像探索问题本质的过程。接下来从狭义和广义两个角度详细剖析活跃分析的过程。

6.1 狭义上的活跃分析

在狭义的活跃分析中，我们主要关注用户在每日、每周和每月的活跃度，通过分析用户的活跃指标，可以了解用户在游戏中的存留表现。例如，DAU 是一个常用的活跃指标，而在线时长和登录次数也是活跃指标的具体体现。那么，如何找到我们需要的活跃指标呢？

我们需要了解常用活跃指标的定义和具体作用，然后根据游戏或应用的特性选择活跃指标。

6.1.1　常用活跃指标的定义、特点、实现基础

日活跃用户数（Daily Active User，DAU）：衡量每天至少登录一次应用的独立用户数量。它是检测日常用户参与度的重要指标，尤其适用于评估广告活动、事件或新功能发布的即时影响，提供每日的用户活跃度反馈。

周活跃用户数（Weekly Active User，WAU）：衡量过去 7 天内至少登录一次的独立用户数量。这个指标有助于开发者了解用户的周度参与度，并关注相对长期的用户活跃趋势。

月活跃用户数（Monthly Active User，MAU）：衡量过去 30 天内至少登录一次的独立用户数。这个指标通常用于评估用户的长期参与度和应用的整体健康状况。

黏性比率（DAU/MAU）：衡量用户对应用的依赖程度和日常参与度。该指标的实际意义在于，观察每天活跃的用户是否是同一批人。如果这个比率接近 1（实际情况不可能如此），那么表明用户频繁访问应用，通常与更高的用户满意度和忠诚度相关，也与用户的长期留存率相关。

这些指标适用于所有游戏和应用，它们不仅能直接反映用户对产品的兴趣和忠诚度，还能让开发者迅速了解产品的健康状态，因此成为日常使用的关键指标。在 TE 系统中，我们可以用事件分析功能配置所有基础活跃指标，如图 6-1、图 6-2、图 6-3 所示。

游戏进化论：数据全景应用指南

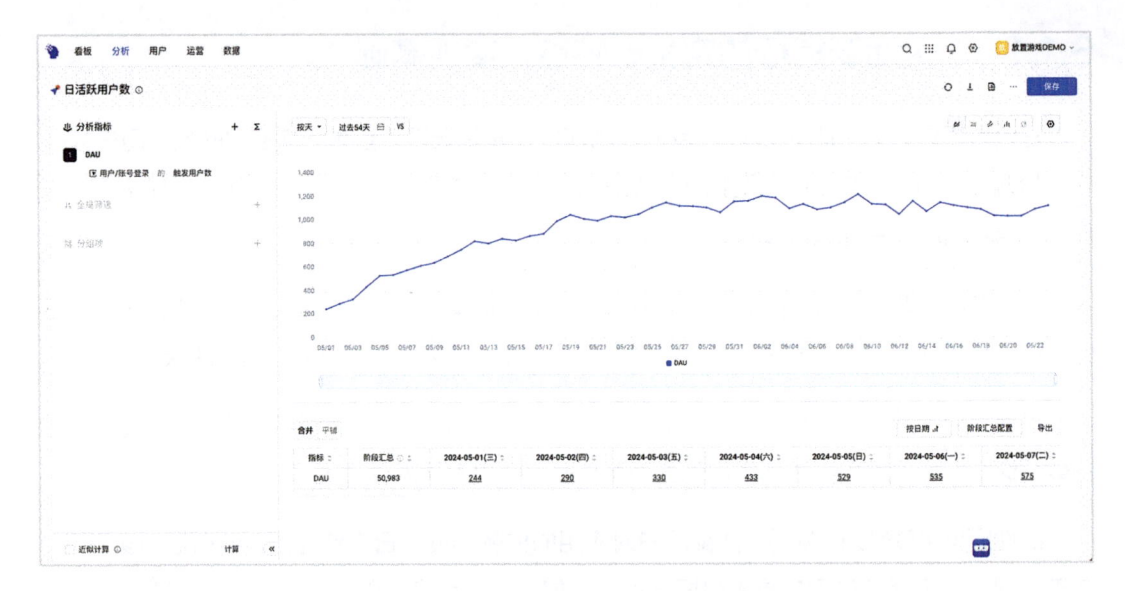

图 6-1

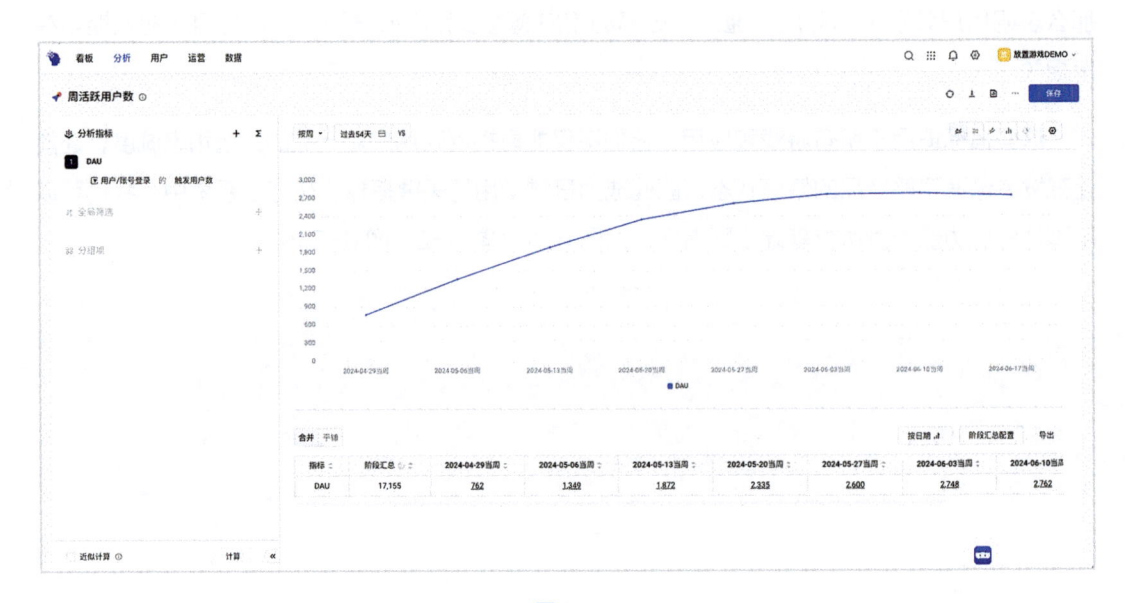

图 6-2

78

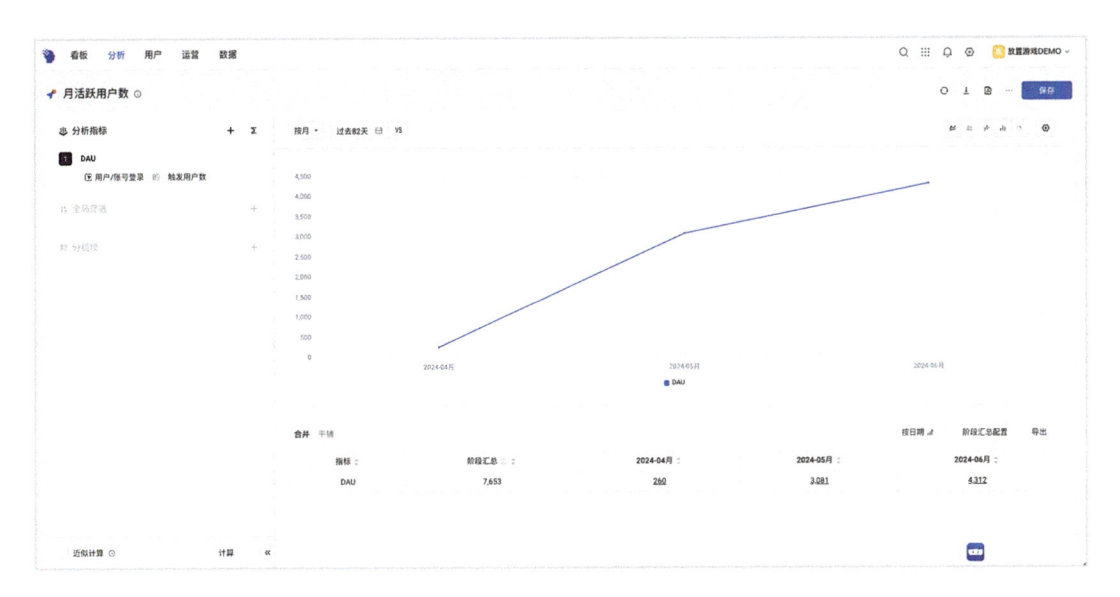

图 6-3

通过调整时间控件中的时间粒度，可以控制数据的观察时长。例如，按天、周或月对用户的 ID 进行去重计算。特别强调去重计算的重要性是因为，WAU 数据并不是 DAU 数据的简单相加，我们的目标是了解在一周内有多少不同的用户参与了活动。如果一个用户每天都活跃，那么他在 DAU 中每天都会被统计一次，如果我们直接将 DAU 的数值相加作为 WAU 的结果，那么最终的统计数据显然是不准确的。因此，在计算时，需要关注是在哪个时间粒度下计算的活跃用户数，以及活跃用户的计算方法是否正确，即是否首先识别出在该时间段内所有活跃过的用户 ID，然后计算这些用户 ID 的去重数量。

此外，对于 WAU 和 MAU，还需要考虑是否按照自然周/月来计算。按照自然周/月的计算相对简单，而 TE 系统也支持多种灵活的计算方式，包括非自然周/月，甚至是更灵活的 N 日/周/月的计算，如图 6-4 所示。

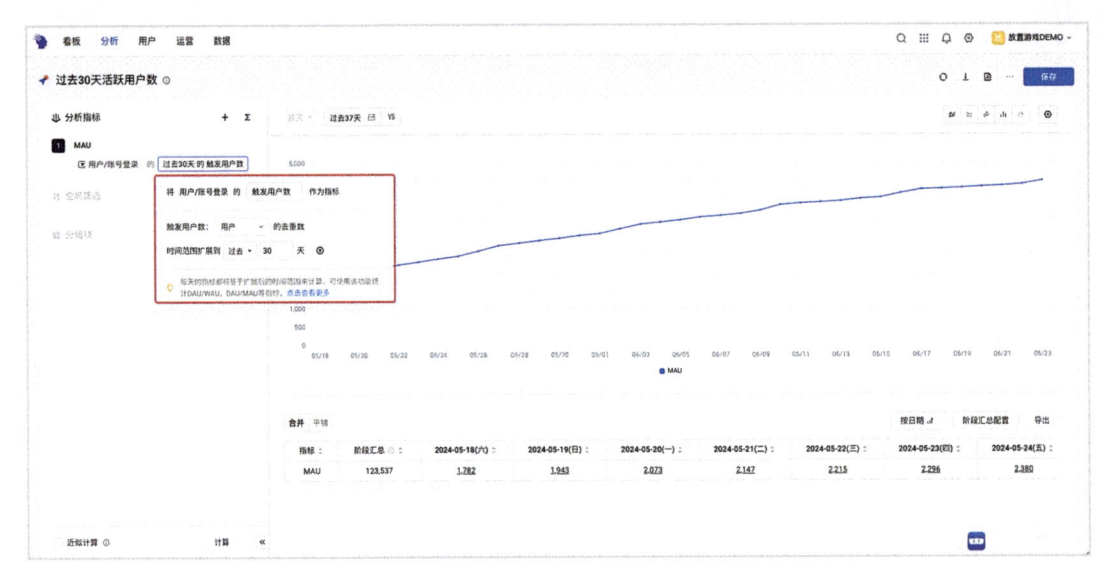

图 6-4

对于需要通过两个指标相除来计算的用户黏性指标，TE 系统提供了自定义公式功能，如图 6-5 所示。

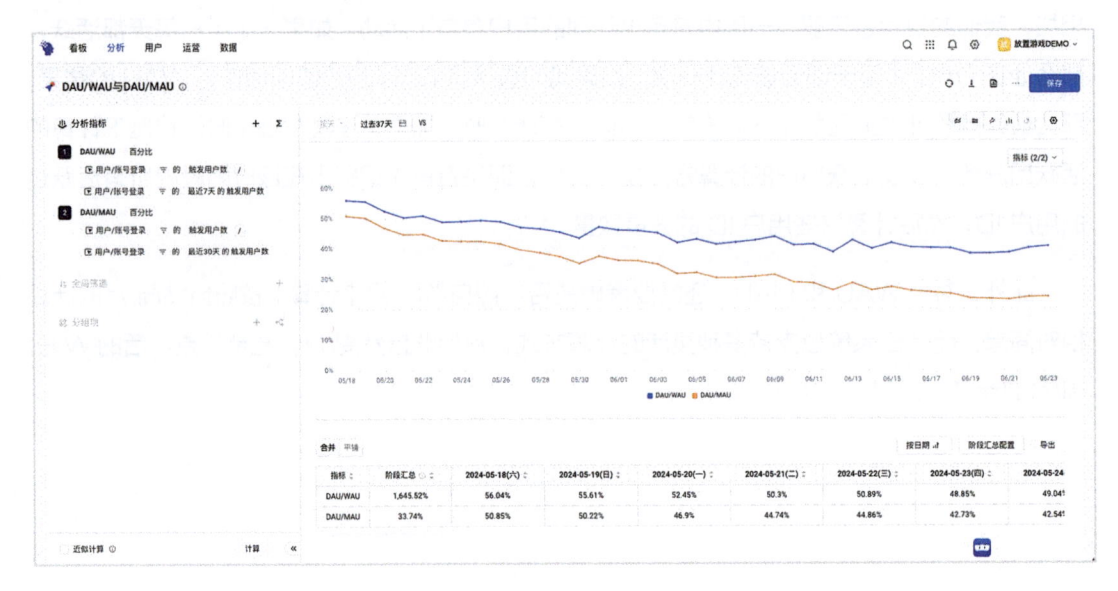

图 6-5

这些常用指标的计算看似简单，实际上需要强大的基础数据支持。在数据层面，我们需要以下保障。

- 唯一用户身份标识：确保每个用户都有独一无二的身份标识，以便准确计算独立用户数。在一些允许用户以访客模式访问的应用中，如果不能确定用户的唯一标识，就可能出现活跃用户数虚高的情况。
- 正确解析的时间戳：在收集和记录每次用户活动的时间戳后，我们需要将其解析为易于阅读和理解的"年月日/时分秒"格式，以确保能够准确计算不同时间区间的 DAU、WAU 和 MAU。
- 登录行为的跟踪和记录：通过客户端或服务端的日志数据，跟踪用户登录的时机，以及可能的会话长度。

只有在基础数据被正确记录后，我们才具备计算用户活跃指标的先决条件。那么，基于这个思路，我们应该如何构建符合自身业务特点的活跃指标呢？

6.1.2 构建符合自身业务特点的活跃指标

为了构建符合自身业务特点的活跃指标，我们需要深入理解业务目标、用户动机和游戏机制。如果仅仅依赖传统的活跃指标，那么可能会忽略一些更深层次的业务信息。在构建活跃指标时，我们不仅要考虑游戏自身的特性，还要考虑目标用户的特性，以确保所构建的活跃指标能够真实反映用户的活跃情况。

- 业务目标：明确游戏的主要商业目标，例如增加收入、提高用户黏性或扩大用户基数等。
- 用户动机：分析用户玩游戏的主要动机，例如寻求挑战、满足社交需求或消遣放松等。
- 游戏机制：理解游戏的核心机制，包括玩法、进度系统和奖励结构等。

传统的 DAU、WAU、MAU 指标主要反映有多少用户进入了应用，要真正统计用户对游戏模式或玩法的参与情况，则需要将更真实反映用户活跃度的行为纳入活跃指标的计算依据，包括但不限于以下内容。

- 完成特定关卡的用户比例和平均速度。
- 用户参与游戏的深度，如平均游戏时长、每日游戏会话数、特定活动的参与率。
- 用户间互动的频率和深度，例如聊天次数、组队游戏的频率、付费用户的比例，以及每付费用户平均收益（Average Revenue Per Paying User，ARPPU）。

通过综合考虑上述内容，我们可以找到一个更真实地反映用户在游戏中活跃情况的关键指标。例如，在一款卡牌游戏中，如果用户每天登录但只是随意浏览而没有进一步行动，那么从DAU角度看他是一个活跃用户，但实际上已经显示出流失风险。这些用户可能已经对探索游戏内容和消费（包括资源消耗）失去兴趣。

在这种情况下，我们可以增加用户活跃指标的行为统计深度，例如，将登录并领取日常奖励的用户视为真实的活跃用户。这样的用户虽然可能没有进一步探索关卡和内容，但他们对收集成长资源仍有需求，这表明他们未来仍有一定的可能性探索游戏内容。这样，活跃指标与用户在游戏中深层次的行为就产生了联系。

然后，根据这些行为的数据统计需求，我们需要确定从何处以及如何收集这些数据，以实现我们的数据统计目标。

6.2 广义上的活跃分析

广义上的活跃分析包括对游戏内各种行为活动的全面分析与评估。

- **用户活跃行为分析**：包括用户在游戏内的所有行为，如任务完成率、参与战斗和参与社交活动等。我们需要分析用户参与这些活动的深度和广度，例如参与特定任务或事件的用户比例，以及他们在这些活动中的表现。
- **多维度（多平台/多设备）活跃度分析**：对于多平台游戏，分析不同平台上的用户活跃情况，如移动端与桌面端的活跃用户比较。研究同一用户在不同设备上的行为差异，了解多设备对用户参与度的影响。

- **不同生命周期用户的行为差异**：监控特定游戏事件或活动对不同生命周期用户的影响差异。例如，限时活动或新内容发布，对不同生命周期用户可能会有不同影响。进而可以评估同一事件对不同生命周期用户活跃度的影响，以及它们在不同用户群体中的受欢迎程度。

在广义的框架下，活跃分析的目的是利用多维度的用户行为数据，全面了解当前游戏中活跃用户的行为特征。这些行为的变化直接关系到游戏的健康状态，因此，我们需要通过广泛的视角来观察用户活跃度，以便开发和运营团队全面掌握游戏动态，精准调整产品和市场策略。

为了实现更多维度的广义活跃分析，我们需要构建能够从不同用户维度进行分析的指标。在 TE 系统中，可以通过选择不同的主体来完成这些指标的计算，如图 6-6 所示。

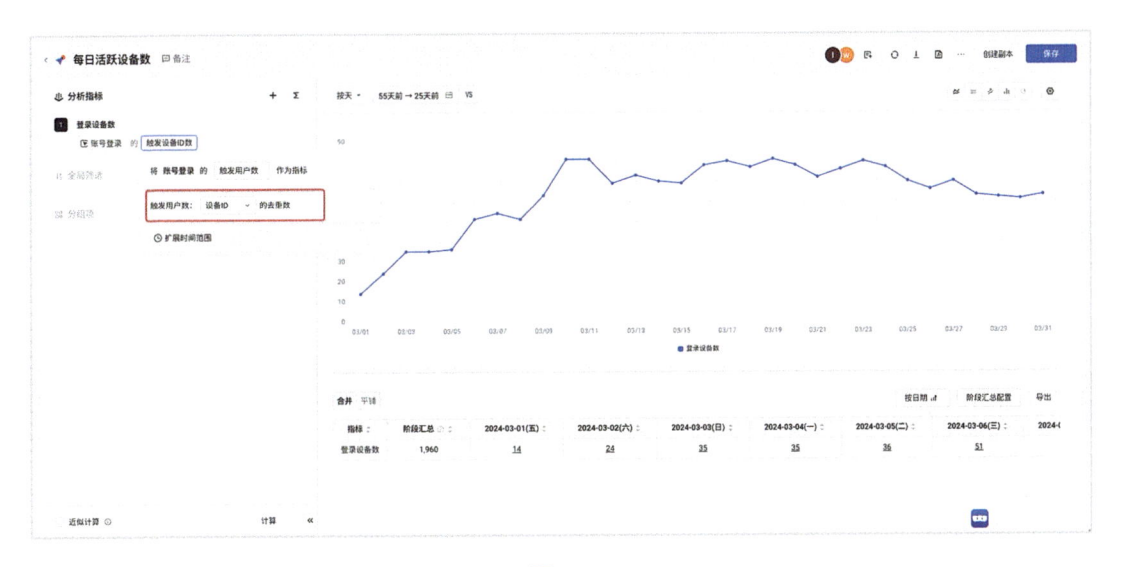

图 6-6

我们还可以进一步观察用户的在线时长，以了解不同在线时长的用户的分布情况，如图 6-7 所示。

从广义的活跃分析角度来看，我们需要了解当前活跃用户的具体行为差异。为此，需要进一步对用户进行占比分析，如图 6-8 所示。

| 游戏进化论：数据全景应用指南

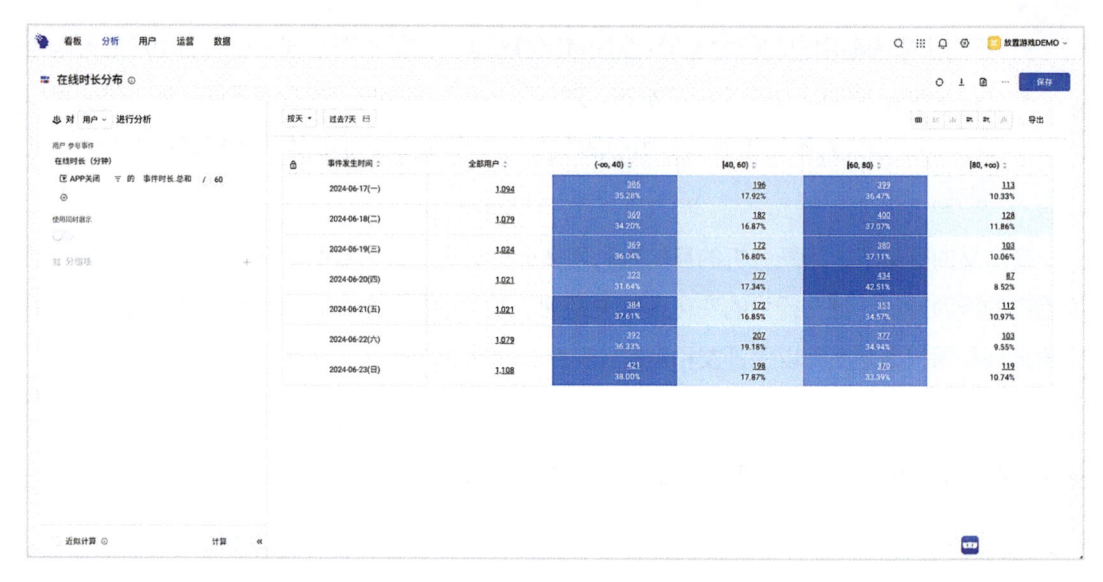

图 6-7

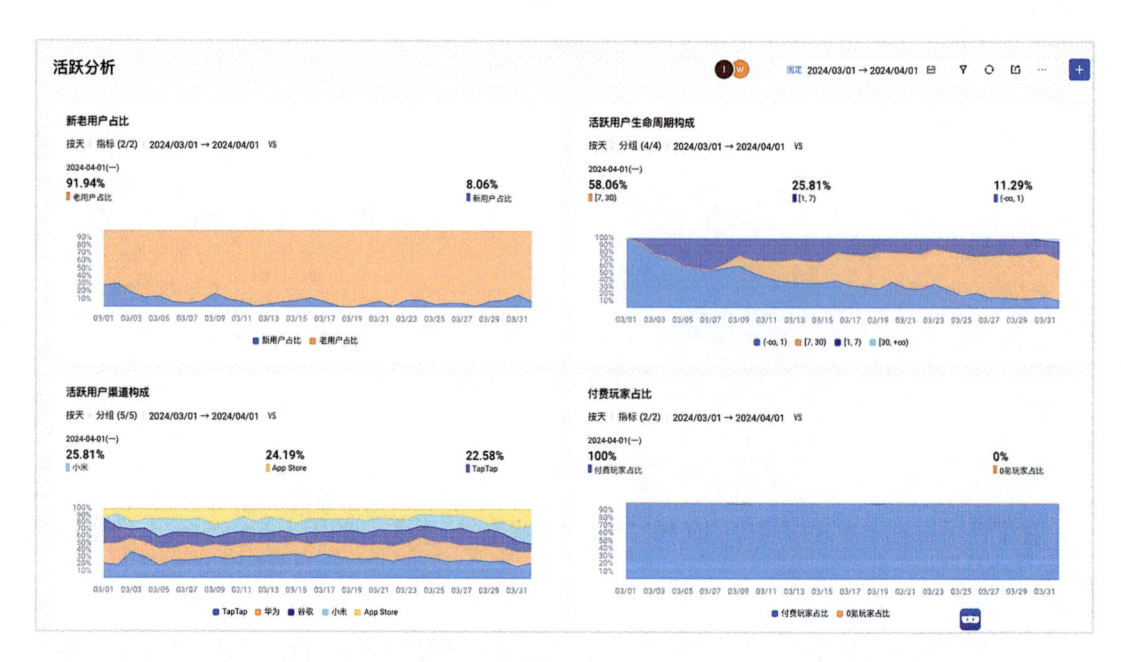

图 6-8

6.3 针对不同的活跃用户设定不同的运营策略

针对不同的活跃用户，需要设定不同的运营策略，具体如下。

- **高活跃用户**：为这些用户提供更多的活跃增值奖励，鼓励他们持续保持高水平的活跃度。
- **中活跃用户**：对于这些用户，需要持续引导，发现他们的兴趣点。通过发送基于行为和喜好的个性化通知、提供完成任务的奖励，或举办有吸引力的活动，来增加他们的参与度。
- **低活跃用户**：这类用户存在较高的流失风险，因此需要为他们提供重激活的促销活动，如登录奖励、特别优惠等，以重新激发他们的兴趣。同时，提供简单快捷的参与方式，减少参与游戏所需的时间和努力，例如，简化任务流程、提供一键操作等功能，帮助这些用户快速排除可能遇到的障碍。

在 TE 系统中，可以通过任务配置为不同用户群体设置不同的运营策略，并跟踪促活后的指标，如图 6-9 所示。

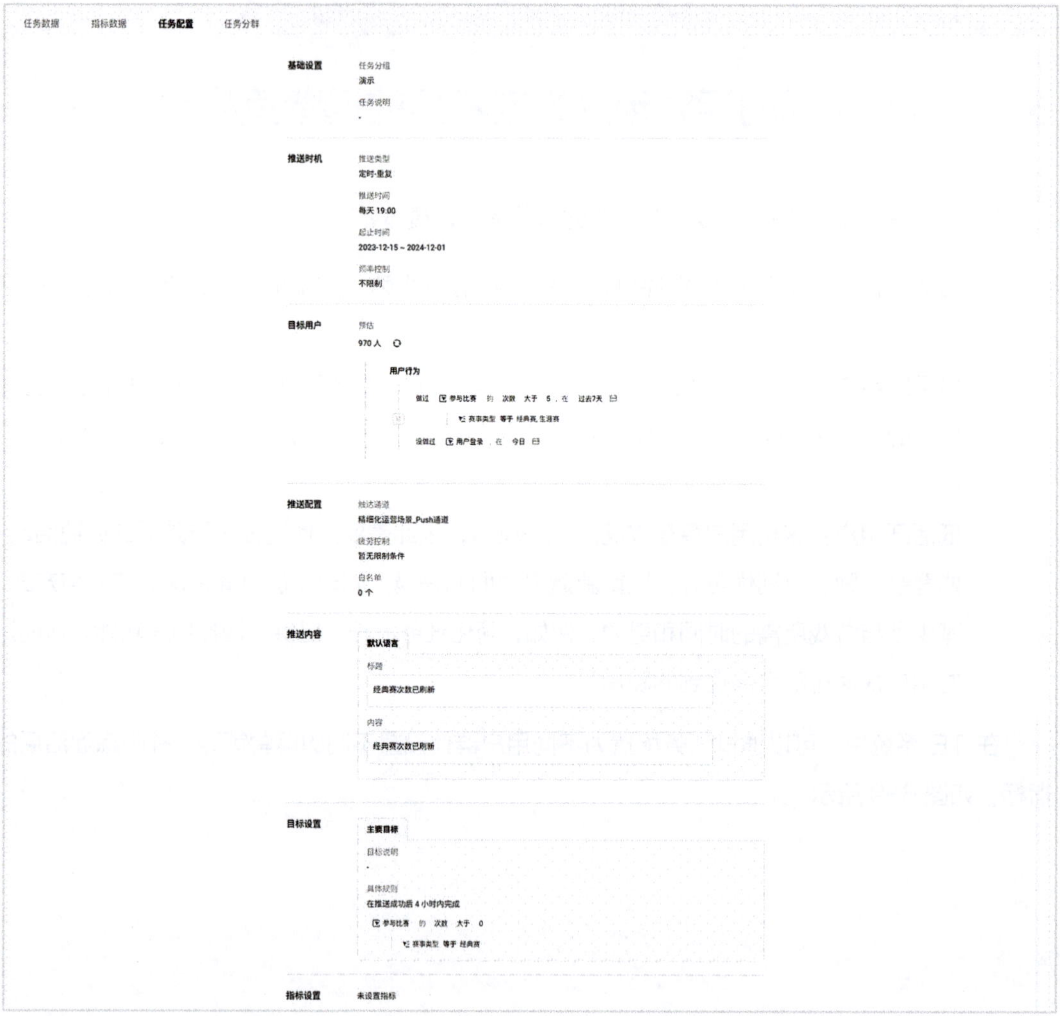
任务数据
指标数据
任务配置
任务分群
基础设置
任务分组
演示
任务说明
推送时机
推送类型
定时-重复
推送时间
每天 19:00
起止时间
2023-12-15 ~ 2024-12-01
频率控制
不限制
目标用户
预估
970 人
用户行为
做过 参与比赛 的 次数 大于 5，在 过去7天
赛事类型 等于 经典赛,生涯赛
没做过 用户登录，在 今日
推送配置
触达通道
精细化运营场景_Push通道
疲劳控制
暂无限制条件
白名单
0 个
推送内容
默认语言
标题
经典赛次数已刷新
内容
经典赛次数已刷新
目标设置
主要目标
目标说明
具体规则
在推送成功后 4 小时内完成
参与比赛 的 次数 大于 0
赛事类型 等于 经典赛
指标设置
未设置指标

图 6-9

6.4 活跃分析中的误区

1. 过度依赖量化指标

仅依赖 DAU、MAU 等量化指标进行分析，容易忽视用户质量和深度参与游戏的用户的真实活跃数据。应结合狭义和广义的活跃分析，以便更全面地评估用户的实际活跃情况。

2. 对短期变化的反应过度

DAU 能直观反映每日用户活跃情况，而过度关注短期活跃度可能造成盲目调整策略。分析时应快速定位波动原因，关注长期趋势，避免因短期波动过于仓促地调整策略。

3. 忽视活跃指标的持续监控和调整

随着游戏不断深入，有效的深度活跃指标可能变化。需要定期回顾和更新活跃度指标，确保其符合业务发展需求。

4. 用户分段和个性化的粒度太粗

不要将所有用户视为整体，采用"一刀切"策略分析活跃情况和原因。实际上，细分用户群体，根据特定需求和行为模式进行分析，确定不同用户的有效活跃模式，是非常必要的。

第 7 章
出海游戏分析实战技巧解析

出海游戏分析的思路和方法与前文提到的内容并没有本质区别。不过，在对于出海游戏的具体表现进行分析时，由于游戏用户的文化、地区和设备等方面存在差异，所以会有一些不同。因此，在一个相对不熟悉的游戏市场如何进行有效的数据分析，并找到合理的优化方法，是我们需要掌握的关键技能。

7.1 出海游戏的分析思路

在进行游戏项目分析时，需要从一个具体目标出发，进而将目标拆解，并根据反馈数据决定迭代策略。对于出海游戏，需要考虑更多因素，那具体应该如何操作呢？

7.1.1 确定业务目标

确定业务目标是数据分析的重要起点，这一步不仅为整个分析工作指明了方向，还确定了后续分析的重点。游戏出海的主要业务目标通常应包括扩大市场份额、提升品牌知名度、增加收益或提高用户满意度等，确定业务目标是制订分析计划的基础。例如，如果业务目标是提升品牌知名度，那么应重点分析用户的获取渠道和市场活动的影响力；若业务目标是增加收益，则需要着重分析付费用户的行为和购买转化率。

7.1.2　识别关键问题

确定业务目标后，需要识别实现这些目标需要解决的关键问题，这些问题应该是具体的、有针对性的，以下是一些具体问题示例。

- 哪些因素会影响用户初次体验和留存率？
- 不同市场中用户行为有何差异？
- 哪类营销活动在转化新用户方面最有效？
- 如何优化游戏内购买流程以提升转化率？

在分析过程中，我们将围绕这些问题设计后续的数据分析指标，以便在游戏开发的早期阶段就明确需要收集的数据，从而推动数据上报工作的顺利进行。这些问题的明确度直接关系到数据分析工作能否有效实施，如果数据分析的目标不明确、指标不具体，就无法确定需要收集哪些数据，这不仅可能导致在游戏开发阶段浪费宝贵资源，还可能使收集到的数据无法被有效利用，间接增加了数据分析成本。

7.1.3　拆解问题

仅仅识别出问题是不够的，还需要深入理解每个问题，并确定能够准确反映这些问题的指标，这需要对问题进行拆解。以"如何提高用户留存率"为例，这个问题可进一步拆解如下。

- 用户在游戏的哪个阶段最容易流失？这个问题涉及如何划分游戏阶段。尽管我们已经有了一些成熟的划分方法，但针对不同的游戏，划分的具体要求和特点可能会有所不同。

- 影响留存率的关键游戏特性是什么？是美术风格、玩法类型，还是新手引导，抑或是可探索的内容？我们是否对这些问题有更深入的了解和思考？
- 不同国家的用户群体留存原因有哪些差异？某些国家的用户可能更愿意投入时间探索硬核玩法或想了解游戏的后续内容，而有些国家的用户可能对此不感兴趣。因此，我们需要对目标市场的用户特性和行为习惯有清晰的了解，才能更好地探究问题的本质。

7.1.4 数据分析思路

数据分析需要在对问题有深刻理解的基础上制定初步假设，然后尝试得出结论。这些假设应基于现有的数据洞察、行业经验或市场研究。例如，假设市场活动的效果可能受节假日的影响，或者某个游戏特性对特定年龄段的用户更有吸引力。这些假设需要通过数据来验证，指导数据分析的具体方向，完成假设后，需要设计一个数据分析框架，来分析业务目标、关键问题和假设。只要能系统地完成数据收集、处理、分析和解读的整个过程，数据分析就是有效的。

7.1.5 改进迭代

无论是根据市场表现调整投放与"买量"策略，还是根据用户行为和反馈调整游戏玩法，都是对游戏的改进与迭代。数据分析的最终目标是做出更明智的决策，只有完成这一步，我们才算完成了整个数据分析过程的闭环。

7.2 出海游戏的数据分析注意事项

出海游戏的数据分析需要特别关注以下 5 个方面，它们与仅针对本地市场的游戏分析显著不同。

7.2.1 游戏内容与用户文化的匹配度及游戏本地化

出海游戏必须考虑目标市场的文化，包括语言、审美、价值观、习俗以及文化敏感性，这是最关键、最核心的事情。本地化工作从游戏立项之初就应纳入考量，分析时，需要评估游戏的本地化质量是否符合当地文化的背景，以及是否存在可能引起误解或不适的内容。

以中东地区为例，伊斯兰教徒占较高比例，不同国家的这一比例有所差异。因此，开发商和发行商在设计游戏元素时必须谨慎，避免出现可能触犯宗教禁忌的内容。如果对当地文化缺乏了解，那么可能无法合理假设，从而无法为数据变动提供可能的分析方向。

解决这一问题没有捷径，唯有在前期投入更多时间，系统了解目标地区的风土人情和历史与文化背景。

7.2.2 多货币和支付系统

支付习惯和可接受的支付方式在不同国家和地区间差异显著，这是一个不可忽视的话题。并非每个国家都拥有像中国一样便捷的线上支付方式，例如，在非洲的一些国家，点卡仍然是常见的充值方式。由于这些国家的互联网普及率相对较低，人们更倾向于使用传统支付方式。当然，随着越来越多的非洲国家开始使用电子支付或在线支付方式，这一情况正在改变。

此外，在涉及多币种支付时，还会出现成本和收入计算问题。如果投放和收益都是以单一货币结算的，那么问题相对容易解决。如果在评估总体收入和支出时，汇率换算成为必须考虑的因素，那么会引发数据采集和计算口径的问题。

对于出海过程中的多币种支付及相关分析，TE 系统提供了一整套解决方案。它支持将多种货币转换为特定币种进行成本和收入计算，省去了收集数据后手动获取汇率信息和汇率换算的过程，从而高效地完成多币种场景下的数据分析，如图 7-1、图 7-2 所示。

图 7-1

图 7-2

7.2.3 各国的数据合规问题

  对出海游戏进行数据分析时，必须确保所有数据处理和商业行为都符合目标市场的法律要求，以规避法律风险。虽然每个国家的法律法规不同，但在数据保护、隐私政策和在线交易方面，各国通常会有相关规定。总体上，这些法规的核心原则是"本地数据本地存储/处理，以及最小化收集隐私数据"。然而，各国法律的具体细节存在差异，例如，欧盟有《通用数据保护条例》，美国有《加州消费者隐私法案》和《儿童在线隐私保护法》。在处理数据合规问题时，需要仔细研读特定国家地区的数据保护法规，即便企业在目标国家没有设立公司，只要涉及当地数据的收集和传输，就必须遵守当地数据保护相关的法规。

在具体的数据收集与计算合规性方面，也可能遇到一些限制。例如，收集用户 ID、用户 IP 时可能需要进行加密或脱敏处理，这可能会影响后续的数据分析流程。另外，如果规定数据必须在本地存储，那么在分析时，一些需要遍历全部数据的计算算法可能难以实施（如计算各地区用户整体关卡挑战次数的中位数）。在设计数据应用体系时，需要考虑这些问题并规划解决方案。对于用户 ID 的采集，可以采用非敏感信息生成的用户 ID，如 SDK 支持根据用户设备的相关标识信息生成不直接关联用户敏感信息的 ID，如图 7-3 所示，确保正常采集用户信息。同时，对于不希望收集的信息，可以选择不采集或不接收。

关于数据跨境传输问题，TE 系统的私有化部署方案可以很好地满足"数据本地采集、本地分析"的需求，确保整个数据应用链路都在法律合规的范围内。

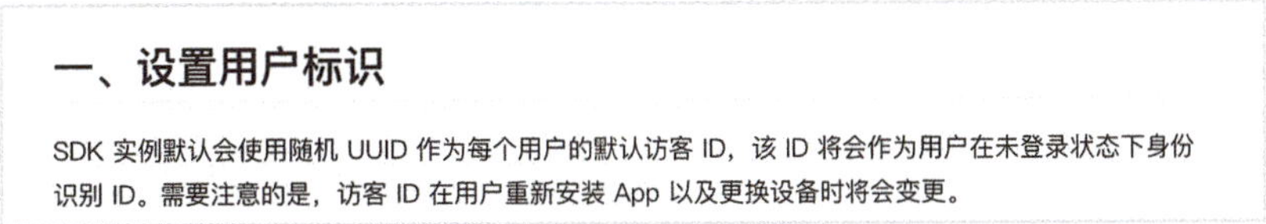

一、设置用户标识

SDK 实例默认会使用随机 UUID 作为每个用户的默认访客 ID，该 ID 将会作为用户在未登录状态下身份识别 ID。需要注意的是，访客 ID 在用户重新安装 App 以及更换设备时将会变更。

图 7-3

7.2.4 数据衡量标准的地区差异

如果游戏同时在多个地区和国家发行，在对比各国的游戏业务情况时，就需要根据用户的特点分别考虑。虽然可以用同一套指标来衡量全球用户在游戏相关方面的健康度，但同一个指标的"健康标准"在不同国家很可能有所不同。例如，日韩用户可能更投入，而东南亚用户可能更随性。因此，游戏进程的分析指标，如通关率，会因用户群体差异而在数值上出现波动。如果强行将"健康"标准统一为同一套，就可能过于教条，没有实事求是地看待问题。面对用户行为表现的差异，需要通过数据分析工具和方法进行跨区域数据的聚合和对比，并为不同市场设定不同的规则。

对于用户特征的差异分析，TE 系统可以根据用户的 IP 信息解析其对应的地理位置，并记录数据上报时用户所在的时区。这不仅能让我们对用户的文化偏好和行为习惯进行预判，还能非常准确地观察用户在其当地时间的具体行为表现。同时，也方便我们根据时区对用户进行分析，如图 7-4、图 7-5 所示。

图 7-4

图 7-5

7.2.5 用户行为差异

社会和文化、经济背景不同导致用户在游戏中的行为模式不尽相同。例如，巴西用户可能倾向于在社交互动上投入更多时间，这与他们开放热情的社会文化有关；非洲用户在休闲游戏上花费的时间可能更长，这可能与当地设备性能有限、网络流量成本较高有关；而欧美用户的付费能力和意愿普遍较高。只有深入了解这些用户行为的特点，才能更有效地通过数据分析优化游戏设计和提升用户体验。

举例来说，客户端 SDK 采集的设备相关非敏感信息可以帮助我们更好地了解用户当前使用的硬件设备及其运行状况，这有助于我们记录游戏过程中用户的设备状态，进而分析是否可能因设备性能问题而影响用户的游戏体验。通过这种方式，我们可以从更多角度了解可能影响用户游戏过程的因素。例如，东南亚和非洲用户可能面临设备性能的限制，这就要求我们在设计游戏时考虑设备性能对画面效果的影响，进而可以通过优化画面来提升游戏的流畅度，从而改善用户体验，如表 7-1 所示。

表 7-1

属性名	中文名	属性类型	说明
#simulator	是否为模拟器	数值	设备是否是模拟器 true/false
#ram	内存（GB）	文本	用户设备的当前剩余内存和总内存，单位 GB，如 1.4/2.4
#disk	硬盘（GB）	文本	用户设备的当前剩余存储空间和总存储空间，单位 GB，如 30/200
#fps	FPS	数值	用户设备的当前图像每秒传输帧率，如 60
#background_duration	后台停留时长	数值	记录两次 start 事件发生区间内，应用进入后台的时长，单位是秒
#start_reason	启动原因	文本	只有当应用被非 launcher 方式启动时存在该属性，如 deeplink 方式或者其他应用 startActivity 启动，数据样例：#start_reason":"{"url":"thinkingdata:\\\\"."data":""}"
#ua	用户当前的代理信息	文本	能够识别客户使用的操作系统及版本、CPU 类型、浏览器及版本、浏览器渲染引擎、浏览器语言、浏览器插件等
#utm	广告系列来源属性	文本	用户来源的广告信息，其中包含广告来源，广告媒介等信息

| 游戏进化论：数据全景应用指南

无论是针对海外用户还是国内用户，都需要考虑用户的设备平台，并根据相应配套设施实施相关的运营策略。对于海外用户，消息推送服务尤为重要。TE 系统在这方面提供了全面的支持，包括由 Google 提供的跨平台云消息（Firebase Cloud Messaging，FCM）推送服务和苹果推送通知服务（Apple Push Notification service，APNs）通道，确保不同平台的用户都能及时接收消息，如图 7-6 所示。

图 7-6

第 3 部分

品类游戏解决方案

第 8 章 MMO 场景实战

8.1 MMO 概述

MMO 是大型多人在线角色扮演游戏（Massive Multiplayer Online Role-Playing Game，MMORPG）的缩写。在游戏世界中，用户可以扮演一个角色，通过与其他用户的互动构建社会关系，共同体验游戏所创造的魔幻、武侠或仙侠世界的魅力和活力。在过去十多年间，许多游戏开发商专注于 MMO 领域，MMO 也经常出现在畅销榜的前列。

近年来，由于 MMO 品类的玩法同质化、氪金强度优化有限，以及用户对于玩法等 MMO 传统元素的创新要求提高，MMO 的受欢迎程度开始受到挑战。国内新一代 MMO 产品结合一些大 IP，在精细化运营层面做出很多成功的尝试，这也逐渐成为这个品类的制胜法宝。如何通过框架迭代和玩法创新来提升游戏体验，是每个 MMO 开发商都面临的重大挑战。

8.2 MMO 典型分析场景

MMO 领域凭借其庞大的用户群体和复杂的交互行为，为数据分析提供了丰富的素材，本章将聚焦于一些特定的场景进行探讨，如图 8-1 所示。

图 8-1

8.2.1 滚服生态分析

滚服[1]是许多 MMO 采用的运营策略，通过快速开通大量服务器，并结合买量措施，使同一时期加入的用户能够聚集在同一个服务器上共同成长。这样可以有效避免由于用户加入时间的差异导致的战斗力不均衡问题，即所谓的"战力降维打击"。对于滚服模式的深入分析，是 MMO 领域一个重要的研究课题。

1. 滚服的用户滚动趋势分析

滚服分析的难点并不在于选择哪种指标、如何解读数据或进行调优，其核心挑战在于如何精确地对比不同维度下的数据，例如，一个用户在 A 服务器和 B 服务器的表现能否进行准确比较。有时，我们甚至需要追踪用户在多个服务器之间的迁移路径，进行相关参数的对比分析，

---

1 网络流行词，是指用户在老服务器已有角色，在新服务器开启后，又去新服务器新建角色进行游戏的行为，也就是换个服务器"重练"。

这些参数可能涉及跨服和单服两个层面。

在 TE 系统中，我们可以从多种用户角度出发，在"埋点"规则的支持下，精确追踪一个虚拟或实体用户的整个滚服路径。TE 系统拥有独立的用户表，这带来了明显优势：用户表不依赖事件的存在，同时能保持与其他数据的联系，以免成为"数据孤岛"，在需要进行交叉分析时，系统能够实现实时关联。特别是在某些游戏中，滚服可能改变用户的 ID，而 TE 系统能够处理这种跨服的 ID 关联，避免了用户转服后被视为新用户的问题。

滚服本身是一种运营策略，用户选择离开原有服务器并不一定意味着游戏出了问题。数据分析的目标是较为准确地掌握用户的滚服动机，了解用户到达新服务器后的需求，判断旧服务器的生态是否确实到了必须转移的阶段。对于滚服用户，我们能在新服务器提供哪些服务？甚至能否从滚服用户中发掘潜在的付费点位？借助 TE 系统的辅助功能模块实现长链分析是完全可行的，如图 8-2 所示。

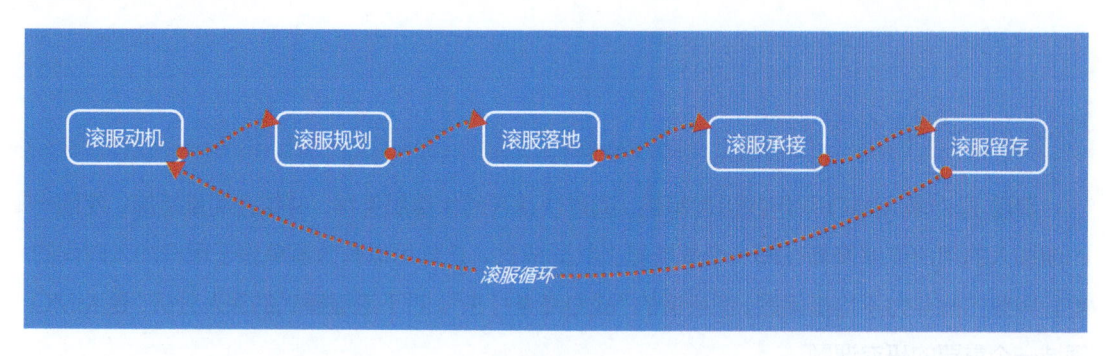

图 8-2

2. 合服时机分析

合服[1]是滚服策略中的关键一环，选择恰当的时机进行合服，可以有效减少用户流失，同时促进留存用户或用户组织之间建立新的竞争或合作关系，激发用户的留存意愿和消费动力。我们分析用户生态时，需要从不同层面进行考量，包括个体用户、不同消费水平的用户群体（如

---

1 对游戏服务器进行合并的行为。

大中小 R[1]）、用户小团体、帮会或联盟，以及整个服务器的情况。

生态分析不应仅限于观察和判断各阶层用户的生存状态、消费行为和相互关系，而应更深入地对一组分析对象进行综合评估，了解他们共同的需求和缺失的兴奋点，因为我们面对的是合服这一特殊动作，至少涉及两个服务器的用户群体。使合服后的组合效果达到最佳，才是合服策略的核心意义所在。

在分析层面，必须将多个服务器的用户数据聚合在一起进行分析，以确保合服策略能够发挥最大的效用。

3. 滚服用户流失和回流分析

滚服策略下出现一定规模的用户流失是正常现象，MMO 并不像二次元或某些硬核小众品类那样对用户流失特别敏感。重要的是，我们需要区分流失用户中的绝对流失用户和暂时流失用户。流失和回流实际上是一个连续的过程，而非两个孤立的事件，在整个流失和回流的"环流"中，每个环节都值得我们深入分析。

例如，我们的分析通常集中在回流之前的流失阶段，但这种分析远远不够，回流并不等同于长期留存，二次流失的召回难度通常高于首次流失。因此，在回流环节，需要结合流失和回流数据进行综合分析，我们可以利用 TE 系统精确地识别回流用户，观察他们与新用户的差异，并评估我们的回流策略能否有效地帮助回流用户"落地"。此外，我们需要探讨二次流失与首次流失之间是否存在不同点。

8.2.2 养成路径选择分析和玩法引导

MMO 通常会为用户提供众多的养成路径。由于大部分用户的在线时长有限，充值力度不大，基本不可能在有限时间内完成所有的养成路径。因此，用户在养成路径上的选择和优先级

---

[1] R，是人民币中"人"字拼音的第一个字母，代表人民币的意思，大 R 指用人民币的大用户，指在游戏里花了很多人民币的用户，中小 R 以此类推。

排序，成为我们分析的一个常见议题，如图 8-3 所示。

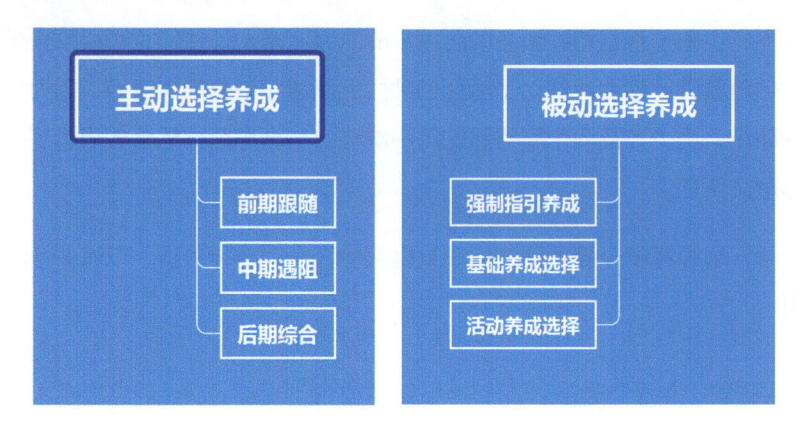

图 8-3

用户的养成路径选择可以分为"主动选择"和"被动选择"两种类型。这两种选择的分析场景、策略、评价标准，以及后续的优化措施都存在一定差异。被动选择大多数是游戏设置好的养成引导的结果，分析难度不高，由此，我们将重点放在主动选择上。主动选择具有明显的分层实用主义特征，用户通常会基于对游戏整体养成路径的理解和对类似游戏的经验确定自己的养成优先排序，会经历以下三个发展阶段。

- 前期：用户跟随游戏的主线任务进行养成。
- 中期：当遇到阻碍时，用户开始主动做出选择。
- 后期：为了追求更高的收益，用户会综合考虑多种因素，重新构建自己的养成路径。

1. 前期

在用户摆脱新手引导并能够自由行动之后，他们在许多 MMO 中可以在多个养成玩法中进行体验和消费。在这个阶段，用户的选择并非完全被动的，而是存在一定程度的自主性和偶然性。此外，这个阶段的选择具有其独特的特点，与中后期的选择存在差异。例如，用户在前期自由养成时，必须考虑免费福利的引导作用，以及开服福利结束后用户选择的转变等，用户也会根据自己的游戏经验和个人特点做出选择。

我们可以利用 TE 系统的标签规则功能，将一部分强制指引养成阶段的数据分离出来，以便单独分析用户在自由状态下的养成行为。节点的选择不能简单依据时间或日期等指标，而应综合考虑用户的等级（这可能与某些功能的开放关联）、当前的养成进度、用户拥有的资产，以及可以获取的资源等条件，这样做可以避免在分析过程中引入"脏数据"，如图 8-4 所示。

图 8-4

2. 中期

在游戏中期，用户在选择养成路径时，有时容易受到资源产出阻力的影响，这种阻力的引导性会逐渐减弱，最终不再成为硬性的障碍。此外，中期阶段的养成阻力与付费破冰之间存在联系，这个阶段是培养用户持续付费习惯的关键时期，而非付费方式可能会受到挤压。

因此，在游戏中期，我们需要严格监控用户在各养成路径及其分支上的进度，不能仅考虑单一养成路径。TE 系统可以通过虚拟属性和标签等功能，对养成进度进行聚合，帮助我们通过更宏观的视角判断用户选择当前策略的原因，识别由此产生的需求，并因势利导，引导用户在自己认同的养成策略上完成付费。

图 8-5 展示了在未完成"武魂进化"的条件下,新手免费用户是否完成了装备精炼路径。

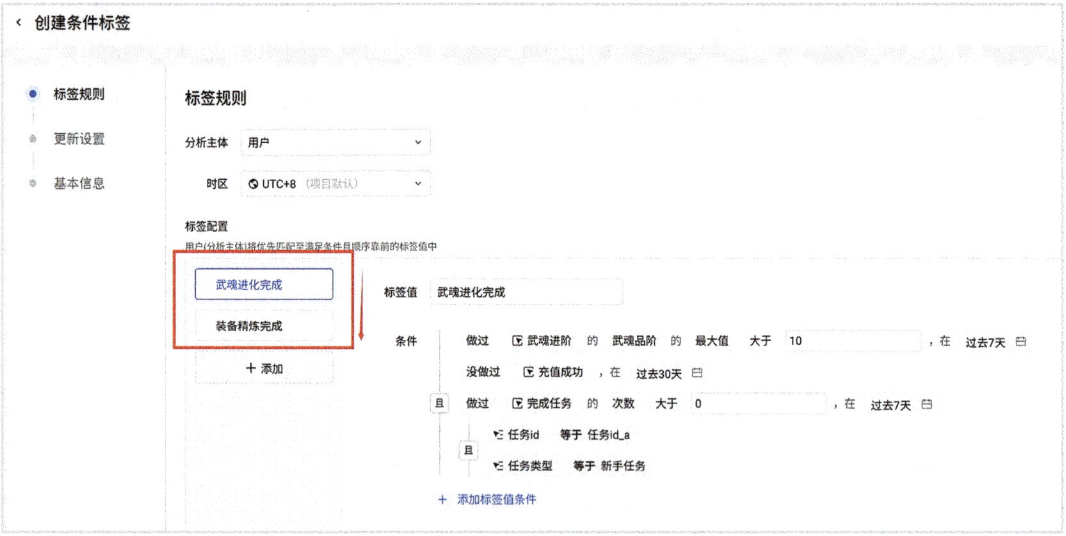

图 8-5

3. 后期

后期的路径选择受到的影响因素更为复杂,除了用户的付费层次、活跃度或战力区间,还需要考虑用户的滚服经历、公会驻留经历,以及前中期养成策略与后期新养成元素的衔接效果,它们会导致用户当前策略变化。因此,在数据分析模块中,我们可以利用历史标签,从更长的生命周期视角来观察用户的选择,这样才能准确把握用户的养成动机和需求,如图 8-6 所示。

图 8-6

8.2.3 交易行分析

交易行是 MMO 品类中独特的资源流通方式，它不仅涉及资源的流转、小规模社会经济、游戏内商品定价、用户生态和通货膨胀等概念，还包含丰富的社交和群组生态元素。在分析这一模块时，我们不能仅仅关注每日的成交量、交易资源的种类，以及价格波动等基础指标，还需要通过数据分析深入理解用户在交易行中的行为逻辑，揭示其背后的资源需求、用户对于交易商品的预期价值，以及买卖商品对用户可能产生的影响。

1. 交易商品的分类和自定义属性

尽管在埋点设计阶段，我们已根据商品的用途和价值进行了初步分类，但在交易行分析中，我们还需要根据实际业务需求增加对商品的分类和定义，这些定义可能具有时效性，需要定期

105

更新。在这种情况下，TE 系统的虚拟属性、数据表、指标、标签等模块所提供的高自由度商品属性定义功能就显得尤为重要。几乎每个运营和发行人员都可以根据自己的当前任务、岗位需求，甚至是月度关键绩效指标（Key Performance Indicator，KPI）来定义交易行中的各种流通数据，以便开展分析工作，如图 8-7 所示。

图 8-7

例如，某个商品在低等级用户手中可能没有太大的使用价值，但对于高等级用户或付费用户参与高强度玩法来说却是必不可少的资源。在这种情况下，我们可以随时添加基于业务理解的自定义属性。又如，对于某个商品，我们可能根据某些算法或经验给出了一个预期的市场价格，但如果实际流通价格与预期价格存在差异，那么我们也可以实时计算并统计这种差异的普遍性，并及时发出预警。

2. 交易行商品与商城之间的竞价关系分析

交易行本身是一种资源投放机制，与商城存在一定的互相替代性。我们需要适当平衡两者，确保交易行的资源流通作用不被过度削弱，同时控制其对商城或其他官方付费资源收益的影响。这种替代性并非只来自相同商品的直接竞价，也包括不同商品在同一流通链条中的关系。我们当然知道如何建立商品关联性模型，但将这种理论上的关联转化为数据中台上的统计分析逻辑需要大量的工作。

TE 系统的分析模块可以快速聚合商品，甚至可以通过简单的模块化功能对不同的事件进行聚合与拆分。这支持我们突破交易行的限制，将各环节的数据进行直观对比，确保交易活跃的同时，不会导致商城的商品贬值。

交易行分析需要结合非单一商品甚至大宗商品交易进行，这可以通过 TE 系统的基础分析模块轻松实现，我们可以通过看板报表实时监控全服用户的期货交易价格波动，并综合对比多服务器的经济指标。

3. 交易行非法套利行为的甄别

交易行涉及用户间的资源流转，必然会产生套利行为，我们允许用户在不影响游戏生态的前提下进行一定数量的套利操作。然而，也会有用户利用游戏规则和漏洞，非法获取超额收益，例如利用小号"刷资源"进行线下交易等。交易行非法套利的常见操作包括低价转运和高价付款。

- 低价转运。通过挂机、外挂小号或利用游戏漏洞等方式，在某个账号或角色上获取某种资源，然后通过交易行以极低的价格将其转移到一个账号上，再向其他用户售卖。打破这一链条的关键在于，要监控非法集中资源的行为。这是因为，为了获取暴利，集中收购一定会尽可能压低价格，我们可以通过 TE 系统的预警模块监控这一行为，批量定位有问题的账号。

- 高价付款。高价付款是另一种获利逻辑，用户不再转移售卖的商品本身，而是以商品为载体，集中钻石、元宝等游戏货币。这些货币可能是通过非付费手段或折扣付费手段获得的，牟利者先在线下收取买家的费用，然后在游戏里通过交易行购买买家挂出的高价商品，转移大量游戏货币给买家，完成类似充值的动作，获得货币差价。这种交易流程相比低价转运更难追踪，需要更多工具。TE 系统可以通过分析主体模块监控全局单笔异常交易，如图 8-8 所示，非法交易仍然无法逃脱。

分析主体名称	来源
预置 用户	用户唯一ID
事件属性访客ID	访客ID
角色ID	角色ID
用户ID-关卡ID	用户ID-关卡ID
dis	访客ID
公会ID	公会ID
设备ID	设备号
交易双方ID	交易双方ID
商品ID	商品ID
游戏账号ID	游戏账号

图 8-8

第 9 章

战略生存 SLG 典型场景实战

9.1 战略生存 SLG 概述

国内手游市场熟悉的所谓策略游戏（Simulation Game），其实是宏观 SLG（Strategy Life Game）大类中的一个分支，我们暂且称之为"战略生存 SLG"，用户在游戏的虚拟世界大地图上建立自己的大本营，不断生产或收集大地图资源，生成军队、扩张领土，与其他用户合作或争夺生存空间。

无论是对于海外还是国产手游行业，战略生存 SLG 都是经过多年打磨的品类，拥有一批非常优秀的长线产品，聚集了一批忠诚且具有较强付费能力的用户。这使战略生存 SLG 在留存率和 ARPPU 方面远超休闲游戏。在重度游戏的大范畴内，相较于要求长时间在线的 MMO，战略生存 SLG 更灵活，允许用户长时间挂机。另外，战略生存 SLG 的网络游戏团队成长（Group VS Group，GVG）模式具有很高的组织层面的可操作性，一定会在线下用户群体中形成凝聚力和话题性。

较早的战略生存 SLG 包括《列主纷争》等实现超长运营的早期作品；具有较大社交影响力的《三国志战略版》《率土之滨》《乱世王者》《重返帝国》；融合多种玩法和二次元元素的《剑与家园》和《方国觉醒》；在欧美市场大获成功的一系列僵尸、末世生存题材的 SLG；成功打入中东市场的《苏丹的复仇》；以及塔防元素丰富的《海岛奇兵》和《部落冲突》。

战略生存 SLG 已经衍生出许多分支，每个分支都有其独特的玩法和优势，但是核心仍然是经典的 4X 逻辑，即探索（eXplore）、经营与开发（eXploit）、征服（eXterminate），以及扩张与发展（eXpand）。

我们针对其中三种场景进行分析讨论。

9.2 战略生存 SLG 典型场景分析

在所有手游品类中，战略生存 SLG 最为看重数据分析。虽然用户拥有很高的自由度，但具体到每个可体验的玩法框架上，反而没有太多的随机性或可以通过操作改变的内容。用户的行为模式变化后可以通过数据准确反馈给分析者，因此，通过用户的数据表现可以相对准确地预测和推断用户的当前体验和游戏进程，尤其是可以推算用户需求和当前生存状态。

战略生存 SLG 的一个重要分析领域是团队分析，即针对游戏内的公会、联盟、国家、大陆、族群等多元化组织的分析。在战略生存 SLG 中可以形成可复现的数学模型，这对于数据分析人员来说是非常理想的环境，如图 9-1 所示。

图 9-1

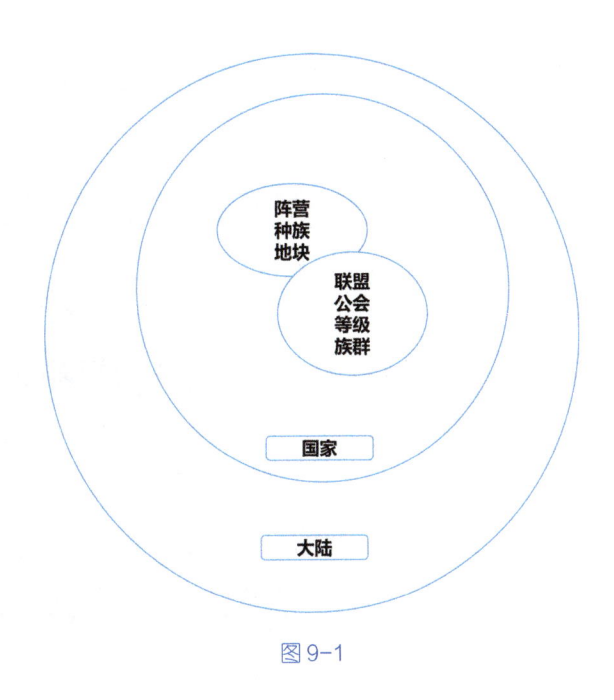

9.2.1 出征

出征分析包括战力分析、损失分析、胜率、收益比、恢复分析、出征连带的消费需求等。很多时候，因为缺乏针对性的分析场景，得出的结论与实际情况不符，甚至出现分析结论与游戏体感或用户反馈截然相反的情况。在 TE 系统的支持下，可以针对关键节点进行深入分析。

1. 出兵成本

出兵成本决定了用户对于当前出兵的损失承受能力。很多时候，用户可以通过侦察敌方和个人推算等方式估算自己的胜败，但未必能准确推算战斗受损程度。尤其在游戏前期，用户不一定能准确把握胜利机会，存在被敌方打败的风险，需要判断自己是否能承受这个损失，并在合理时间内恢复到足以自保的战力。

这就要求系统能够针对不同用户从不同时间轴上统计其战力的变化和恢复情况，并预测在恢复期内用户是否会被其他用户乘虚而入，陷入恶性循环。在这种情况下，我们可以为这些用户提供防护罩或临时高折扣资源购买链接等，如图 9-2 所示。这个从收集数据链条到推送购买链接的过程可以在 TE 系统中迅速完成。

图 9-2

防止流失的推送最注重时效，因为用户随时可能离开游戏，并且之后不再登录。

TE 系统的推送模块提供了两个针对性的解决方案。

- 触发式推送。传统的推送系统由运营方设置好各种参数，手动向用户推送信息，即便可以设置自动化流程，也存在预设的推送周期，不太可能根据每个有流失风险的用户事件表进行推送。触发式推送则由用户端触发，尽量减少时延，提高挽留用户的成功率，如图 9-3 所示。

- 离线（no server）式推送。传统推送的主要瓶颈不是用户总量，而是推送系统能承受的最大流量。推送发起端需要向执行端提供推送名单，如果名单太大，提交频率太高，那么会极大消耗推送执行端的性能。离线式推送不再受限于推送指令的流量，可以让客户端自主发起推送，不用再走传统的"发起—解析—执行"的长路径，能很好地解决战略生存 SLG 用户流失节点集中的问题。

说回出兵成本分析，传统分析通常聚焦弱势用户，其实对于强势用户也有分析的必要。

第 9 章 战略生存 SLG 典型场景实战

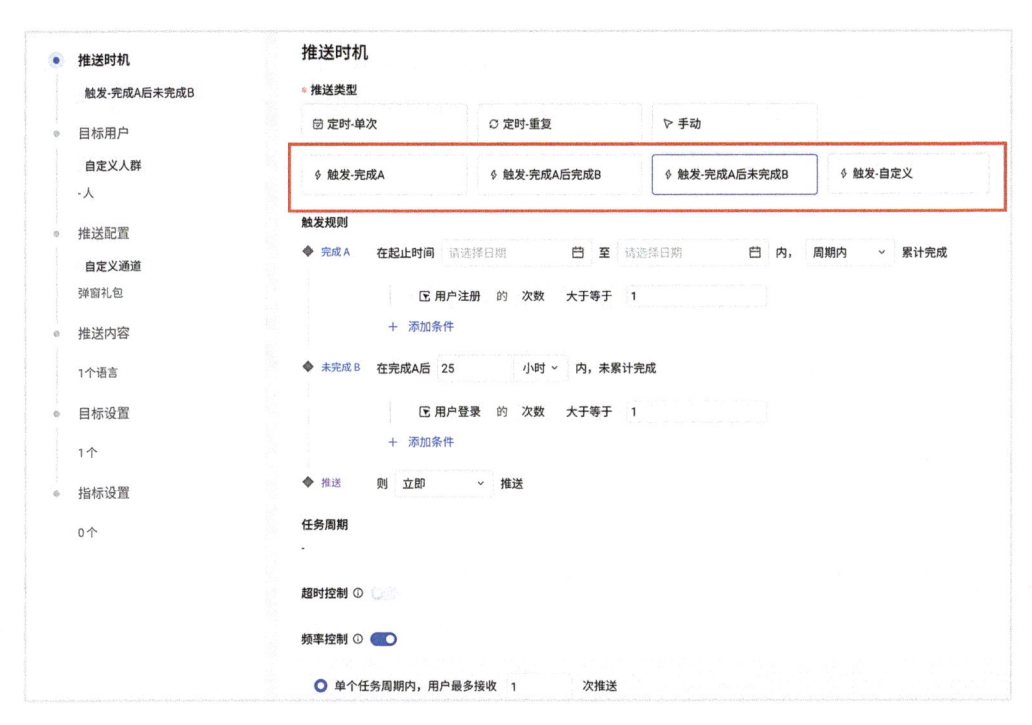

图 9-3

我们需要判断强势用户是否过早进入了无成本[1]出兵状态，这样的用户是否很多，这种情况是否对游戏生态有利。通过 TE 系统，可以计算用户的动态出兵成本，并与战斗结果关联，得到收益数据，而不需要单独建立复杂的计算模型，如图 9-4 所示。

图 9-4

---

1 这里的无成本指不付费。

113

分析活跃用户的高收益是如何取得的，如果是通过小号取得的，那么要考虑出兵成本分析是否排除这种因素。通过 TE 系统，可以简单聚合多种方式获得的收益，并可以随时自定义计算参数，动态计算各种收益的占比。

2. 英雄单位的战斗表现

近几年，战略生存 SLG 的一个新趋势是 SLG+，即加入其他品类的付费点位和玩法元素。其中最常见的就是 SLG+卡牌。战略生存 SLG 开始大举加入卡牌游戏的抽卡元素，这会涉及战斗中英雄单位的表现评估。在传统战略生存 SLG 中，参战部队只存在兵种和人数的差异，但加入英雄单位后，战斗数值不再是简单的数量加减，英雄单位会从整体层面影响战斗结果，所以我们需要更加完整的战斗中英雄单位的数据。

通过 TE 系统的对象组功能，可以详细记录英雄单位的战斗表现，甚至可以记录英雄单位单独击败了多少敌军。对象组本身还能携带英雄单位的养成进度数据，用于英雄养成成本和价值输出评估，如图 9-5 所示。

图 9-5

2024 年，战棋这个古老品类重新崛起，SLG 也会增加更多战棋元素，继续加强针对单体英雄角色在战斗中的表现分析。

9.2.2 扩张与发展

领地扩张与用户之间的生存冲突是 SLG 游戏独有的分析领域。传统分析通常集中在用户持有的领地和资源量，从而产生关于资源获取和失去的数据分析。然而，在 SLG 中，仅记录每个用户的领地资产是不够的，这与 RPG 无异。因此，我们需要引入更多具有 SLG 特色的分析元素，特别是战略生存 SLG 中独有的分析元素。

1. 集体意志的行为结果

我们需要分析用户是如何在一定时间内获取领地或资源的，是通过直接占领空白地还是通过战斗从其他用户那里夺取的？被夺取领地的用户是否发起了反击？这些领地是否位于用户所属联盟的势力范围内？被夺取领地的用户是否是联盟成员？

通过 TE 系统的虚拟属性功能，我们可以为用户添加判断类字段属性，迅速将基于业务或玩法的定性概念转化为可见数据。这种可见数据具有私人化特点，不会导致整体埋点的大幅变化，因此不会影响其他同事的分析，如图 9-6 所示。

图 9-6

这一系列分析都需要通过埋点结合数数的数据模型实现，分析结果使用 TE 系统的热力图展现。通过 TE 系统给出的结论，我们可以推导出更多结论，甚至可以根据一些热点领地的归属来预测用户的未来行为。

2. 宏观生态与微观体感的差异

有组织的扩张并非简单的加减法，而是基于集体或领导者意志的有计划的步骤和路径，可能还包括不同组织之间的互动和竞争。我们可以使用 TE 系统的多主体功能从队伍、联盟、国家、服务器等维度来描绘领地、资源的宏观形态，站在用户视角来看待决策导致的最终结果，这在赛季类或公共国战地图玩法中尤为有用，如图 9-7 所示。

图 9-7

3. 从联盟的集体行动反推个体用户的差异化行为

通过 TE 系统的标签或分群等模块，可以圈选出完成一系列行为的集团用户，通常是联盟或公会。除了对集团用户进行整体分析和交互分析，我们还可以进行个体用户行为的反推分析。例如，当一个联盟遭到更强大的联盟攻击时，其成员可能不会采取完全相同的生存策略，他们往往会根据自己的联盟地位、实力、个性、小团体的影响，以及生存和战争成本承受力等因素，在集体行动中采取有差异的行为。

4. 联盟内部建立信任的契机

即便用户加入了联盟，也不一定能立即形成稳定的组织并进行配合，这还需要一些契机，例如共同建设、攻击建筑或应对入侵等。这些需要群体配合的事件可以促使陌生人之间建立信任，提高组织的凝聚力。

9.2.3 经营与开发

在战略生存 SLG 中，对经营与开发更精确的表述是"持续运营与一次性强化"。

1. 持续运营可流通资源

可流通资源（Circulating Currency，CC）指传统 SLG 中用于维持用户主城运转的各种消耗性资源，如木材、石头、铁矿石、魔力和人口等，这些资源可以通过战争手段在用户间流动。CC 的分析不能简单地采用"获得消耗"的逻辑，而需要采用更细致的分析方法。

资源流动分析：战略生存 SLG 的资源流转途径复杂，包括用户间的多次转手和所谓的"火星流转"，我们需要使用更灵活和多层次的工具进行贴近用户实际体验的分析。例如，在大规模战斗后、用户被劫掠后、获得重要资源时，或者抽卡获得英雄单位时等关键时刻，需要精确记录数据。传统的埋点方法可能过于复杂和烦琐，而 TE 系统的公共事件属性功能可以减少重复埋点的工作量，自动为不同事件添加相同的埋点属性，如图 9-8 所示。

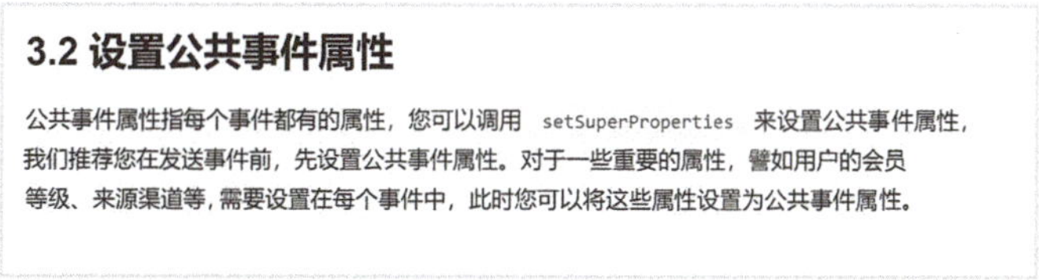

> **3.2 设置公共事件属性**
>
> 公共事件属性指每个事件都有的属性，您可以调用 `setSuperProperties` 来设置公共事件属性，我们推荐您在发送事件前，先设置公共事件属性。对于一些重要的属性，譬如用户的会员等级、来源渠道等，需要设置在每个事件中，此时您可以将这些属性设置为公共事件属性。

图 9-8

借助这些数据，可以进行更加细致的分析。例如，用户在被劫掠前将资源投入固定资产，导致库存耗尽。如果只看最终剩余的资源数量，那么这与被劫掠导致资源耗尽的结果相同，但从用户角度来看，这是完全不同的事件。

此外，在许多玩法中，如劫掠，双方并非无成本地进行资源转移。除了战斗损耗，许多战略生存 SLG 还会根据游戏的数值模型收取"劫掠税"或"火星钱"，这部分资源从被劫掠者处消失，并未转移到劫掠者手中。在 TE 系统的事件分析模块中，自定义部分可以用来添加这种计算常数，使我们的分析更贴近用户的实际体验，如图 9-9 所示。

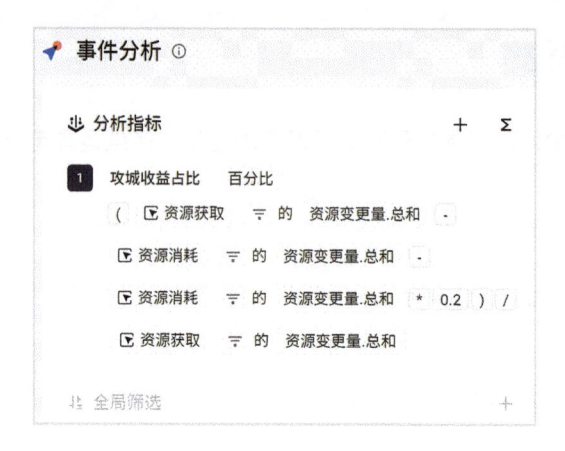

图 9-9

2. 库存理论在战略生存 SLG 层面的应用

（1）生存成本的拆分。

在战略生存 SLG 中，用户的生存成本构成复杂，可以引入制造领域的库存理论来指导我们的分析。

战略生存 SLG 通常鼓励并推动用户走向组织化，例如加入公会、联盟或国家等利益集团，成为这些组织的一员。这意味着用户需要承担一定的参与成本，例如维持一定水平的组织活动参与率和贡献度，同时，这种贡献要在用户可承受的范围内。值得注意的是，贡献度评估并非由用户单方面做出，也要考虑组织层级的集体意见，如果组织认为某个用户的贡献不足，那么可能会导致该用户被移出组织。

利用 TE 系统的多主体分析功能，可以详细分析利益集团对其成员的价值诉求。另外，基于游戏体感，我们还可以分析利益集团对个体价值的诉求与用户对融入组织的成本的承受力之间是否存在差距。通过 TE 系统，可以统计同联盟成员在某种资源上的总投入，从而更全面地理解用户在组织中的生存成本，如图 9-10 所示。

图 9-10

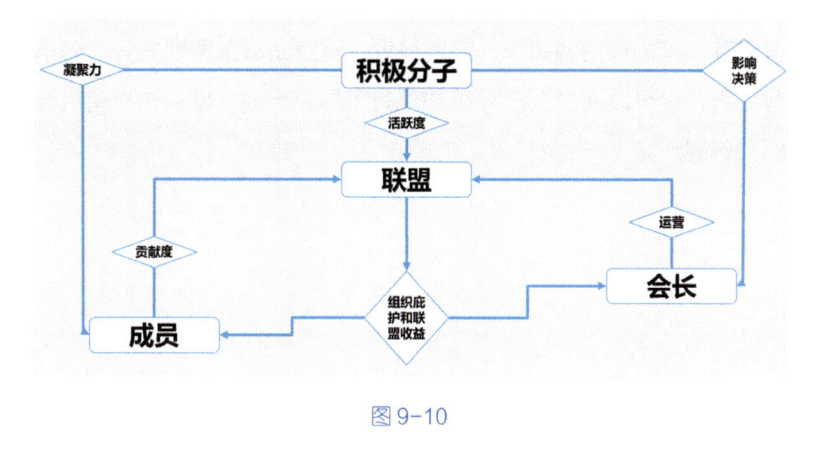

（2）纯交易货币类资源。

在战略生存 SLG 中，钻石、元宝、金币、铜钱等作为纯交易货币（Trading Currency，TC）资源，具有不可被抢夺的特性，并且可以用来购买其他资源。值得注意的是，这些资源之间有时还存在兑换关系，对于这类资源的分析，不需要考虑复杂的影响因素。

然而，在战略生存 SLG 的特定背景下，TC 资源分析仍然面临一些变数，例如付费结构的碎片化导致用户付费行为的碎片化，这是战略生存 SLG 独有的付费生态特征。用户在非抽卡付费方面通常有两个主要诉求：一是购买机制透明，二是短期内迅速增加资源产出，尤其是对减少冷却时间的道具需求较大。

这与直接购买资源形成矛盾，我们需要引导用户养成适合自己的付费习惯，而不是像 MMO 那样追求固定的最优解。我们需要通过 TE 系统的标签等方式，结合用户画像进行综合分析。例如，能够每天长时间在线的用户与那些只能晚上在线或每天只能在线两小时的用户相比，付费需求和习惯显著不同。

这种分析需求通常不会在游戏开服初期就被识别，而是需要通过不断迭代来发掘。这可能会造成一些遗憾，因为在传统数据中台模式下，分析人员往往只能在意识到需求时才开始分析，而处理历史数据可能涉及复杂的编码流程。相比之下，TE 系统可以通过历史标签和用户镜像等手段，实现数据指标的长期回溯，快速收集分析样本，避免每次面对新需求时都经历烦琐的"埋点→收集→清洗→解读→分析→判断"流程。

此外，安全库存、延展性资源需求、空城战术、资源动态重要性细分、养小号、战略与战术目标的平衡等分析，也可以通过 TE 系统和现有工具来完成，期待未来有机会对这些主题进行更深入的探讨和研究。

第 10 章
卡牌 RPG 典型场景实战

10.1 卡牌 RPG 概述

卡牌 RPG，全称应该是卡牌收集类型角色扮演游戏（Role-playing Game，RPG）。联网手游形态的卡牌游戏主要分为 RPG 和 TCG 两类，手游端比较常见的是前者。卡牌等同于角色，用户从付费池抽取角色卡牌，通过养成实现战斗需求，多个角色卡参与战斗或类似战斗的对决挑战，以此推进游戏进程。用户在游戏过程中除了体验剧情，还会与卡牌代表的角色产生各种形式的互动。

过往有非常多备受欢迎的卡牌 RPG，例如早期移动端的《智龙迷城》，后来曾经掀起半即时制卡牌战斗潮流的《小冰冰传奇》(刀塔传奇)，女性向的《奇迹暖暖》，武侠背景的《大掌门》，三国背景的《放开那三国》和《少年三国志》，靠立绘吸引大批用户的《百万亚瑟王》系列，火遍 B 站的《FGO》《碧蓝航线》《公主链接》，莉莉丝的《剑与远征》，网易的《阴阳师》，腾讯的《圣斗士》《火影忍者》，米哈游的《原神》《崩坏：星穹铁道》，简直数不胜数。

正因为产品众多，在这个品类里活跃的厂商也非常多，卡牌 RPG 的数据分析很早就成为手游行业的重点课题。卡牌大品类中各产品的特点不同，数据分析的侧重点也不同，本章对大部分卡牌 RPG 会涉及的典型场景进行分析，供大家参考。

10.2 卡牌 RPG 典型场景分析

是否通过卡池随机抽获角色，是卡牌 RPG 的一个重要特点，而抽卡是这类游戏的主要收入来源，也是数据分析的核心部分。

10.2.1 抽卡分析

抽卡分析可以分为需求分析、抽卡结果分析和抽卡延展分析三部分，下面展开讲解抽卡结果分析和抽卡延展分析。

1. 卡池宏观产出

这是最常见的抽卡结果分析问题。通过 TE 系统，不仅可以计算出抽卡次数和消耗钻石数等数据，还可以了解到每张卡在卡池中的获取成本等情况。这些数据可以通过模型报表来呈现，无须使用 SQL 语句，可以将人工成本降到最低。另外，模型报表也可以直接应用于所有卡池，以此提高效率，如图 10-1 所示。

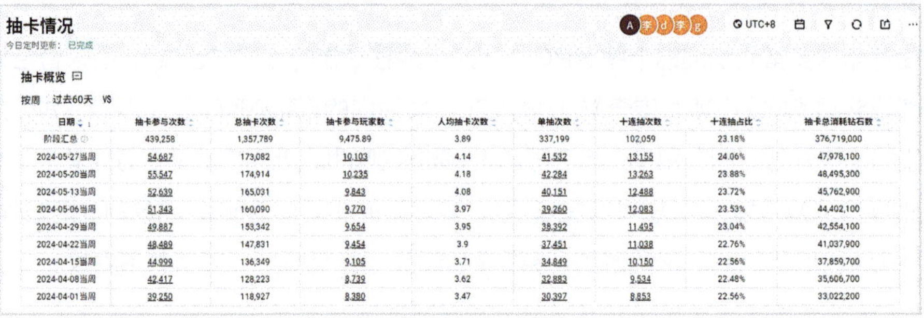
抽卡情况
今日定时更新：已完成
UTC+8
抽卡概览
按周 过去60天 VS

日期	抽卡参与次数	总抽卡次数	抽卡参与玩家数	人均抽卡次数	单抽次数	十连抽次数	十连抽占比	抽卡总消耗钻石数
阶段汇总	439,258	1,357,789	9,475.89	3.89	337,199	102,059	23.18%	376,719,000
2024-05-27当周	54,687	173,082	10,103	4.14	41,532	13,155	24.06%	47,978,100
2024-05-20当周	55,547	174,914	10,235	4.18	42,284	13,263	23.88%	48,495,300
2024-05-13当周	52,639	165,031	9,843	4.08	40,151	12,488	23.72%	45,762,900
2024-05-06当周	51,343	160,090	9,770	3.97	39,260	12,083	23.53%	44,402,100
2024-04-29当周	49,887	153,342	9,654	3.95	38,392	11,495	23.04%	42,554,100
2024-04-22当周	48,489	147,831	9,454	3.9	37,451	11,038	22.76%	41,037,900
2024-04-15当周	44,999	136,349	9,105	3.71	34,849	10,150	22.56%	37,859,700
2024-04-08当周	42,417	128,223	8,739	3.62	32,883	9,534	22.48%	35,606,700
2024-04-01当周	39,250	118,927	8,380	3.47	30,397	8,853	22.56%	33,022,200

图 10-1

第 10 章　卡牌 RPG 典型场景实战

2. 卡池历史数据对比

这是另一种抽卡结果分析场景：我们可以随时对比不同的卡池，看它们在相同的情况下，特定时间范围内的数据差异。历史数据是实时计算的，不用担心元数据或报表更新不及时，如图 10-2、图 10-3 所示。

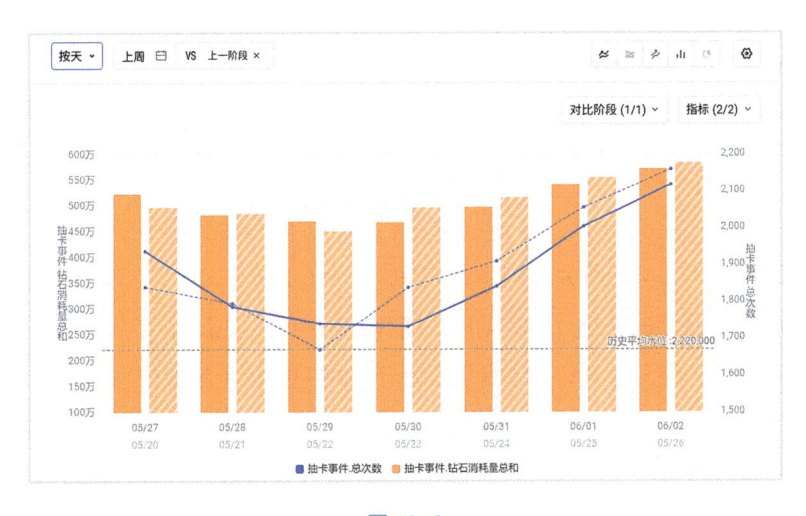

图 10-2

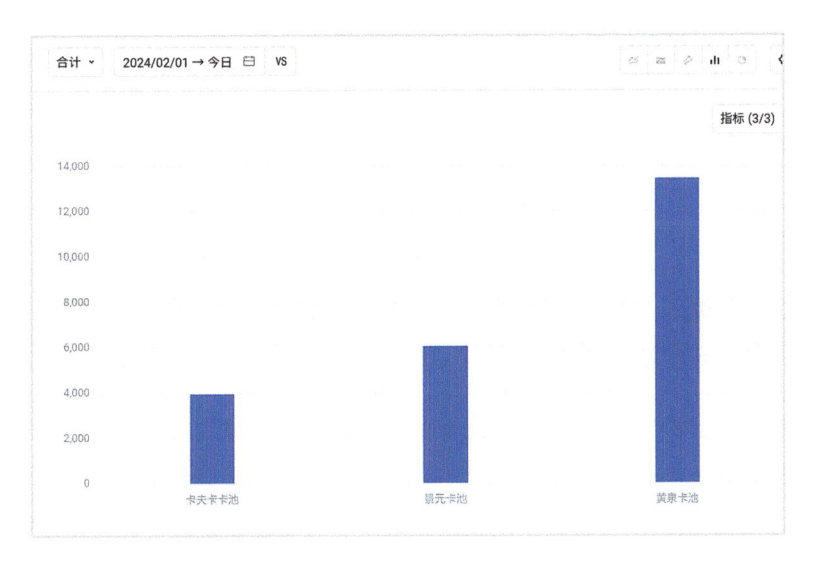

图 10-3

123

3. 用户持有英雄与限定卡池的关联

再来看看抽卡延展分析的例子：在 4 月 1 日的限定卡池中，我们想把 SSR 产出比例与同类型角色卡在活跃用户中的保有量进行对比（五星和四星分别对比）。通过 TE 系统，可以将不同时期的不同指标放到同一个报表中进行对比分析。"抽卡"与"拥有卡牌阵容"通常是两个相互独立的事件，但 TE 系统可以通过关联用户 ID，分析拥有相同定位卡牌的用户是否在本次限定卡池中缺乏参与的动力，抑或是依然有积极参与的意愿。

4. 限定卡池英雄持续抽取意向分析（以进阶为目标）

还有一种潜在场景可借助 TE 系统深挖，这种场景也属于抽卡延展分析范畴，即用户（是否）持续抽取限定卡池英雄的行为。例如，在限定卡池活动中，可以对比历史抽取数据，分析连续获得相同英雄并由此进阶或升星的用户在所有参与用户中占比是变多还是变少了？用户是否会选择立即将角色升至满星满命？还是只满足于获得白板角色完成收集任务？这与我们设计的英雄养成成本传导到不同用户阶层之后的用户理解是否符合预期有很大关系（限定卡池英雄现在普遍存在"平民战神"——不抽多张进阶升星也能发挥战斗力，与"氪金战神"——需要至少抽到 2 张以上完成进阶升星才能激活高级技能，发挥最大战力）。此外，还可以分析养成投入资源量和战斗参与程度对进阶消费需求和活跃度的影响。

10.2.2 卡牌养成

1. 战斗职责单位养成

卡牌 RPG 通常具有一定的战斗策略性，因此也像 MMO 一样需要不同定位的角色卡。输出角色的养成方式肯定与辅助角色不同，用户有各自的战斗风格，因此存在明显的优先级。

例如，许多用户会将有限资源优先用于养成输出角色，即使是同一位置的角色，由于角色和能与其组队的其他角色的特点不同，在养成上也存在区别。关于这些差异是否会导致用户在付费、抽卡，以及强度目标等行为上产生变化，都可利用 TE 系统进行针对性分析。

TE 系统的数据体系支持二层 JSON 等包含更多信息量的数据格式，有条件将大量卡牌参数指标注入一条数据。这样不仅不需要上报大量数据，还可以自动解析同时上报的 JSON 数据，从而为分析人员提供足够的分析空间，如图 10-4 所示。

card_detail
[{"card_id":13,"card_star":3,"card_level":58},{"card_id":49,"card_star":1,"car...
[{"card_id":13,"card_star":3,"card_level":58},{"card_id":49,"card_star":1,"card_level":34},{"card_id":9,"card_star":1,"card_level":26},{"card_id":46,"card_star":1,"card_level":25},{"card_id":24,"card_star":1,"card_level":17}]
[{"card_id":13,"card_star":3,"card_level":58},{"card_id":49,"card_star":1,"car...
[{"card_id":13,"card_star":3,"card_level":58},{"card_id":49,"card_star":1,"car...
[{"card_id":13,"card_star":3,"card_level":59},{"card_id":49,"card_star":1,"car...
[{"card_id":13,"card_star":3,"card_level":59},{"card_id":49,"card_star":1,"car...
[{"card_id":13,"card_star":3,"card_level":59},{"card_id":49,"card_star":1,"car...
[{"card_id":13,"card_star":3,"card_level":59},{"card_id":49,"card_star":1,"car...
[{"card_id":13,"card_star":3,"card_level":59},{"card_id":49,"card_star":1,"car...

图 10-4

TE 系统还支持从账号、单体英雄卡牌、多张卡牌组成的聚合阵容等维度分析卡牌角色，从而明确用户对哪些职责位置存在强烈需求、对哪些职责位置存在潜在需求，哪些角色卡牌在现有体系中位置尴尬，等等。基于这些结论，我们可以做出有针对性的优化和调整。

2. 多样化组合带来的养成需求

同一张卡牌，尤其是实力强劲的五星级 SSR[1] 角色，可能在不同的组合中扮演多种角色，即万能插件角色。我们需要分析用户是否需要根据场景微调角色组合，这是否会带动对其他角色卡的需求，是否会促使用户培养多套阵容，甚至低氪金用户是否会因为需要多套阵容而流失。

---

1 Superior Super Rare，意为特级超稀有，一般为游戏角色或道具的最高稀有等级，获取难度高。

游戏进化论：数据全景应用指南

这些分析都可以通过 TE 系统的相关功能完成。如前所述，我们不仅可以以卡牌为单位进行行为分析，还可以把卡牌当成用户，串联其在游戏多个系统中的行为数据和指标，在多事件之间进行交叉分析，如图 10-5 所示。

图 10-5

另外，数数的分析师会在埋点设计层面为卡牌分析设计更适配数数平台分析的埋点结构，避免大家在数据清洗层面浪费时间。

3. 限定卡池的养成需求

限定卡池对养成需求的影响与常规卡池有所不同，主要区别如下。

- 限定卡池的限时特性。限定卡池的限时特性可能会影响用户的养成策略，甚至可能促使那些通常不付费的用户在特定时段（如材料优惠或副本产出率提升期间）进行付费。

- 意外获得配餐角色的潜在影响。虽然限定卡池中的配餐角色可能并非用户的主要目标，但在抽卡过程中意外获得高星级、高等级的角色可能会激发用户额外的养成兴趣。

- 装备卡池的关联需求。在许多游戏中，限定卡池常常与装备卡池一同出现，需要评估用户在五星 SSR 角色达到一定养成阶段时对装备的需求强度，以及不同消费水平的用户在角色养成到何种阶段时更倾向于参与装备卡池的抽取。

- 卡池预算的溢出效应。一些用户的抽卡预算是固定的，如果抽卡结果超出预期，那么可能会增加他们对其他卡池的兴趣。需要探讨的是，当抽卡花费超出预算时，用户是否会选择停止消费并开始积累资源，直到下次限定卡池开放。

我们需要分析用户在限定卡池开放前的资源积累是否具有规律性，以及他们在限定卡池中的消费是否存在一个稳定的界限。通过建立数据分析模型，我们可以识别这些关键因素。TE 系统可以统计复杂卡池需求，例如，计算一次十连出现两张 SSR 的概率，虚拟属性为 cardinality (filter ("gacha lists@qua", x->x='SSR'))，如图 10-6 所示。

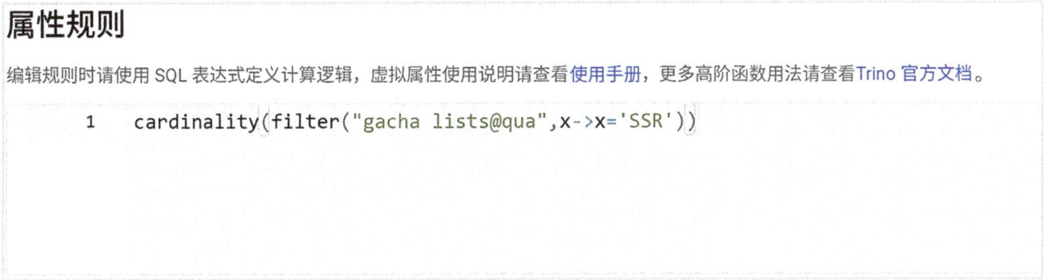

属性规则

编辑规则时请使用 SQL 表达式定义计算逻辑，虚拟属性使用说明请查看 使用手册，更多高阶函数用法请查看 Trino 官方文档。

```
1  cardinality(filter("gacha lists@qua",x->x='SSR'))
```

图 10-6

10.2.3 剧情与主线任务或关卡

1. 新手剧情流程体验深度分析

新手剧情通常是二次元用户或其他特定圈层用户对游戏世界观产生共鸣的起点，除了通过传统的数据埋点验证剧情的曝光程度，我们还可以利用一些模型快速分析用户对剧情的沉浸程度及其变化。例如，虽然游戏开始时的华丽过场动画（Computer Graphics，CG）吸引了用户的注意力，但随后的对话部分是否会逐渐消耗他们的耐心？用户在剧情中获取的信息是否会促使他们在开放场景中主动探索相关的剧情或触发事件？那些重复播放的游戏宣传视频（Promotional Video，PV）或 CG 中出现的主要人物或商品，是否更有可能成为用户抽卡或付费购买的目标？

| 游戏进化论：数据全景应用指南

通过 TE 系统的基本功能，我们可以迅速获得这些问题的答案。TE 系统提供了多种工具，可以按照不同的逻辑对事件进行排序和排查，分析每一步的用户留存和流失情况。此外，平台还可以随时圈选出流失用户进行再分析，以了解这些用户是真正离开了游戏，还是仅仅绕开了剧情，如图 10-7 所示。

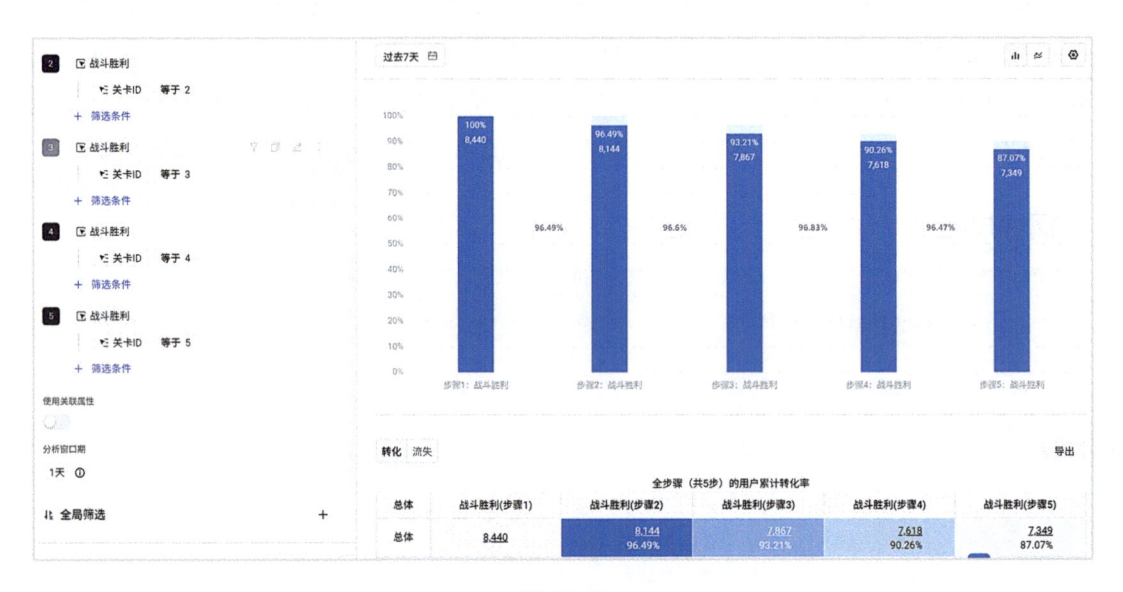

图 10-7

2. 核心角色人设相关节点曝光和用户认可程度分析

卡牌 RPG 在更新版本时往往会提前曝光新的限定卡池角色，通过媒体运营来营造氛围，增强用户的情感认同和付费意愿。特别是在近几年，新兴的二次元卡牌产品特别注重社群和媒体对核心卡池角色的预热，它们早已开始投入重金，通过打造角色专属的 PV 影像、大幅动态立绘、周边商品，以及与其他游戏角色联动等手段来推广新卡池。这些推广活动确实显著提高了卡池的收入，成为业界的普遍做法，有些案例甚至已经火出了游戏圈。

TE 系统可以快速导入来自其他平台的用户 ID 文件。只要能将这些文件与游戏内的用户 ID 关联起来，就能迅速分析出曝光效果以及用户在卡池抽取和付费方面的行为。此外，平台还可以利用分析结果筛选出有价值的用户群体，并在卡池推广过程中利用运营模块，通过端内和端外的信息推送，主动吸引对相关消息感兴趣的用户，形成完美的闭环，如图 10-8 所示。

ID 标签
上传 ID 定义标签用户（分析主体），并同时赋予其标签值。

ID 分群
上传用户 ID 或属性值的集合文件，并将其中可关联的用户定义为分群，支持多次上传。

图 10-8

3. 世界观曝光素材分析

世界观的曝光与角色曝光相似，但更侧重于文字和场景图片的展示。虽然世界观中也包含人物或组织，但其核心并非单一角色。因此，在新的卡牌 RPG 中，世界观的曝光不仅仅依赖社群或媒体等外部渠道，更多是通过游戏内的场景来实现的。这种曝光方式常常与成就系统结合，因为世界观的细节往往隐藏在不易察觉的场景中，需要用户具备探索精神，主动去发现和收集。

在过去两年中，新兴的二次元卡牌游戏还引入了后宅玩法，不仅为用户提供了新的游戏体验，也承担了展示游戏世界观的责任。通过后宅玩法，用户可以在更轻松的环境中进一步了解游戏的世界观，增强对游戏世界的认知和情感投入。

TE 系统的埋点功能能够将分散的成就触发事件进行多角度的分类和统计，此外，还可以通过热力图展示用户倾向于在哪些场景或行动路线中收集世界观元素，以及他们是否对收集到的商品进行了细致的观察。当用户在游戏中触发相关剧情或进行操作时，我们希望他们能够借助之前对世界观的沉浸体验迅速融入我们设计的场景，并做出与我们预期相符的行为。

第 11 章 休闲游戏典型场景实战

11.1 休闲游戏概述

休闲游戏是一个比较庞大的游戏品类，这个品类名称反映的是游戏强度，并不会与特定玩法强相关。与硬核游戏或重度游戏相反，休闲游戏的定位比较模糊，可以根据玩法将其归为其他品类。

我们熟悉的《开心消消乐》是最典型的休闲游戏，《梦幻花园》也可以归类为休闲游戏，甚至《羊了个羊》也可以被定位为休闲游戏。如今，休闲游戏正朝着超休闲（小游戏化）和混合休闲（增加一部分中重度游戏元素）的方向发展。

11.2 休闲游戏典型场景分析

休闲游戏的细分品类众多，玩法也比其他大品类更多，因此我们无法通过有限的篇幅对休闲品类下所有玩法的场景分析进行论述。本节以弹雾射击这个较新的休闲细分品类为例进行讨论（参考产品《弹壳特攻队》）。

相比其他品类，休闲游戏在数据分析层面的总体内容会少一些，但这并不意味着休闲游戏的数据分析就很容易。对于休闲游戏，分析人员更需要深入理解产品逻辑，如果只停留在常规分析层面，就会陷入困境。

11.2.1 关卡分析：找到流程中有价值的分析点

休闲游戏的分析重点在于关卡，但这并不意味着我们需要对关卡中的所有细节进行埋点和分析，而是需要挑选出其中有价值的点，如图 11-1 所示。

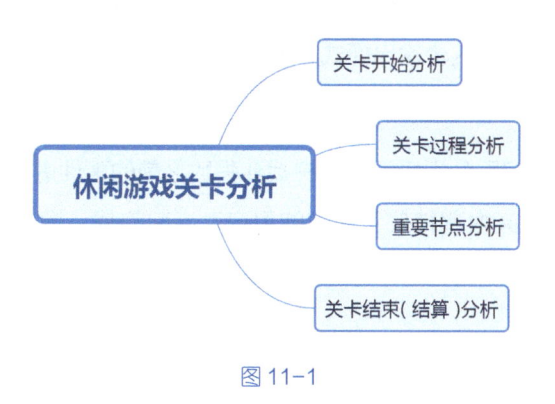

图 11-1

1. 关卡开始分析

关卡开始分析不仅包括关卡开始前进入界面位置的用户数据状态，还包括关卡开局阶段用户面对的关卡随机状态，即开局分析。

在某些休闲游戏中，开局分析非常重要（如消除类）。但在其他休闲游戏中，由于开局阶段没有随机性（如塔防类），所以没有必要进行开局分析。传统休闲游戏单关体量较小，因此在分析关卡开始场景时，通常需要结合用户短期内的连续关卡挑战情况进行。例如，如果用户连续通过 10 关后进入疲劳点，那么在进入后面的一关时，状态会比较差，如果这一关的难度仍然较高，那么用户获得的闯关体验也会不佳。

例如，在弹雾射击游戏的开始场景中，有必要上报肉鸽[1]的产出内容，分析用户在战斗过程中关键节点的体验变化。

一般来说，弹雾射击游戏的关卡时长在 10~15 分钟，比传统的强互动休闲游戏（整个关卡过程都需要用户不间断操作）的关卡时长要长，因此，用户一旦遇到明显的不利情况，就更有可能选择退出重打，甚至放弃挑战。此外，弹雾射击游戏的产出会根据用户的操作习惯而有所不同，针对一个战斗输出方式不断强化。因此，最早的产出就有可能引导用户进入特定的弹雾输出模式，用户是否适应当前这个输出模式，就是我们需要注意的，通过 TE 系统可以实现这种加长时间轴的联合分析。

展开来说，可以通过归因分析模型对用户战斗失败之前的事件进行分析，例如用户经常会做出什么选择？可以被定义为哪种战斗模式的用户？当前的战斗模式是否适应当前关卡的需要？究竟是用户操作问题，还是选择错了装备导致了失败？如图 11-2 所示。

---

1 Roguelike，以随机生成、永久死亡为核心机制的游戏。

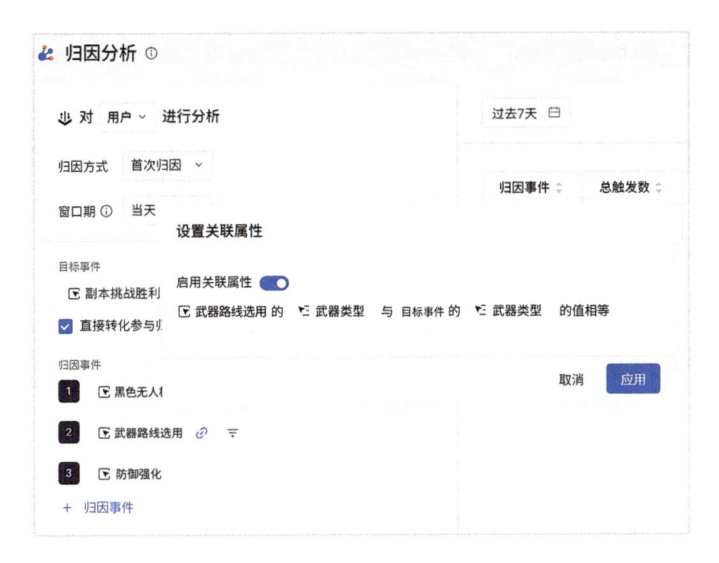

图 11-2

2. 关卡过程分析

弹雾射击游戏不需要像多人在线战术竞技游戏（Multiplayer Online Battle Arena，MOBA）那样记录用户的每一步操作，只需要记录用户的装备、状态和被击等元素即可，这些数据可以通过对象组或列表等格式进行聚合。我们需要以用户当前的状态和持有装备为前提分析用户行为，而不是将这些元素拆开独立分析，如图 11-3 所示。

card_detail_json	survived_soldier_detail_json	card_list
[{"card_id":10,"card_star":1,"card_level":5},{"card_id":21,"card_star":1,"card_l...	[{"soldier_number":700,"soldier_type":"轻骑兵"}]	["10","21"]
[{"card_id":10,"card_star":1,"card_level":5},{"card_id":21,"card_star":1,"card_l...	[{"soldier_number":700,"soldier_type":"轻弓兵"}]	["10","21"]
[{"card_id":15,"card_star":1,"card_level":1},{"card_id":18,"card_star":1,"card_l...	[{"soldier_number":2,"soldier_type":"投石机"},{"soldier_number":1,"soldier...	["15","18"]
[{"card_id":27,"card_star":1,"card_level":1}]	[{"soldier_number":142,"soldier_type":"老练骑兵"}]	["27"]
[{"card_id":15,"card_star":1,"card_level":1},{"card_id":18,"card_star":1,"card_l...	[{"soldier_number":300,"soldier_type":"老练步兵"}]	["15","18"]
[{"card_id":10,"card_star":1,"card_level":1}]	[{"soldier_number":150,"soldier_type":"老练弓兵"}]	["10"]
[{"card_id":10,"card_star":1,"card_level":5},{"card_id":21,"card_star":1,"card_l...	[{"soldier_number":700,"soldier_type":"重弓兵"}]	["10","21"]
[{"card_id":27,"card_star":1,"card_level":1}]	[{"soldier_number":150,"soldier_type":"老练弓兵"}]	["27"]
[{"card_id":15,"card_star":1,"card_level":1},{"card_id":18,"card_star":1,"card_l...	[{"soldier_number":300,"soldier_type":"老练骑兵"}]	["15","18"]
[{"card_id":27,"card_star":1,"card_level":1}]	[{"soldier_number":150,"soldier_type":"老练弓兵"}]	["27"]

图 11-3

用户在肉鸽界面中的选择肯定与其当前需求有关，并且这种需求是相对明确的。例如，如果用户当前血量不足，那么肯定希望得到加血的道具。同时，用户在面对同一个敌人时，采取的策略也会有明显差异。在血量少的情况下，用户可能需要多走位来避免中弹，输出伤害是次要的。这种时候，用户就更倾向于选择有制导追踪功能、无须长时间站桩输出的装备，即便牺牲一些攻击力也是可以接受的。

毕竟，弹雾射击游戏与挂机卡牌游戏不同，如果在 BOSS 面前死了，就需要把整关重打一遍，所以，用户一般会采用走位等策略与 BOSS 周旋。《弹壳特攻队》的关卡战斗时间长达 15 分钟，这也让用户不得不考虑战斗策略，尽量避免重新来过。一般情况下，用户是不会选择无脑跟 BOSS 拼血量的。

3. 重要节点分析

弹雾射击游戏的主线关卡时长普遍较长，用户很难一直保持高强度的战斗状态，因此，游戏设计者通常会设置一系列紧张节点和缓解点，让关卡具有一定起伏。同时，需要通过分析确保在某些元素出现时，用户能够快速上手、了解，并做出反应，如图 11-4 所示。

图 11-4

例如，对于新出现的小怪和首次遇到的 BOSS，用户能否快速了解战斗逻辑，并做出合理应对；用户在遇到新装备时，能否迅速理解其运作机制和用途；当前付费点与用户遇到的场景是否存在关联，用户能否快速理解充值可以帮助自己解决眼前的哪种困境。这些节点并非固定于某个地点或时间点，但是会影响用户的战斗体验，如图 11-5 所示。

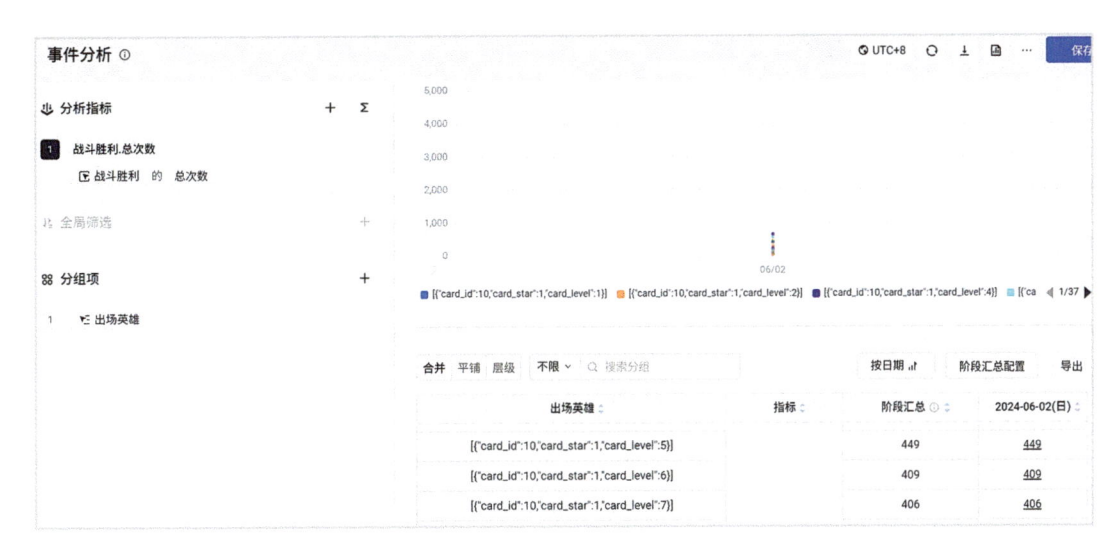

图 11-5

4. 关卡结束（结算）分析

关卡结束分析不仅要从流畅度的角度总结用户对战斗难度的反馈，还要总结用户对战斗的理解和对战斗策略的偏好。战斗理解不能只看杀敌数、被弹次数和死亡次数，这些指标只能反映用户的战术，对于弹雾射击这个品类，还需要增加更多特色元素进行针对性分析。

例如，当用户遇到新装备时，不仅需要关注他能否快速理解其运作机制和用途，还需要关注他是否会再次选择这个装备。用户在某个关卡获得一件新装备后，要观察他之后是否会选择强化这件装备，还是将其丢进仓库不再使用。另外，也要看这种选择在未来是否会影响用户的战斗热情和留存。

对这些场景进行分析，不仅需要我们获取关卡中的详细数据，还需要我们跨越多个关卡分析同一个场景在用户体验层面的演变。TE 系统可以帮助我们摆脱关卡的限制，把行为单独拿出来进行趋势分析。例如，对前期的 BOSS 战斗分析，我们不能只看用户首次战斗的表现，根据《弹壳特攻队》耗时长、分阶段、因素随机的关卡特点，观察用户战斗熟练度的提升情况是否符合预期。

11.2.2 肉鸽元素的分析

以《弹壳特攻队》为代表的新一代弹雾射击类休闲游戏融合了很多传统射击游戏中没有的元素，其中最具代表性的就是肉鸽元素，准确来说是肉鸽游戏中的技能构筑体系。该体系的加入会使游戏存在较强的随机性和较多惊喜，这也是吸血鬼 like 游戏[1]的核心特色。这就要求在进行分析时，除了收集结果信息，还需要收集当前用户持有的 buff（增益）和装备，以及剩余血量和面对敌人的强度。如果存在付费点位或广告，那么也要加上影响用户付费的因素。

在 TE 系统中，可以使用复杂数据结构中的对象组类型，将大量信息以有序结构记录到用户的一条肉鸽数据中，方便最终的对比分析，同时，避免因为上报数据影响客户端的流畅度。传统模式一次性上报多条数据，需要跨行进行逻辑关联，同时会因为数据量激增增加客户端卡顿的可能性。

基于这些数据，我们可以使用 TE 系统的归因模型等分析工具，评估用户在什么情况下会选择肉鸽奖励、在什么情况下会点击广告、在什么情况下会选择付费、在什么情况下会选择持续强化装备。归因模型可以设置窗口期，因此我们可以控制变量的影响幅度。例如，如果我们认为第一个小 BOSS 被击败时的结果与遇到最终 BOSS 之前的最后两个选择相关性较强，那么可以延长窗口期。如果我们认为距离最终 BOSS 5 分钟内的结果才具有参考意义，那么可以缩短窗口期，如图 11-6 所示。

---

1 肉鸽游戏的衍生分支之一。

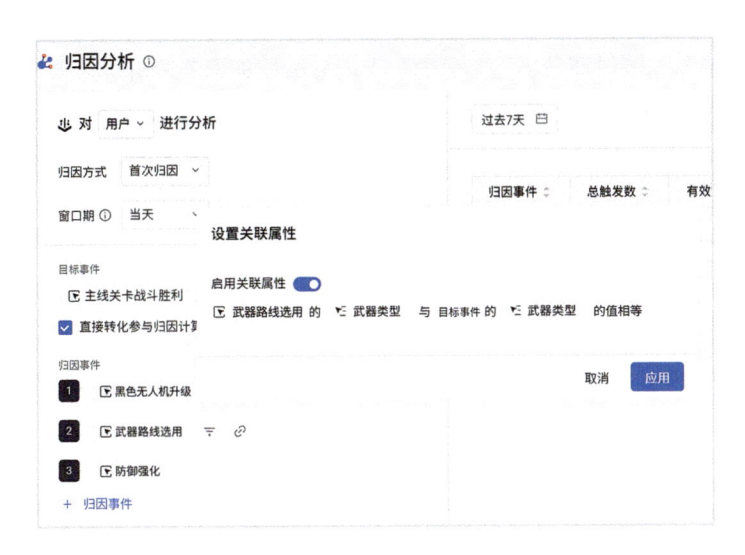

图 11-6

11.2.3　弹雾射击游戏的付费破冰分析

弹雾射击游戏的关卡战斗时间较长，也会通过挂机等副玩法免费给用户发放大量资源。这就要求该品类的付费设计更具针对性，因为用户可以通过挂机获取资源，没有足够的动力进行充值。这也会影响广告收益，需要在变现层面进行更多设计和思考。

除了在肉鸽元素上增加相应的变现分析来优化变现策略，弹雾射击游戏的其他方面也有很多可分析场景，可以间接地优化变现策略。弹雾射击游戏的付费难点总结起来有以下三点。

（1）弹雾射击游戏通常采用 IAA 和 IAP 混合付费的模式，我们需要确定这两个模式如何协调，在什么情况下使用 IAA、在什么情况下使用 IAP。在同一个场景下，哪怕两种模式都有合理性，且经过 A/B 测试效果都不错，依然要考虑当前场景下过长时间跳出游戏的操作是否会干扰用户的游戏节奏，导致部分用户放弃充值。

此外，从游戏整体来看，需要协调好局部付费与整体付费之间的关系。利用 TE 系统的 A/B 测试功能，可以第一时间获得测试数据，并根据最佳方案自动进行推送，真正实现工作流程的自动化。

（2）弹雾射击游戏的付费分析通常分为关卡内分析和关卡外分析。关卡内分析可以根据用户当前的战斗状态推断其需求和迫切程度，但在关卡外了解用户需求是比较难的。在分析关卡外需求时，要综合分析用户的心理预期，例如付费前的关卡体验，甚至更长一段时间内的体验情况。

弹雾射击游戏的付费需求相对集中，包括常规装备（占比较高）、推进技能树所需的大量金币，以及中后期的特殊装备和皮肤。这三种付费需求存在趋同性，因为其充值收益都与战斗数值有关。弹雾射击游戏没有过多类似卡牌的组合型 BD 概念，因此精确定位用户购买特定商品的意图较为困难。分析这种模糊的付费形态需要结合更多元素，且可能存在跨时空、点对点的需求。

TE 系统的数据版本聚合功能可以发挥巨大的标识作用，通过创建指标值标签，可以将同一个用户在不同时空的状态进行对比，如果付费结果相同，就比较容易分析清楚其需求，如图 11-7 所示。

图 11-7

（3）比起 MMO 或卡牌游戏，弹雾射击游戏在付费场景方面比较单一，究竟是扩展付费点位，还是挖掘现有付费点位的潜力，是一个很难解决的问题。

这就需要我们根据实际产品的核心特征分析用户的长期需求。例如，在《弹壳特攻队》这种模式下，用户对于装备的追求是第一位的，装备的获取存在 IAA 和 IAP 两种策略，各自的破冰点和延长线肯定存在明显的差异。使用 TE 系统的多主体功能能从装备角度进行分析，不需要强行和用户绑定。

如果我们面对的是一款合成消除类休闲游戏，分析思路就会发生变化。我们需要将分析重点放在消除机会和副玩法所需的道具上，不能像对待弹雾射击游戏一样进行归纳概括。当然，实际场景有时也存在合成地图玩法与副玩法的联动关系。

第 12 章 模拟经营游戏典型场景实战

12.1 模拟经营游戏概述

模拟经营游戏的分析容易与 SLG 混淆，这两个品类存在许多交集，一些具体场景的分析思路也相似，但总体上仍存在较大差异。

模拟经营游戏可分为轻度和重度两种。轻度模拟经营游戏往往是将模拟经营元素添加到其他品类的核心系统中得到的，游戏中有许多需要分析的模拟经营元素，合成类游戏中就存在较多模拟经营元素。重度模拟经营类游戏相对容易区分，包括《江南百景图》《模拟城市》《影业大亨》《地铁模拟器》《商道高手》《皇帝成长计划》《旅行青蛙》等。

12.2 模拟经营游戏典型场景分析

模拟经营游戏中有很多建设类的元素，这与 SLG 有很多相似之处。两者的主要区别在于 SLG 通常存在明显的生存压力，需要探索和竞争。相比之下，模拟经营游戏的玩法明显不同，侧重掌控感、探索成就感和收集乐趣，如图 12-1 所示，即使有 PVE 或 PVP 元素，也不会是直接造成数值损失的高强度对抗。用体育比赛类比，模拟经营游戏的对抗更多是田赛（如短跑、跳高），而不是竞赛（如足球、拳击）。

图 12-1

模拟经营游戏成就感的获取方式比较复杂，不是单纯的数值体验，转换成数据就更加抽象。对于同一个数据，某个人认为它表现出了很好的掌控感体验，但在收集乐趣上表现欠佳；但另外一个人可能会有不同的解读。所以我们不会在这些主观成分太多的领域进行讲解，而会针对一些具体的指标。

12.2.1 模拟触达

模拟触达是一个注重体验研究的概念，指在短时间内让用户理解一个真实世界中非常复杂，并经过大幅简化处理、仍存在一定学习成本的模拟建设或经营机制。模拟经营游戏通常在新手阶段就会遇到这种场景，如何让用户在尽可能短的时间内理解经营逻辑是这个品类确保新手留存的重要课题。模拟经营游戏的经营逻辑千差万别，"360 行"各有各的运作原理。

例如，在《江南百景图》这款游戏中，用户需要在新手阶段了解如何建造房屋，还要了解这个小城市如何发展和运营，包括所需资源的生产方式、人口的来源等。初期，游戏的指引机制需要指导用户建立起最简单的经济循环,如图 12-2、图 12-3 所示。

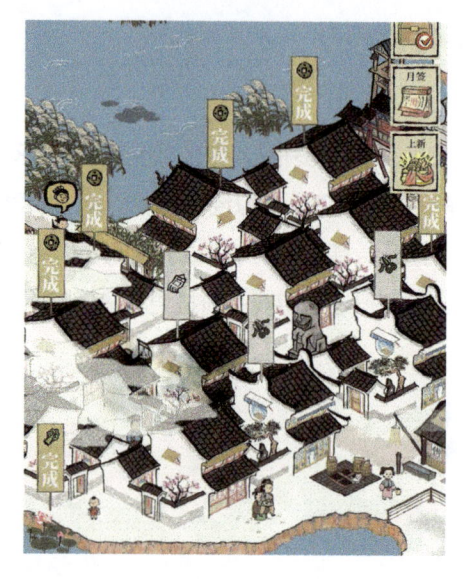

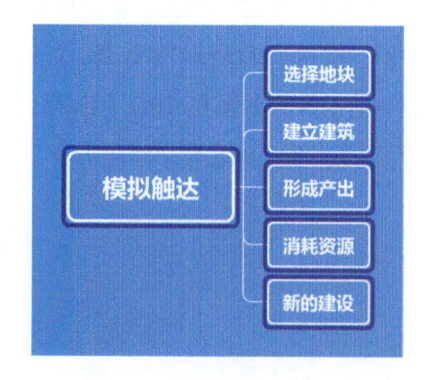

图 12-2

图 12-3

引导用户获得在虚拟世界中的第一桶金非常重要。这里的第一桶金指用户通过新手引导完成一组建设,形成生产链条,并最终收到第一笔游戏虚拟收益;而不是获取到第一笔资源;也不是完成首次充值。这个学习流程比用户单纯通过了多少步新手引导更有分析价值。

用户可以通过这个流程大致了解游戏最简单的经营逻辑,对于后面的玩法扩展,会比较有方向感。TE 系统不仅可以统计用户第一桶金的获得率,还可以基于此分析不同用户的后续行为。我们可以通过复制第一桶金的引导和分析模式,来观察后续经营是否形成了良好的正反馈。同时,通过分析这种"复制成功经验"的"套路"在哪个阶段会失效,了解用户是否因为一些引导和展示,开始把注意力放到更多其他游戏内容上。

TE 系统可以将获得第一桶金和其他参数聚合为一个条件,选择符合这个条件的用户,观察他们的后续行为是否符合预期。此外,还可以使用 TE 系统提供的多组实验功能来检测哪种新手引导方案更能帮助用户掌握游戏的经营规则。

12.2.2 经营瓶颈

模拟经营游戏通常会在某个时间点出现经营瓶颈,用户需要考虑更复杂和多样化的发展策略。用户可能会寻找新的发展模式,也可能继续实施之前的策略,或者选择付费来突破瓶颈。如果无法突破瓶颈,那么用户很有可能会流失。

通过分析,我们不仅可以了解用户的流失率和付费转化率,还可以知道用户当前遇到的是怎样的经营瓶颈、哪些情况可以启发用户寻找新的发展途径,哪些情况更容易导致用户流失,哪些情况反而更能刺激用户付费。经营瓶颈可分析的元素如图 12-4 所示。

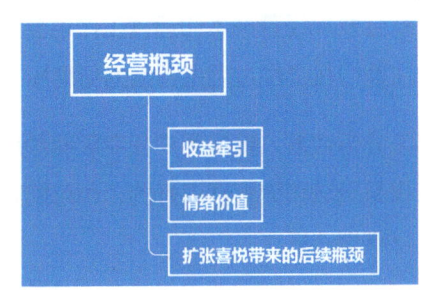

图 12-4

1. 收益牵引

设计经营瓶颈的本意并不是故意刁难用户,而是希望用户能克服重重困难,完成产业升级或付费等目标。因此,必要的目标收益非常重要,这是用户克服困难、勇往直前的核心驱动力之一。例如,用户花钱修建某个建筑,就可以尽快获取某些稀有资源,这些稀有资源可以带来远超成本的回报(在用户理解中)。如果用户在经营瓶颈上流失,那么可能是因为收益不够吸引人,或者引导不到位,导致用户根本没有发现突破瓶颈的方法,或者用户没有发现完成这个操作带来的巨大收益。

2. 情绪价值

这是模拟经营游戏中比较特殊的一个元素,与二次元卡牌游戏中的类似。用户会因为某种情绪价值愿意突破瓶颈,进入新阶段。这可能依托于模拟场景和相关行业的运作逻辑,也可能基于朴素的价值观或个人性格。由于模拟经营游戏的场景感比一般的休闲游戏更强，所以更容易让用户产生代入感。可以利用这种情绪价值，引导用户努力突破瓶颈。TE 系统可以用来评估我们对情绪价值的引导是否有明显的转化效果。

3. 扩张喜悦带来的后续瓶颈

在模拟经营游戏的场景中，往往存在各种扩张规模的概念。例如，拥有自己的温馨小家后可能会希望拥有一幢度假别墅；拥有完善的避难所后，可能会想把远处的矿山纳入自己的势力范围；拥有北京全部地铁线后，住在上海的用户可能更希望去经营浦东的地铁 N 号线。虽然扩张会带来成就感，但用户很快就会发现经营成本和运营工作也会成倍增加。因此，不能只关注用户是否突破了瓶颈，还要关注他们在喜悦过后是否因为新增压力而感到厌倦。

这时，我们需要将瓶颈作为分析数据，推演用户在突破瓶颈后的体验和需求有哪些变化。也就是说，用户的经营瓶颈不仅是玩法和流程预设好的，也可能是游戏体验带来的。我们需要通过数据找到这些瓶颈，并进行科学分析。

12.2.3　模拟经营游戏的资源特色

在大多数游戏中，用户对各种资源都有需求，模拟经营游戏也不例外。模拟经营游戏的资源特色如下。

1. 需求碎片化

这个碎片化并不是指用户的资源需求量小、需求时间短，而是指用户在同一时间点上会有多种资源需求。这是因为模拟经营游戏的经济循环与 SLG 和 MMC 不同，MMO 的资源存在外部损耗，而 SLG 除了外部损耗，还有内部损耗。模拟经营游戏的资源虽然也存在损耗，但是大多数资源会转化为建筑物或工作单元，而这两个元素本身也会持续生产资源。因此，模拟经营游戏的经济系统中存在许多小闭环，这些闭环并不一定会受到大的资源环流的影响，这就导致用户的需求大部分不是刚需，而是有多种选择。

由于这种特性，我们需要随时将新出现的建筑物转换为生产单位，甚至某些单位需要同时保持消耗单位和生产单位的身份。通过 TE 系统的多主体功能，这些单位可以随时在两种身份之间切换，并自主进行资源流转，以便系统对资源流转效率进行统计分析。

2. 资源之间存在较强可替代性

模拟经营游戏不像 SLG 那样完全固化核心资源的产出，而是在特定场景下允许部分资源进行内循环或是简单替代。SLG 的很多资源在某些时候会作为付费点位存在，而模拟经营游戏的核心资源相对单一，不会要求用户进行频繁付费。

因此，模拟经营类游戏还需要考虑到用户在遇到一些资源瓶颈时是否会直接改变建设策略，这种绕过策略是否符合设计预期，对付费的影响是什么。这种策略在模拟经营游戏内部不一定会削弱付费，如果资源流转设计得比较精巧，那么反而能够促进付费。

在部分模拟经营游戏的玩法中，还存在拆除某些非核心建筑来回收资源的规则，例如，合成消金类的模拟经营玩法，如图 12-5、如图 12-6 所示。这么做究竟对用户的长期体验有什么影响，我们也需要分析和思考。

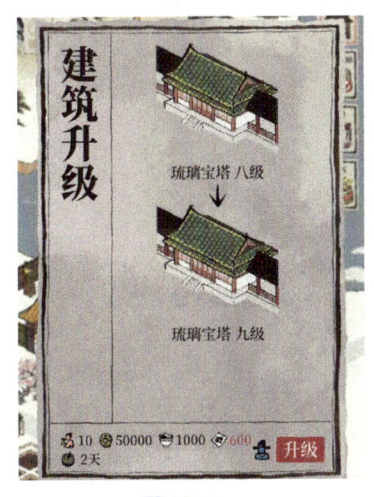

图 12-5

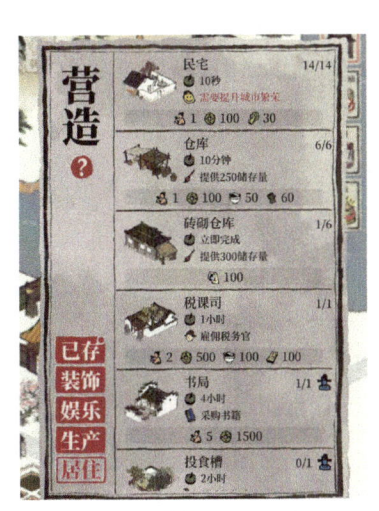

图 12-6

3. 资源需求存在多层叠加的趋势

多层叠加是指在模拟经营游戏中，建筑在建造中后期需要的资源通常涉及多个生产线，用户的多种资源可能出现不均衡的情况。例如，修建建筑甲需要 A、B、C 三种资源，用户的 A 资源严重溢出、B 资源适量、C 资源严重缺乏。有些模拟经营游戏还存在客流量瓶颈，即在低级建筑上有大量客户因为前置瓶颈而损失掉了，不突破前面的瓶颈，后面的问题也很难解决。用户需要根据需求链条修建整个产业链的所有环节，才能最终回来解决建筑甲的修建问题。

这种情况在 SLG 中非常罕见，因为 SLG 中的建筑不会存在类似科技树收集或发展方向的选择，而模拟经营游戏为了实现多样化的经营模式，会存在这种"偏科"的发展策略。在这种情况下，我们可以通过 TE 系统创建"产业链需求"埋点，从产业链视角对用户的资源需求进行更宏观的分析，而不是只停留在单个建筑物的产出和消耗上。

12.2.4　模拟经营游戏的中期流失

模拟经营游戏的用户流失问题在游戏中期最为严重。早期用户流失大多数和玩法及运营策略关系不大，可能是用户不喜欢游戏的节奏或美术风格导致的。相比之下，中期流失更有迹可循，有较大优化空间。中期流失的主要原因如图 12-7 所示。

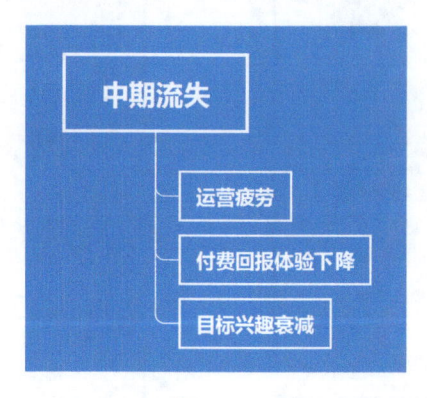

图 12-7

1. 运营疲劳

运营疲劳是模拟经营游戏的常见问题，用户的日常运营主要集中在对各种建筑的维护和调整上。虽然游戏中有各种支线任务和小游戏，但这些内容往往非常类似，导致用户产生厌倦情绪。随着游戏中产业规模的扩大，用户需要处理的问题也会成倍增加，但对这些问题进行处理往往只是不断重复类似路径，缺乏新意。

在 TE 系统中，用户的运营疲劳可以通过监控日常行为来判断，例如，给各种行为设定分值，当总分值低于某个阈值时，说明用户有流失风险。此外，还可以利用已经流失的用户数据形成流失模型，辅助预测用户流失的可能性。

TE 系统的运营活动模块可以根据通过已有结论得到的优化策略，向不同画像的用户推送定制化信息，或者向用户发放所需福利，以此激励他们继续游戏。TE 系统的运营活动模块具有反馈数据的功能，可以随时关注收到推送的用户是否变得活跃，如图 12-8 所示。

图 12-8

2. 付费回报体验下降

所有品类的付费回报体验都会逐渐下降，其中模拟经营游戏的表现尤为明显。这是因为模拟经营游戏有一个特点：经营产出会以建筑或其他形式呈现在地图上，并且随着时间推移而不断扩大或增加繁荣程度。然而，这种现象会导致付费体验的贬值——即使是最大额度的礼包，也会随着用户资产的膨胀而变得相对不值钱。因此，我们需要根据用户的长期付费体验数据来推断他们是否因此降低了付费意愿，以及我们的改善策略是否在数据层面产生了明显效果。

3. 目标兴趣衰减

在模拟经营游戏中，用户通常会有短期和长期建设目标，这些目标可能是明确的（如建造某个建筑物），也可能是模糊的（如让小镇变得繁荣）。当一个目标实现后，只有新目标不断出现，用户才有动力继续自己的经营之旅。在游戏中期的某些时间点，用户可能会失去目标，这种情况虽然大多是短期的，但如果不加以引导或解决，用户就很可能会彻底流失。

为了解决这个问题，可以从玩法或系统层面为用户提供一些可量化或可短期追求的目标，这样就能延缓或避免用户流失，这个任务可以由 TE 系统的运营模块来完成。当某个用户达到流失的风险阈值时，TE 系统可以实时识别到，并向用户发送一个任务，当用户完成任务后，运营模块会向用户推送领取奖励的信息。通过实时监测用户行为，快速识别有流失风险的用户并积极干预，可以最大程度提高用户留存率。

第 4 部分

游戏数据中台建设指南

第 13 章 游戏数据中台建设

数据中台并不是什么新鲜的概念，从最初的传统数据库到基于 Hadoop（分布式系统基础架构）的数仓，再到当下流行的湖仓一体架构下的云数仓，不管数据中台技术和架构如何演进，人们一直都在探索、解决一个最本质的问题：如何从数据中挖掘出更多的业务价值。数据本身不会主动产生任何价值，只有在被人**访问并有效使用**时才会产生价值。

我们希望围绕游戏数据业务的特点，从业务需求和痛点切入，提供一些在游戏数据中台构建过程中的架构思路和设计理念。

（1）游戏数据埋点复杂、来源众多，如何解决数据采集→处理→计算→应用全链路中的数据丢失、重复、新增、变动等引起的**数据质量问题**？

（2）游戏数据来源丰富，包括广告媒体、买量归因、投放变现、客户端埋点、服务端埋点、客服系统数据等，如何将游戏生态的全链路数据打通，形成统一完整的闭环，**打破数据孤岛**？

（3）游戏业务变化很快，时效性要求高，数据中台如何**及时高效地响应不断变化的业务需求**？

（4）游戏数据体量大，随着数据不断累积，数据应用越来越复杂，存储和计算的硬件成本也在持续增长，如何通过数据中台的技术演进帮助企业**降本增效**？

（5）国内游戏厂商纷纷出海，在全球安全合规要求逐渐提高的情况下，如何解决**数据安全**问题？

（6）游戏行业一直是新技术落地的主要领域，数据中台技术也在快速地迭代演进中，如何保持当前的数据中台的**技术先进性**，防止被更先进的数据中台降维打击？

13.1 如何提升数据质量

首先我们需要对数据质量做一个定义，这里的质量是一个宽泛的概念，不仅指数据的准确性，还包含以下核心特性。

- 数据从产生到最终被使用的**准确性**：数据不会丢失也不会重复，数据的定义与业务相符（如支付金额不能为负数）。
- 数据的信息**完整性**：在游戏中，经常需要采集一些半结构化数据（如上阵卡牌背包数据等），数据中台需要能够处理分析这些非结构化数据，不丢失任何业务语义。
- 数据处理与分析的**时效性**：游戏业务对于数据时效性的要求非常高（开服首日的实时监测、实时的买量决策等），数据中台能否支持秒级别的实时数据分析，同样是衡量数据质量的重要维度。
- 数据分析口径的**一致性**：游戏业务数据来源多、统计逻辑复杂，数据中台能否保障业务指标结果的一致性，不把大量的时间浪费在对数上。

一个典型的数据中台的数据管道（Data Pipeline）如图 13-1 所示。

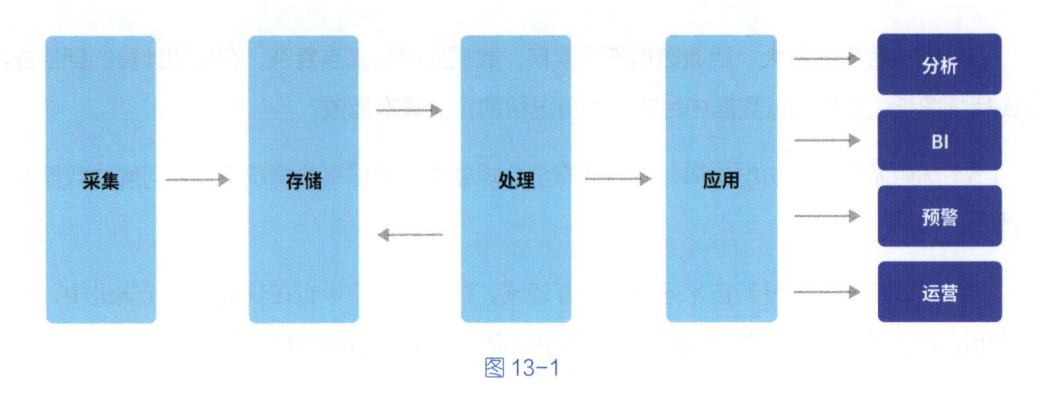

采集 → 存储 → 处理 → 应用 → 分析 / BI / 预警 / 运营

图 13-1

数据质量问题在数据流转的每个环节都有可能发生，下面从数据采集侧拆解分析。

13.1.1 在源头把控数据质量

某游戏公司在自建数据中台时，一开始准备采用客户端 SDK 结合服务端日志的方式进行埋点，然而考虑到可能会带来的游戏 App 稳定性风险，便决定仅通过服务端日志打点的方式进行数据采集，却又遇到了以下问题。

- 仅通过服务端日志无法对更复杂的用户操作进行埋点。
- 日志处理的时效性不够，导致数据分析会有 30 分钟左右的延迟，无法满足业务对于更即时数据分析的诉求。

数据采集是最容易出现数据质量问题的环节，一旦发生埋点错误或者数据丢失、重复，质量问题就会在之后的所有数据处理环节被放大。

很多数据中台会简单地提供 Restful API[1] 的上报方式，然后将数据上报的主动权下放给业务。这种方式看似简单、灵活，但是极易造成数据丢失、埋点混乱等问题，且事后很难排查定位。

为了提升数据源端的质量，我们需要把数据采集的能力封装为标准化的采集工具，并提供

---

[1] 一种基于表述性状态转移（Representational State Transfer，REST）架构风格的应用程序编程接口（API）。

给业务团队使用，如图 13-2 所示。这一方面可以降低业务数据埋点的接入成本，提供统一的接口语义；另一方面，也可以通过采集工具实现异常重试、exactly-once（只执行一次）、日志定位等核心功能。

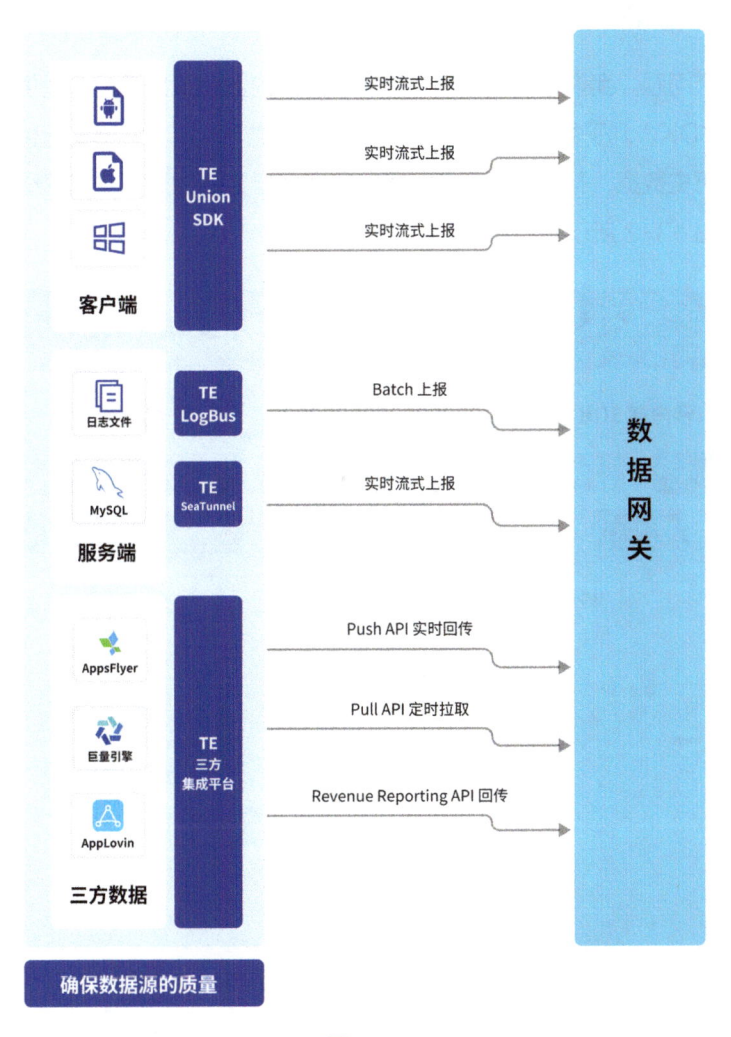

图 13-2

在搭建数据中台时，在数据产生的源头——采集这一领域，绝不能偷工减料。游戏企业需要构建非常扎实的采集工具体系，确保源头的数据质量。构建完备的数据采集框架需要投入大

| 游戏进化论：数据全景应用指南

量的资源，游戏涉及的平台和引擎非常多（如 iOS、Android、Unity、Unreal 等），引擎和客户端本身也在不断更新迭代，SDK 需要持续更新，并确保不会引起游戏的稳定性问题。另外，符合数据采集的安全合规政策也是 SDK 需要重点考虑的问题，对于技术团队而言，这方面的投入产出比较低，往往需要花费大量精力与资源，却难以产生业务价值。

为了解决这个问题，我们投入大量精力搭建了完整的数据采集平台，提供了完善的客户端 SDK 与服务端 SDK，几乎覆盖游戏行业的所有平台和技术栈。TE 系统提供数据导入工具，可以接入客户的历史数据，帮助游戏企业快速构建专属且完备的数据采集系统，从源头解决数据质量问题，如图 13-3 所示。

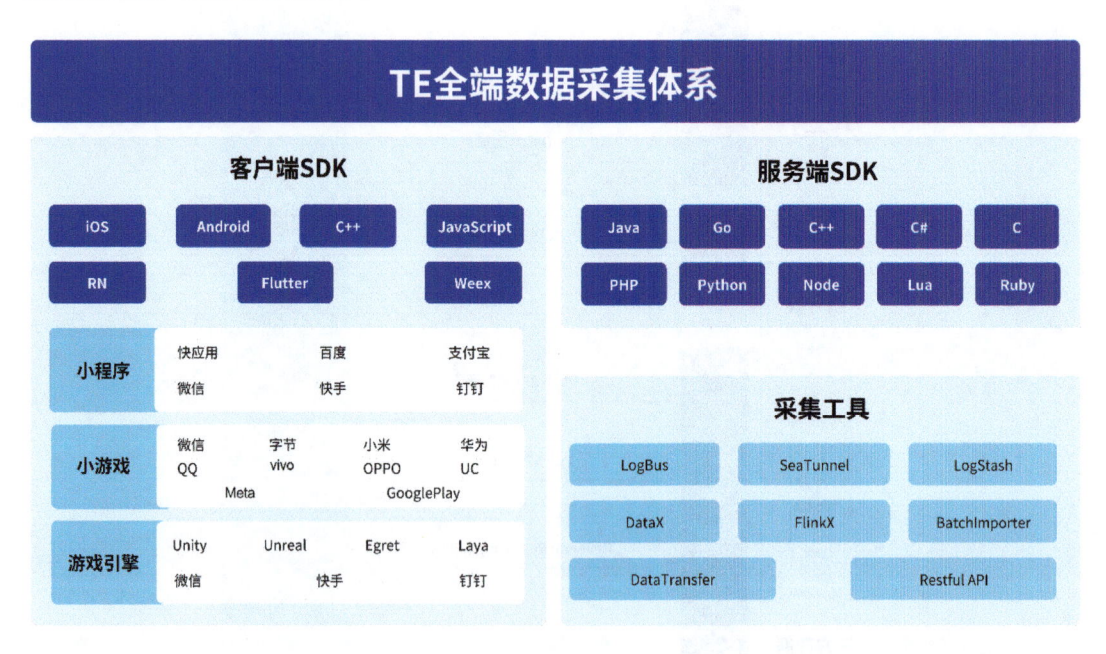

图 13-3

TE 系统还打通了游戏上下游的三方数据生态，提供了国内外主流的超过 50 个聚合平台（如 AppsFlyer、热云等）及渠道（如 Meta、Twitter 等），能够将用户的来源、变现数据，以及用户的应用内行为深度绑定，实现全生命周期的用户数据打通，如图 13-4 所示。

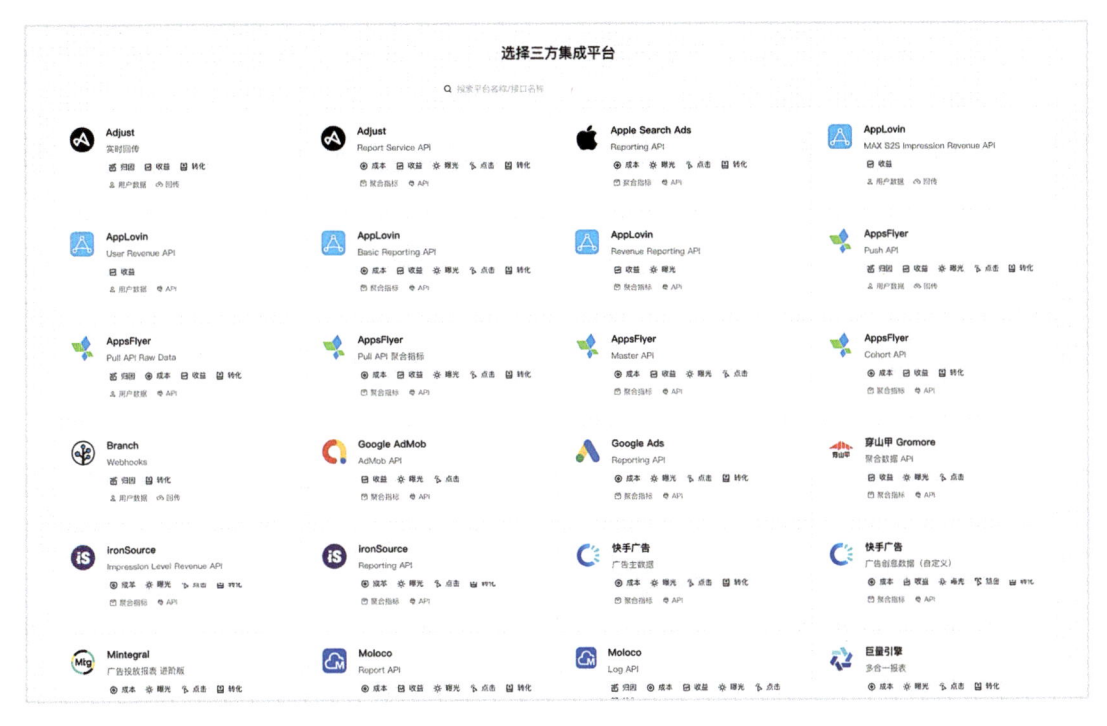

图 13-4

数数客户端 SDK 具备极高的稳定性和健壮性，经受了大量游戏线上接入的考验。

一些游戏公司在接入 TE 系统后，选择客户端 SDK，并采用数数提供的 LogBus 工具采集服务端日志，在确保 SDK 稳定性的同时，打通了用户客户端和服务端的埋点，通过 TE 系统的客户端 SDK 自动采集应用安装、打开、关闭等事件的数据。

同时，基于 LogBus 采集工具，可以流式地处理服务端日志，帮助游戏公司把数据的时效性提升到 1 分钟以内。

13.1.2　打造高效、可靠、弹性的数据网关

某游戏公司的产品主要在东南亚和港澳台区域发行，其数据中台搭建在新加坡区域，遇到了以下问题。

- 东南亚区域的网络基础设施不够完善，经常由于客户端网络问题导致数据丢失，泰国的数据丢失率甚至达到了 10% 以上。
- 东南亚区域的机型复杂，且配置很差，埋点数据上报导致的应用崩溃问题对游戏业务和数据分析的准确性产生了极大影响。

数据网关作为源端采集工具上报数据的门户，对于保障数据质量起着非常关键的作用，如果网关无法承接游戏高峰期的上报流量，就会导致数据丢失。在构建数据中台的过程中，需要重点关注以下问题。

- **高并发能力**：能够应对游戏开服等高并发的场景。
- **不覆盖任何业务逻辑**：数据网关的唯一核心能力就是原封不动、高效稳定、实时准确地接收上游数据，并将其存储到下游的 Fast Storage 中，任何业务逻辑的引入都会带来性能的折损，以及业务逻辑处理错误的隐患。
- **横向状态伸缩的能力**：游戏业务的特征就是流量波动较大，在开服首日、游戏运营活动上线等场景会导致海量数据在短时间内上报，因此数据网关需要具备基于 K8s 原生化的 HPA 能力，能够自动弹出更多的节点支撑高峰流量，并在过峰之后自动缩到最佳负载水位。
- **数据缓存与限流能力**：这部分能力通常会被数据网关忽略，网关服务需要做到在下游完全不可用的状态下，仍然能够把数据缓存在本地，保证数据不丢失。而限流能力所带来的业务价值主要体现在以下两个方面。
  - 更灵活地调配流量，实现更友好与平稳的流量下放，防止某些极端场景导致下游流量被击穿。
  - 更灵活的业务扩展能力，例如，在对数据中台进行跨云迁移时，通过限流能力将数据拦截在网关层，实现数据中台物理层的静态迁移，极大简化整体的迁移复杂度。或者针对某些单独的项目和异常流量进行限流，以便下游数据中台更高效地响应重点数据。
- **流量镜像与级联能力**：该部分能力也是数据中台网关建设过程中不太会考虑的，其主要价值如下。

- 游戏行业存在发行和 CP 之间需要共享、复制数据的场景，也存在部分数据需要同时流向不同业务端的场景，传统的入库之后再导出复制的方式容易引起数据不一致及时效性问题。在网关侧直接进行流量镜像，可以在源头实现数据的共享和复制。
- 流量的级联是指数据网关可以通过串联的方式形成数据网关链，让源端采集的数据流入数据中台。在游戏全球发行业务的数据上报场景下，可以通过这种方式在距离用户较近的区域部署网关接入点，保障客户端数据上报的稳定性。同时，通过级联的方式，在保障数据质量和时效性的前提下，可以将不同国家的数据汇集到统一的数据中台。

TE 系统的数据上报架构如图 13-5 所示，这种设计在保证数据上报**准确**、**稳定**、**高效**、**实时**外，也为灵活敏捷地支持游戏复杂多变的业务带来帮助，从而进一步提升数据的质量。

对于游戏企业而言，这种数据上报架构也具有参考性。

- 将客户端、服务端、采集工具以及第三方数据的全端采集链路进行收口，这样做有利于数据中台对于各数据源的上报链路进行统一监控、管理和维护。
- 通过网关的流量镜像功能，可以非常方便地将数据进行复制分发，例如，可以复制一份数据到 CP 方，或在其余机房进行备份。
- 东南亚区域的移动网络不够发达，容易出现数据上报过程不稳定的问题，通过在东南亚区域部署网关并开通网关级联功能，可以异步地将东南亚区域的数据回传到位于美国的数据中台，在很大程度上降低客户端数据的丢失率。

前述游戏公司在接入 TE 系统后，使用了数数提供的数据网关服务，在东南亚各个区域就近部署了数据网关转接点，供对应区域的设备就近上报数据，并通过级联将数据汇集到位于新加坡的数据中台，再结合客户端 SDK 的数据上报重试等策略，将上报数据的整体丢失率控制到 1% 以下，同时将整体的数据延迟控制在 1 分钟左右。

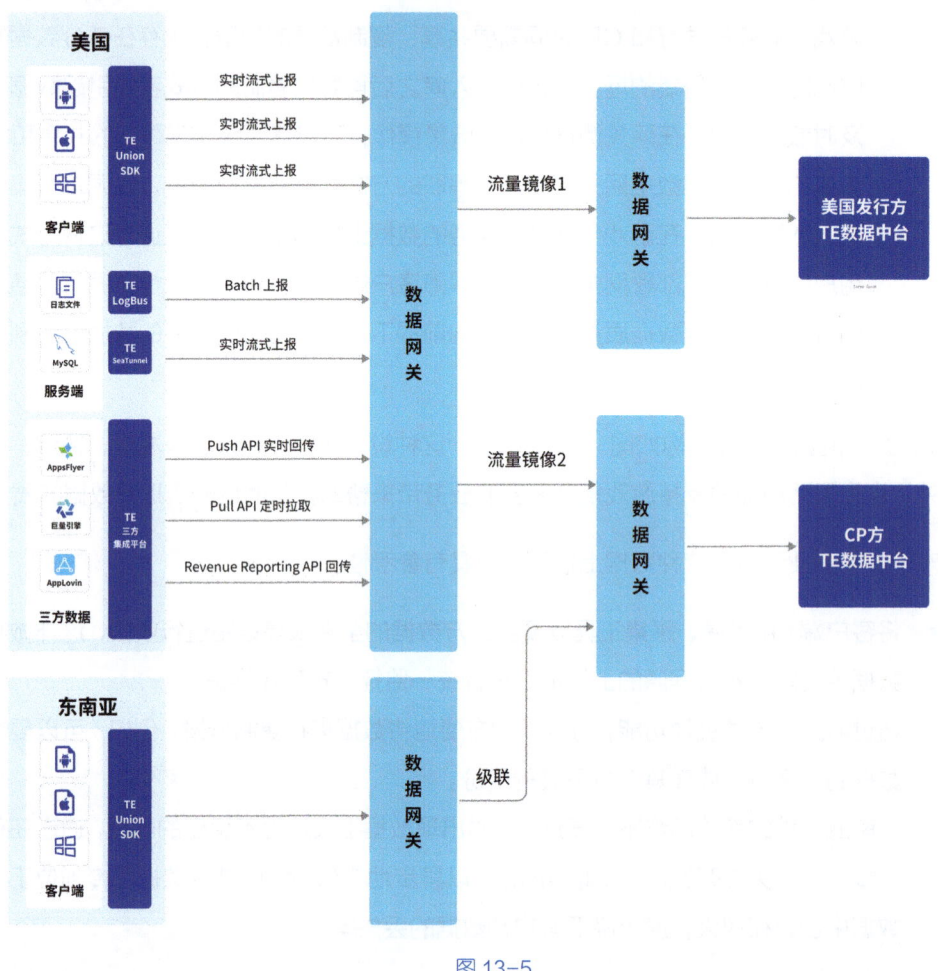

图 13-5

13.1.3 构建实时、灵活的数据处理引擎

一家老牌游戏公司早在几年前就搭建了一套比较成熟的基于 Lambda 架构的离线实时数仓平台，但是随着业务的演进，在处理业务侧埋点的过程中逐渐力不从心。

- 公司业务方很多，每次新增和调整业务端埋点都需要很高的沟通成本，如果业务方忘记同步埋点，就会导致入库的数据错误，数据清洗和重导成本极高。

- 部分业务对于数据的时效性要求很高，如果在离线数据中台之上单独拉出一条实时数据处理流，那么数据中台需要花费大量精力对齐离线统计结果和实时指标结果。

数据处理引擎是数据中台最为核心的组件之一，也是保障数据质量的核心环节，其架构演进经历了 Lambda 架构、Kappa 架构，以及流批一体的计算架构。本书不会去展开介绍这些架构，主要关注提升数据质量的设计思路。

1. 松耦合架构（Loosely Coupled Architecture）

游戏数据业务变化很快，数据中台的架构需要具备足够的灵活性和扩展性，以适应业务调整。在现代数据中台的设计上，松耦合已经成为标准架构思路。每一个数仓分层、每一个组件都需要清晰地定义其负责的核心功能，并通过解耦、标准化的 API 向外暴露能力，如图 13-6 所示。

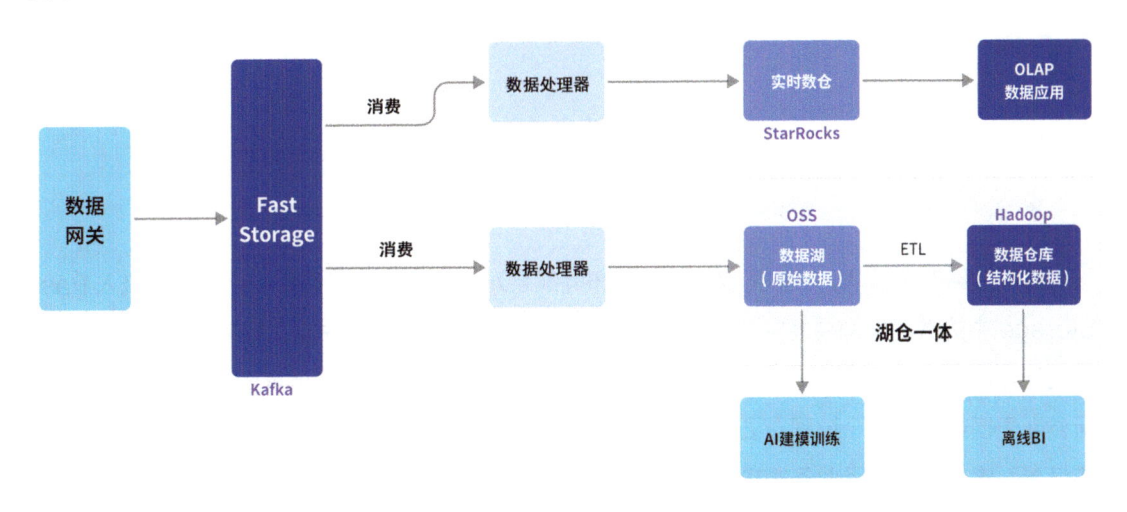

图 13-6

在这张架构图中，每个模块都负责独立的任务，数据网关和数据处理引擎之间通过 Fast Storage 层解耦。每个数据处理器都负责独立的数据处理任务，一个数据处理器的异常和上下线，不会影响其余的数据业务流。

2. Exactly-Once 特性

由于网络抖动等无法避免的原因，从数据采集层上报数据必然会导致数据网关写入 Fast Storage 的数据存在重复，数据处理引擎有义务处理掉重复的数据，保证数据的准确性。

可以在埋点层生成业务语义上唯一的 ID（Track ID），在数据链路中传递这个 Track ID，并尽可能前置数据去重阶段，以保证最终的数据是准确的，如图 13-7 所示。

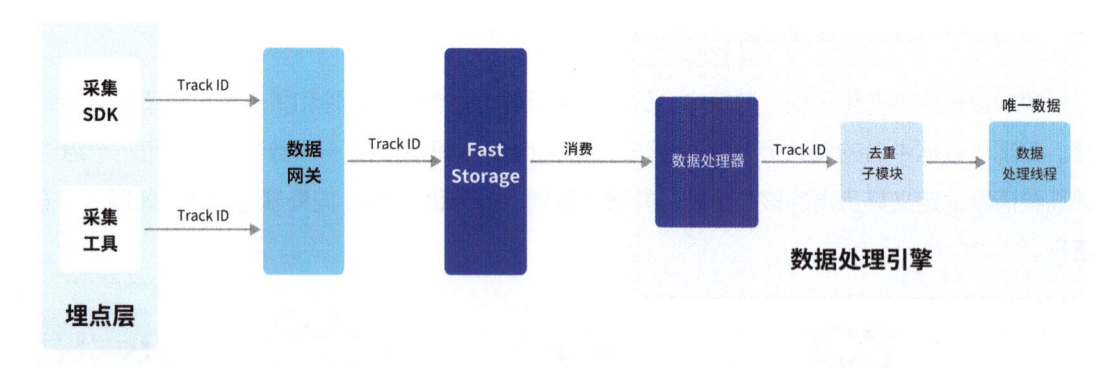

图 13-7

3. Schema-Free 特性

游戏业务变化很快，版本迭代、活动发布等都会对数据埋点进行调整，这会导致流入 Fast Storage 中的数据结构是经常变化的。在传统的湖仓设计中，通常先定义好表的模式，然后将数据处理器中的数据按照定义好的模式写入表中。这种方式会导致每次调整埋点逻辑都需要重新调整表模式，而这个过程需要人工介入，成本很高，一旦忘记处理，就会导致数据入库异常或信息丢失，无法满足业务需求。

因此，数据处理引擎需要能够自适应这些变化，如图 13-8 所示，否则，数据埋点的变化将会导致大量数据质量问题。

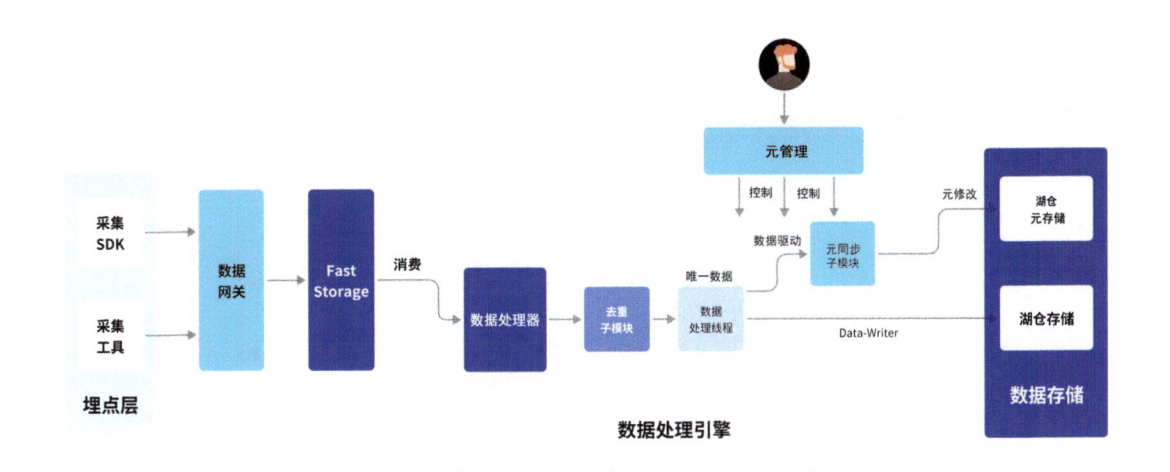

图 13-8

元同步子模块是数据驱动的模型，自动识别模式的变动，并负责触发下游元存储服务的变更。这里需要注意的是，我们仍然需要一个云管理模块进行管控，当上游数据源端的埋点质量无法保证时（如开发人员埋错点、上报属性类型出错等），在云管理模块中打开元强校验模式并随时记录模式变动的路径以及校验失败的异常数据，以便事后分析数据质量情况。云管理模块应直接暴露到数据应用层，由业务人员进行数据治理，并驱动数据质量的"左移"。

数据治理原则：

应尽可能地将数据治理动作左移，在离数据源更近的地方解决数据质量问题。数据处理引擎在识别到数据质量问题后，可以由业务驱动在采集层提升整体的数据埋点质量。

TE 系统严格秉持了这一思路，帮助游戏企业尽早识别数据质量问题出现的阶段，并通过产品帮助游戏企业进行数据治理"前移"。同时，TE 系统集成了数据验收的功能，结合数据质量预警，可以帮助游戏企业清晰、即时地发现数据质量问题，如图 13-9 所示。

| 游戏进化论：数据全景应用指南

图 13-9

4. 弹性扩展

数据处理引擎需要流式处理海量明细数据，还涉及数据逻辑解析、去重元修改等复杂操作，对于算力和内存消耗很大，在上游数据吞吐量突增的情况下很可能导致 Fast Storage 数据积压，引起质量问题。相比于网关，数据处理引擎更依赖原生的动态伸缩能力，以此实现数据处理能力的弹性扩展。

数数服务了上千家游戏公司，这些公司单日流入的数据量从上百万条到数百亿条不等，为了应对不同公司的数据体量差异以及可能的流量突增，TE 系统设计了数据处理引擎的架构，能够自适应地提供不同数据量下的数据处理能力，保证数据处理的时效性。

如果游戏公司自己搭建数据中台，那么由于其对自身的游戏业务有更充分的了解，因此可以优先实现数据处理引擎的弹性扩展特性，如图 13-10 所示，通过不断增加数据处理器来扩展数据处理性能，再基于实际情况构建动态伸缩能力。

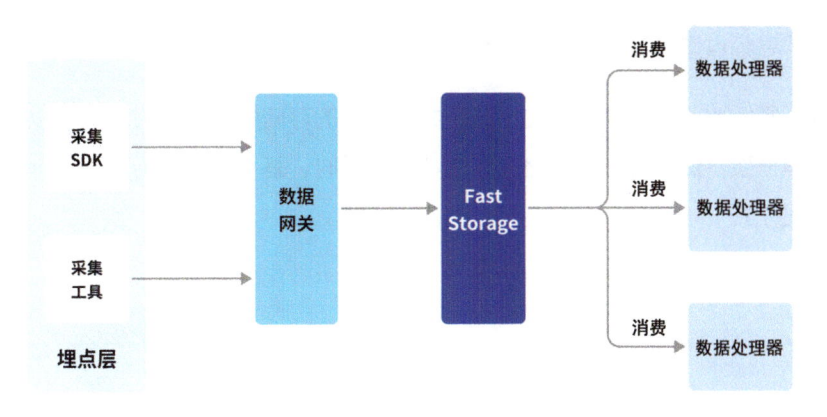

图 13-10

前述老牌游戏公司在接入 TE 系统后，摒弃了原来的 Lambda 架构，采用数数提供的流式处理框架，将离线和实时处理流统一起来，实时处理、实时计算所有数据，再也不存在离线和实时对数的问题。

同时，基于数数流式引擎 Schema-Free 框架，数据中台中表的模式会自动随着业务方上报的埋点进行动态调整，数据中台只需提供埋点规范，无须再与业务方进行大量沟通，极大地提升了数据处理的效率和质量。

13.1.4 基于湖仓一体框架的数据存储

某卡牌游戏公司需要对每场战斗的上阵英雄阵容进行分析，却遇到了以下问题。

- 开始时，对每个上阵英雄单独进行记录，导致每场战斗出场 5 个英雄就会有 5 条事件，产生大量字段冗余。同时，需要通过复杂 SQL 语句将英雄归并到一场战斗中进行阵容分析，导致分析效率很低。
- 改进方案将上阵英雄以 JSON 文本的格式存储在一个字符串字段中，解决了存储冗余的问题，但是为了处理这个复杂 JSON，在 SQL 语句的复杂度以及查询效率上又遇到了瓶颈。

基于不同的业务场景，数据中台的存储层会有不同的形态，例如，支持即席 OLAP 分析的实时数仓 StarRocks 能够同时支持半结构化数据、非结构化数据、结构化数据的湖仓一体架构，以及能够支持高频点查场景的 NoSQL 数据库，如 ScyllaDB 等。

为了保证原始数据的信息完整性，进行数据中台的存储架构设计时，建议以湖仓一体架构作为基准存储框架，保存并记录完整的原始数据，同时，基于实际业务场景设计周边的配套存储体系，如图 13-11 所示。

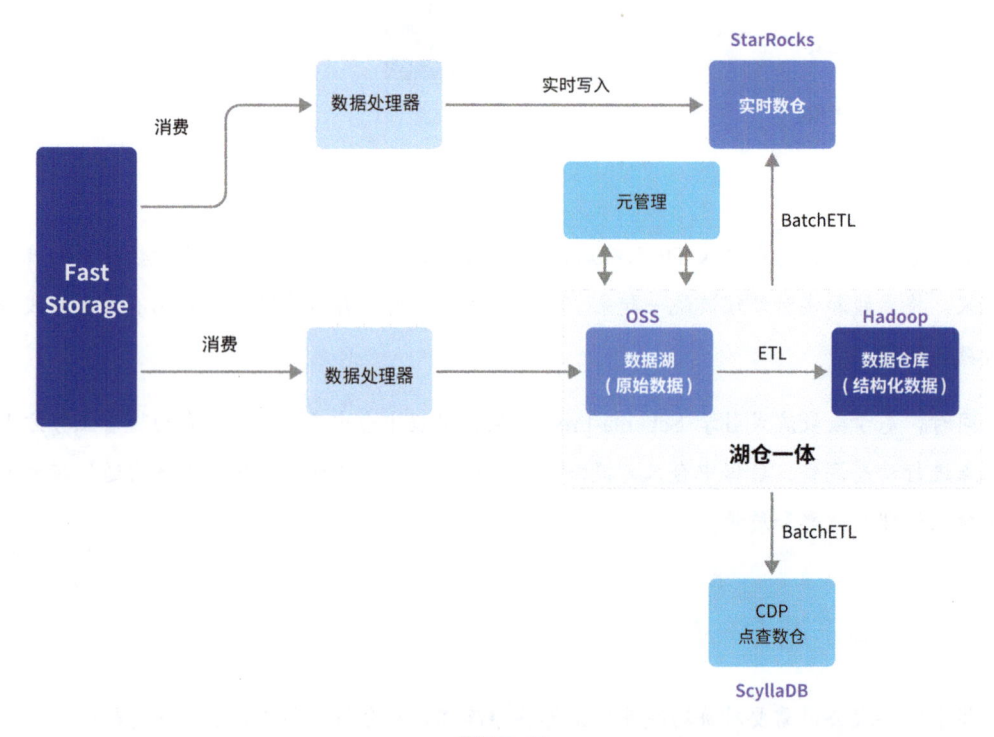

图 13-11

在数据存储层，需要充分利用湖仓一体架构的特性来支持 Schema-Free。采用松耦合的列式存储体系（如常见的 Parquet 或 ORC 文件类型），每个文件的元和数据内容都是独立的，不需要按照大宽表的元来写入每个文件。在进行数据分析时，通过 schema 视图把数据文件拉成虚拟的大宽表进行分析。这样做的好处是，在写入数据文件时具备足够的灵活度，同时保障了原始文件的元数据信息不会持续膨胀，如图 13-12 所示。

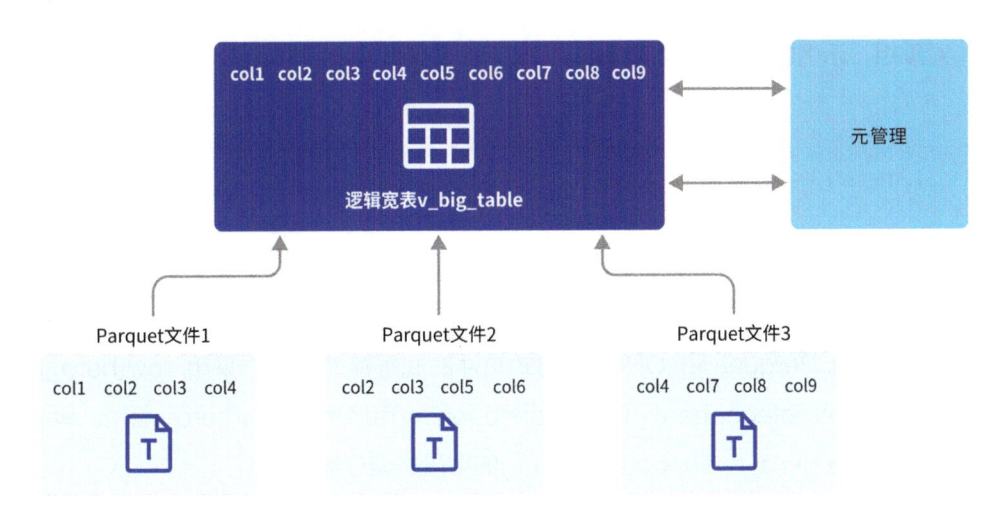

图 13-12

复杂数据结构是游戏行业广泛采用的数据结构，例如卡牌游戏中出场的英雄阵容或 SLG 中的出征队伍，在数据上报时会通过 JSON 或者 Map 等数据结构进行记录。如果数据存储无法支持该结构，那么数据将以文本形式被记录。想要使用这些数据，要么进行文本解析，在损失大量信息的情况下进行能力有限的分析，每种分析都要单独进行，且性能折损严重，编辑成本高、实现效果差；要么只能通过 SQL 实现分析需求，对代码编写者要求高，使用体验不佳。以上两种实现方式都有很大弊端，而复杂数据结构的信息非常丰富，往往是分析的核心，需要对其进行深入分析。

因此，数据存储需要支持类似对象或对象组的复杂类型。

- 对象，示例如图 13-13 所示。

```
1 {"hero_name":"刘备","hero_level":22,"hero_equipment": ["雌雄双股剑","的卢"],"hero_if_support":false}
```

图 13-13

- 对象组，示例如图 13-14 所示。

```
1 [{"hero_name":"刘备","hero_level":22,"hero_equipment": ["雌雄双股剑","的卢"],"hero_if_support":false}, {"hero_name":"刘备","hero_level":22,"hero_equipment": ["雌雄双股剑","的卢"],"hero_if_support":false}]
```

图 13-14

建议充分利用 Parquet 和 ORC 等列式文件的底层存储特性，采用 row(hero_name varchar,hero_level integer,hero_if_support boolean)和 array(row(hero_name varchar, hero_levelinteger,hero_if_supportboolean))的字段类型存储。

当然，仅仅在数据存储层支持原生的复杂数据结构仍然不够，还需要在数据分析层进行适配。TE 系统实现了对复杂数据结构的数据上报、存储、模型运用全流程的完整支持，它与简单类型数据的操作方式相同，并可以嵌入各种模块。例如，在分析模型中作为计算属性、筛选条件或分组项，或者在创建分群标签以及虚拟属性时被使用。我们对复杂数据结构的性能也进行了细致评估，提供了兼顾存储与运算的最佳方式，无须预先定义数据结构即可入库，运算效率也比传统的文本解析高数倍。

前述游戏公司在接入 TE 系统后，对战斗事件中的英雄阵容采用对象组的复杂存储类型，可以清晰地表示英雄阵容信息，且没有数据冗余。同时，由于采用了原生的数据存储格式，数据分析时的查询效率比解析 JSON 文本实现了 10~100 倍的提升。

另外，TE 系统对于对象组的复杂类型有相应的分析模型支持，无须使用复杂的 SQL 语句即可非常方便地完成出场阵容分析。

13.1.5 统一的数据分析口径

某老牌游戏公司的数据团队在数据分析侧遇到了以下问题。

- 团队需要支持多个游戏项目组，而项目组的数据需求层出不穷，让团队"捉襟见肘"；

业务方不断质疑数据的准确性，导致对齐数据花费大量的人力。数据团队已经无力去探索数据 AI 等更高阶的数据应用。
- 项目组之间有大量共性的分析需求，但是没有一种很好的机制将整体的分析思路和框架沉淀下来，导致团队不断重复造轮子。

在数据分析的应用场景中，经常会出现两类群体：数据需求方（通常是业务团队，包括市场人员、运营人员、策划人员等）和数据提供方（通常是数据团队，包括数据开发人员、分析师等）。数据需求方会提出数据分析需求（如报表、指标、看板等），数据提供方会基于需求进行排期，如图 13-15 所示。

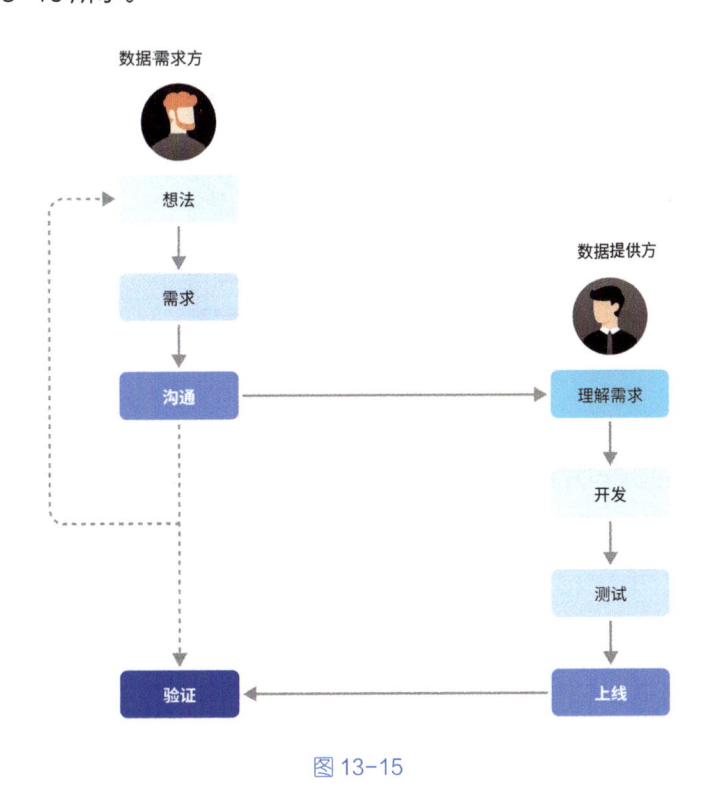

图 13-15

图 13-15 所示的流程需要的沟通成本极高，经常出现在验证环节发现数据不符合需求，导致重新开发的情况。同时，游戏业务变化很快，而数据分析需求往往非常复杂，很多时候，我们很难及时准确地对齐统计口径，导致上线的报表和指标出现错误。

游戏进化论：数据全景应用指南

为了提升统计口径的准确性，数据团队需要一个产品化的数据埋点管理系统。该系统能够帮助业务人员和开发人员了解每一个事件和属性的含义，同时管理并沉淀公司内部统一的指标体系。数据埋点和数据资产之间的血缘关系也需要在该系统内清晰地呈现，形成一张完整的企业内部数据地图，如图 13-16 所示。

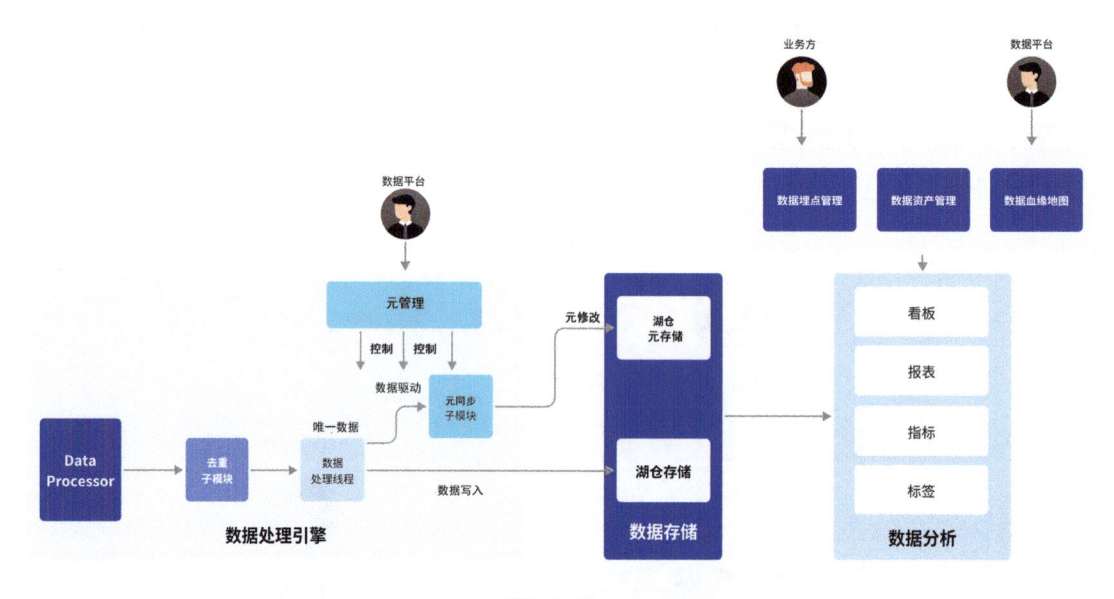

图 13-16

TE 系统内置数据埋点方案的管理功能，并提供了 1000 多份完整的游戏埋点方案，覆盖所有在线游戏品类，可以一键导入，能够帮助游戏公司快速构建标准、统一的企业内部数据体系，如图 13-17 所示。

另外，在看板、指标、报表、标签这些数据资产层面，TE 系统也提供了模板中心、资产开封箱等功能。

- 模板中心如图 13-18 所示。
- 资产开封箱如图 13-19 所示。

通过这些功能，TE 系统助力游戏公司在对齐数据分析口径、优化数据资产、提升数据质量的同时，快速实现游戏体系复制，而这也是游戏公司经常遇到的场景，如图 13-20 所示。

第 13 章 游戏数据中台建设

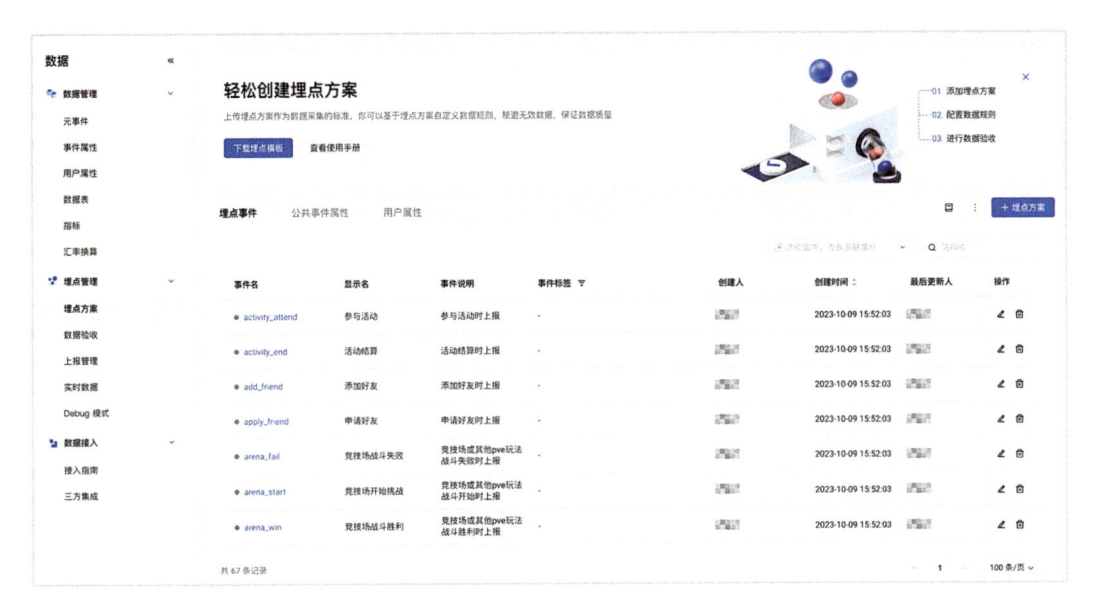

图 13-17

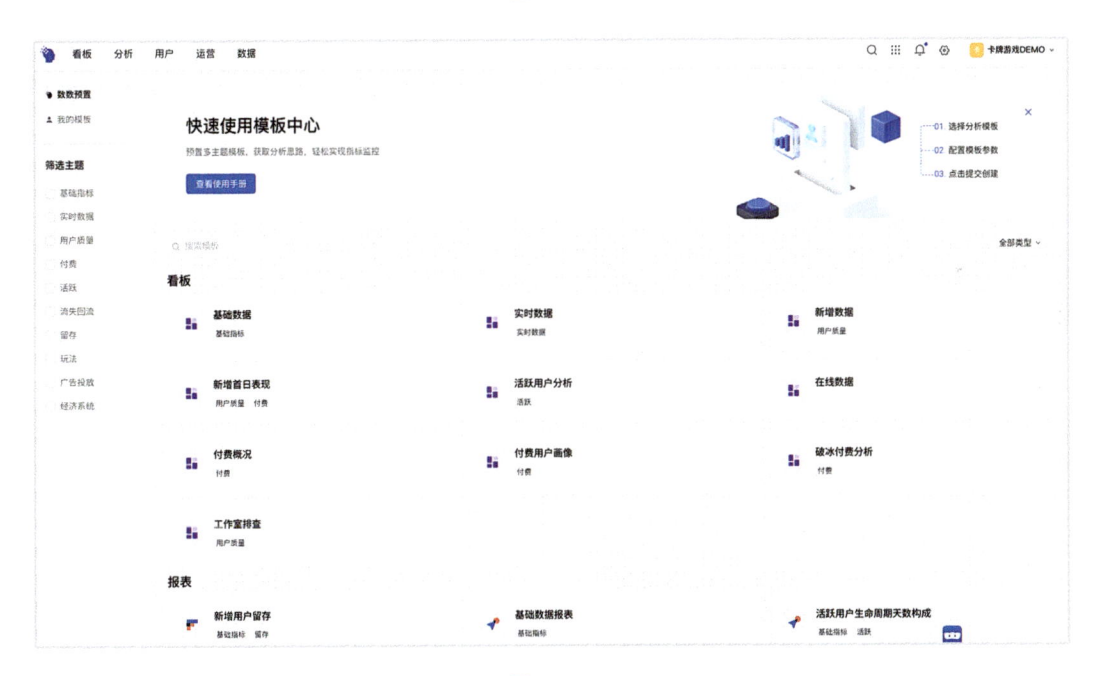

图 13-18

| 游戏进化论：数据全景应用指南

图 13-19

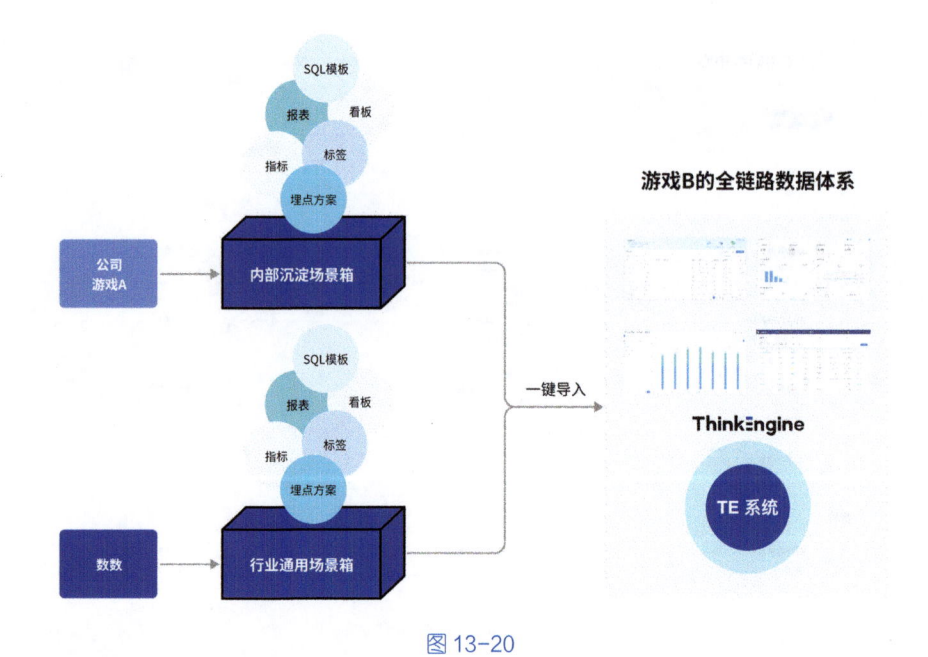

图 13-20

前述游戏公司在接入 TE 系统后，将各个项目组通用的数据看板、报表和指标集成为统一模板，并下发给业务方，满足了业务方直接基于模板创建、编辑和调整数据指标的诉求，极大地释放了数据团队的人力。

同时，基于反馈比较好的指标，通过 TE 系统中的资产开封箱功能，将一整套数据分析框架打包，作为公司内部的数据分析思路沉淀，并在与 CP 方合作的过程中，驱动 CP 方也按照该框架进行数据分析，提升了公司和合作方的数据分析能力。

13.2 如何打破数据孤岛

一个游戏公司可能存在不同层级的系统，每个系统都会产生对应的数据，这些数据对于指导游戏业务的迭代、公司的组织管理至关重要。但系统的独立性导致这些数据被封闭在各自的系统内部，如何将这些数据整合到一起，形成全链路的用户数据闭环和统一完整的数据分析体系，成为数据团队需要重点解决的问题，如图 13-21 所示。

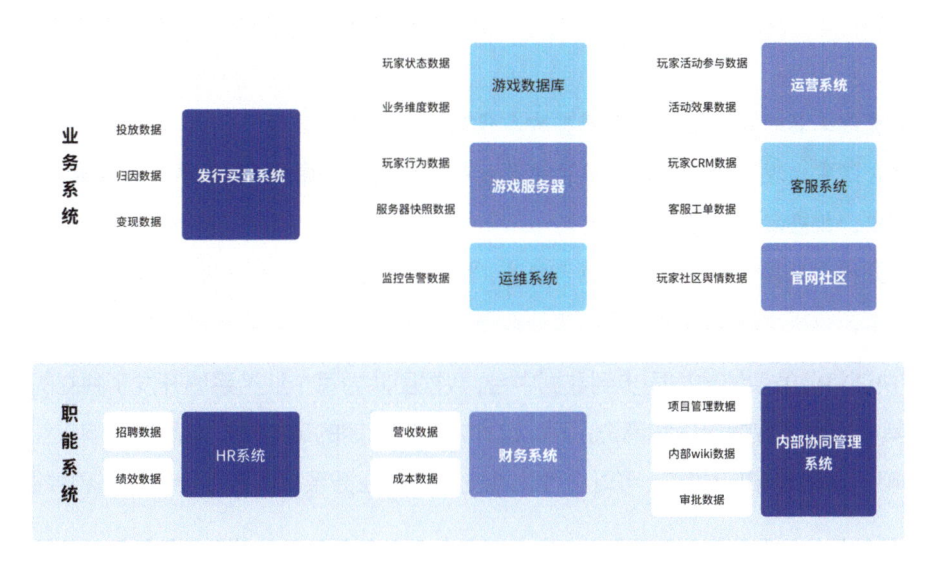

图 13-21

在整合数据的过程中，数据团队通常会遇到以下问题。

- **系统差异大**：各个系统可能采购自不同的服务商，也可能用不同的技术栈构建，打通这些异构系统内部的数据成本很高。
- **数据格式杂**：不同系统内存储的数据定义和格式不统一，导致数据治理的成本极高。
- **标准统一难**：不同系统的数据横跨多个部门，数据团队很难制定统一的数据标准，推动业务接入数据门槛高。
- **业务更新快**：公司业务迭代快，会有新系统引入，老系统也会变更或引入数据，如果不能快速接入，那么这部分业务数据又会成为系统内的新孤岛。
- **价值落地慢**：打通数据需要业务团队配合，需要快速向业务团队证明数据打通后的价值。

13.2.1 简单高效的集成工具

某游戏公司的数据团队为了将各业务系统的数据接入统一的基于 Hive 的数仓平台，开发了内部的 CopyETL 工具，针对每个业务系统定制脚本，将数据通过该脚本定期同步到 Hive 数仓中。

- 负责该工具的员工每天疲于调整脚本代码以适配业务新增的数据。
- 数仓经常出现由于源系统字段变更导致的数据写入异常问题，脚本日志分散在不同的节点中，排查定位工作非常耗时。
- 业务对于数据的时效性要求越来越高，当前脚本每小时同步一次的频率已无法满足业务需求，但减少脚本的执行间隔又给业务系统带来更高的数据访问负载。

为了快速将业务系统数据同步到数据中台，数据团队为每个业务系统开发了独立的 ETL 脚本，并在其中实现了数据治理和清洗过程。这种方式在前期的确能够非常高效地响应业务需求，且具有足够的灵活性和自由度，可以个性化地支持异构业务系统的数据存储形态和数据格式。

但是从数据中台长期的建设发展来看，这种方式维护成本巨大，随着业务不断地迭代变化，数据中台的开发人员将会陷入无止境的脚本开发和迭代过程中，难以满足企业内部数据集成互通的需求。

为了解决这一问题,需要将数据集成的工作前移,交给业务人员"自助"完成,因为他们是业务的需求方,最先感知到业务的变化。显然,让他们自己开发脚本实现数据集成是不现实的,因此数据团队的核心目标就是提供简单高效的集成工具,帮助业务人员通过轻量化的配置完成数据集成工作。

图 13-22 是一个典型的数据集成工具的架构图,其中有几个核心的设计开发要点。

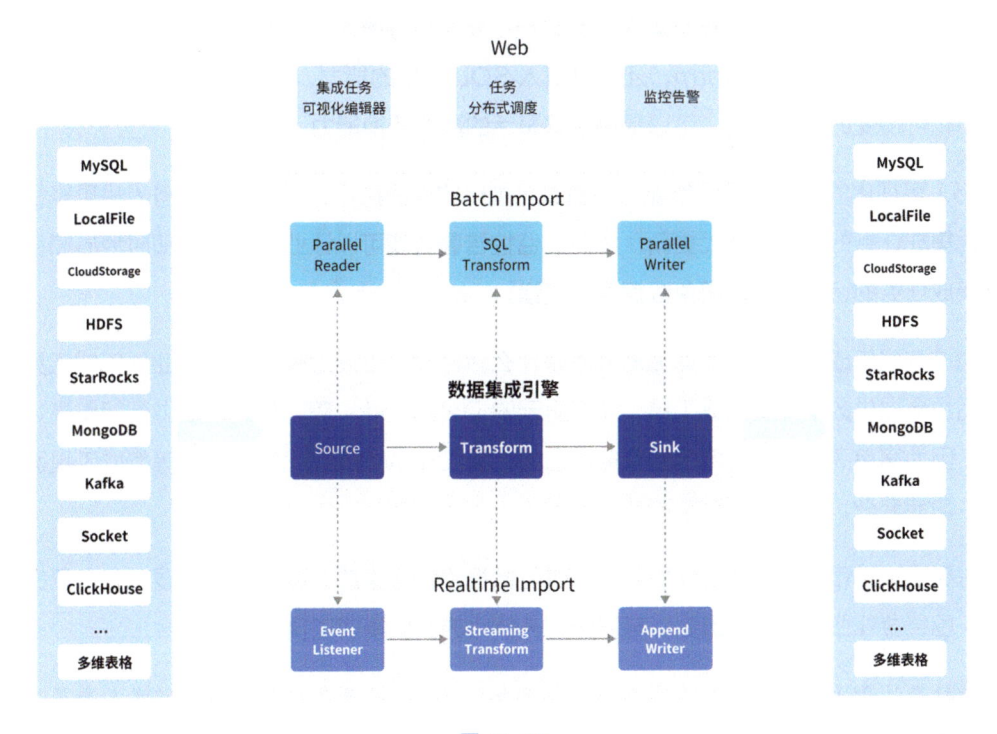

图 13-22

(1) **数据源插件化适配能力**:新的系统和存储载体会随着技术发展不断涌现,集成工具需要具备很强的数据源扩展能力,每新增一个异构业务系统,集成工具只需增加一个数据源插件。

(2) **流批一体的数据集成能力**:业务对于数据集成的时效性要求各异,同时,对于不同数据源的数据读取方式也不一样,例如,HDFS 只能通过文件读取的方式进行 batch 导入集成;

Kafka 可以订阅实时流数据；MySQL 既可以通过 SQL batch 读取，也可以通过 binlog 实现流式订阅，因此，集成工具需要同时兼容批量导入和流式订阅。

（3）分布式并发集成能力：有的业务系统数据量极大，且存在业务波峰，因此集成工具需要具备弹性扩展能力，可以考虑在集成工具里引入类似 Flink 这样的流批一体分布式处理引擎。

（4）灵活简单的数据转换能力：业务系统的数据格式千奇百怪，在集成导入时，数据治理是绕不过的一座大山，能否提供简单高效的清洗治理方法，成为衡量集成工具是否易用的非常重要的依据，因此，在设计开发集成工具时一定要着重考虑这方面的能力建设。建议除了字段级 Mapping 映射和 Transform，还可以引入 SQL 转换的能力，相比脚本，SQL 是业务方比较熟悉和可接受的转换方式，可以提供足够灵活的数据转换能力。

（5）可视化的任务管理调度能力：通过可视化的界面操作，可以帮助业务人员更轻量地完成数据集成任务的配置和迭代更新。同时，监控告警功能可以让业务人员更即时地感知和发现数据集成任务的运行状态，避免数据导入出错。

通过数据集成打破企业数据孤岛并不是什么新概念，市面上有大量的商业化集成工具，云服务商也会提供数据开发集成工具，如阿里云的 DataWorks 等。但是，要做到简单高效并不容易，因为简单高效是相对自己的业务而言的，而 DataWorks、WeData 等集成工具面向全行业，功能繁杂，很难做到简单高效。

想要更轻量和简单高效地让业务人员进行数据治理与集成，数据团队需要基于自己的业务形态，围绕游戏业务场景打造更加轻量级、一体化的数据集成工具。

数数专注于游戏行业，基于客户的业务诉求、围绕游戏业务场景打造了游戏人专属的轻量级数据治理与集成平台，帮助客户快速高效地实现企业内部数据互通。

13.2.2 统一清晰的数据标准

某游戏公司的数据团队为了帮助项目组快速接入数据，选择适配项目组的数据规范，导致接入数据中台中的数据在不同游戏之间无法统一，后续在公司层面统一数据分析和应用的难度非常大。

为了解决这个问题,数据团队制定了公司层面的数据标准,要求项目组按照该标准进行数据接入。但在推进执行的过程中,业务方往往以业务紧迫度为由向数据团队施压,要求先尽快接入,再慢慢适配标准,导致数据标准很难落地。

对于数据团队来说,制定标准不是很复杂的事,行业内有一些既定的数据模型和标准,通常包含以下几个方面。

- 统一的数据模型标准:数据实体(角色、账号、设备等)、事件、属性、数据关联等。
- 明确的元数据标准:字段的类型、有效值、枚举范围等。
- 数据质量管理标准:数据准确性、完整性、一致性、及时性等。
- 数据接口和格式标准:数据文件的格式要求、API 的规范、上报序列化协议等。
- 数据安全合规标准:符合相关数据保护法规的要求,例如 GDPR、CCPA 等。

数数通过这 8 年的摸索,总结出了以下经验。

1. 数据标准需要融入集成工具

标准如果只是一份规范手册,那么在游戏业务方通常比较强势的现状下,几乎不具备落地的可能性。因此,数据团队在开发数据治理与集成工具时,需要把数据标准融入这些工具,下面是两个例子。

- 集成工具需要能够对字段的类型、有效值、空值率等进行配置,同时提供数据集成过程中的检测校验功能,帮助业务人员快速识别问题并即时修改,缩短数据校验的周期。TE 系统的数据验收功能可以帮助业务人员快速定位不符合标准的数据,进而及时调整,如图 13-23 所示。

| 游戏进化论：数据全景应用指南

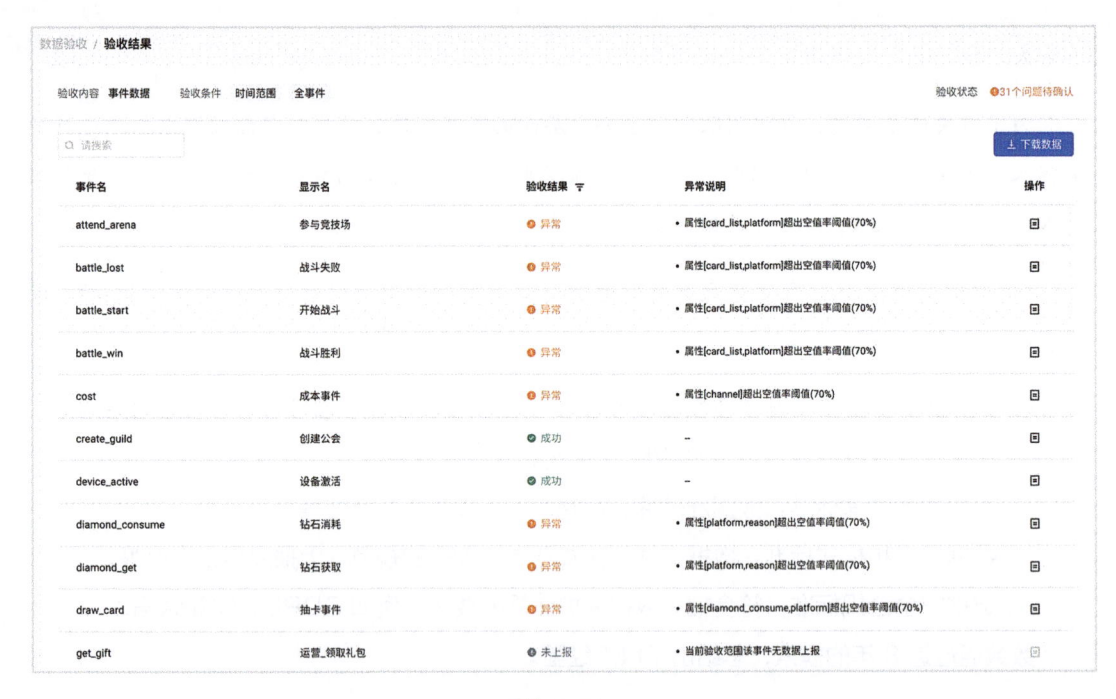

图 13-23

- 集成工具需要提供数据准入功能，提前拦截不符合标准的数据，防止其污染已有数据，降低调整成本。TE 系统支持将埋点方案作为数据标准，自定义数据处理规则，推动业务人员及时修正不符合标准的数据，如图 13-24 所示。

图 13-24

2. 标准需要小步快跑地敏捷扩展

数据标准的落地也需要遵循产品迭代的 MVP 思路，如图 13-25 所示，直接给出一个"大而全"的标准是很难落地的，业务方会发现在使用集成工具时处处是"卡点"，甚至可能直接弃用。

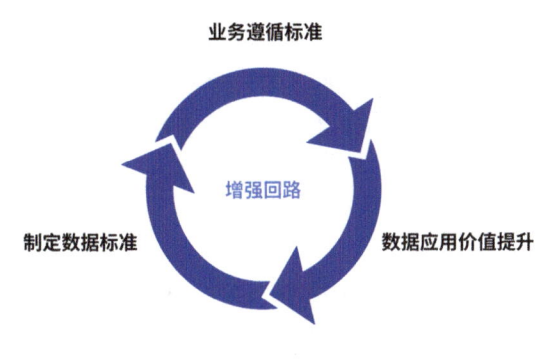

图 13-25

先制定一些基本的标准，同时，在数据分析侧让业务方感知到遵循标准所带来的价值，形成增强因果回路，可以更好地落实数据标准。

3. 与业务共创并迭代数据标准

数据标准的制定不能是数据团队的闭门造车，需要拉通一个跨部门的数据治理小组，包括数据团队的数据专家、业务分析师、业务方技术人员等。通过与业务方的不断沟通对齐，确保制定的标准在满足业务侧的数据使用需求的同时，也能符合内部的数据规范。

标准制定后并不是一成不变的，游戏业务迭代很快，数据标准也需要不断迭代完善，以跟上业务的变化。这就要求企业内部打破"部门墙"，数据团队与业务方一起努力。

前述游戏公司接入 TE 系统后，数据团队基于 TE 系统中的埋点管理和集成工具等功能，逐步将自己的数据标准融入团队 TE 产品，并基于该标准在某个游戏项目中率先落地了一套数据指标看板，帮助业务人员快速实现了自己的基础指标体系。

基于该游戏业务人员的正向反馈，数据团队通过 TE 系统的开封箱功能打包企业内部统一的数据标准，其余项目组可以开箱即用地构建数据分析指标体系，且保证了整体数据接入的质量。

13.2.3　开放融合的平台架构

某大型游戏公司拥有统一搭建的企业数仓，不同项目组也会根据各自的需求，基于 StarRocks、ClickHouse 搭建一些小型数仓。数据团队希望进行数据统一，但由于数据量级较大，导入企业数仓成本较高，且项目组的主导性比较强，不太愿意维护这部分数据，导致这部分数据成为公司统一数据体系外的"飞地"。

数数也会遇到类似的场景和问题，大中型游戏公司通常会自建数据中台，这些平台采用的技术栈和架构差别很大，并且积累了海量历史数据，把这部分数据通过集成工具导入 TE 系统将面临数据冗余成本高，导入的时间、人力开销大等问题。为了解决这些问题，TE 系统的底层架构一直秉持开放融合的理念，与客户的数据团队共建高业务价值的企业一站式数据中台。

游戏公司自己构建数据中台时，也需要在架构设计上充分考虑开放性，尤其是在需要服务于多个游戏项目组，或者多个游戏场景时。数数基于构建 TE 系统的经验，给出以下建议。

- 采用存算分离的架构：在数据中台的技术选型上，存算一体和存算分离一直并存，例如，ClickHouse、Doris、Greenplum 采用存算一体的架构；Trino + Iceberg 等 MPP 引擎结合湖仓的架构采用存算分离的架构，其优劣势如图 13-26 所示。随着硬件和技术的发展，极致的性能不再是业务的瓶颈，成本和业务适配度成为数据中台架构选型的主要考虑因素。因此，建议数据中台采用存算分离的架构，对于对性能有极致要求的场景，再结合存算一体的数仓提供服务。

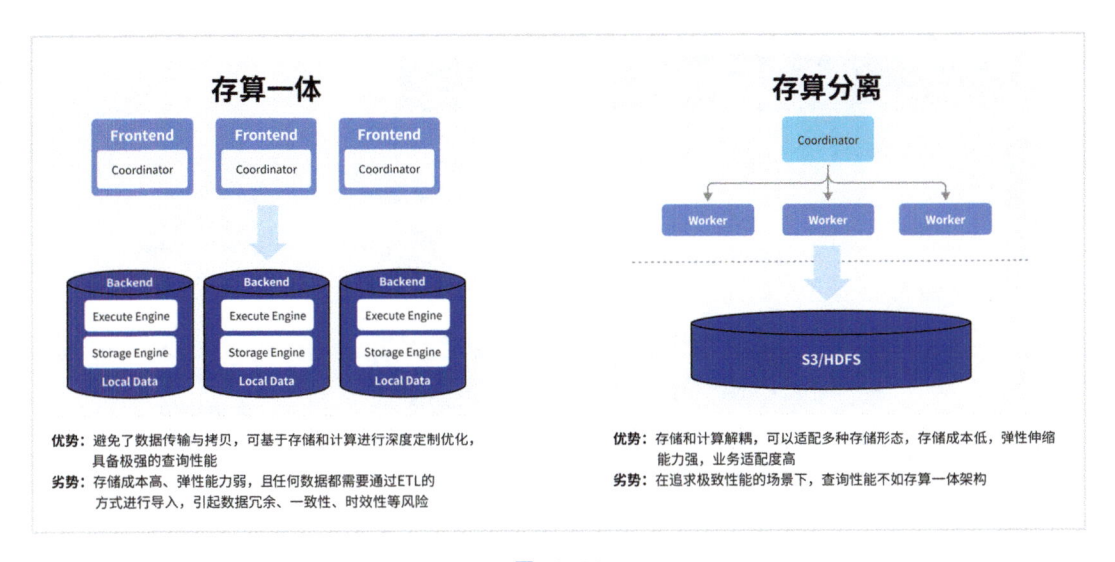

图 13-26

- **外部数据源的直连能力**：采用存算分离架构后，数据中台需要支持直接访问外部数据源的能力，能够在不进行数据同步的情况下查询业务数据系统。直连跳过了数据集成环节，能够在短时间内以很少的工作量将外部数据引入已有的数据体系，实现快速集成、相互融合、上手即用。TE 系统支持跨源映射架构，可以通过简单的配置在短期内将客户自建数仓中的表映射为 TE 系统的 Vser-Event 数据，大幅提升数据分析效率，如图 13-27 所示。另外，TE 系统支持联邦分析，例如，将源数据表作为 TE 系统内的维度表与事件数据进行 JOIN 关联分析，以极短的链路打通企业内部数据孤岛，实现数据的汇集查询分析，如图 13-28 所示。
- **开放引擎的支持能力**：大数据技术日新月异，新的计算/存储引擎层出不穷，数据中台在设计时需要考虑开放性，跟上技术发展。通过统一的查询网关屏蔽底层引擎的差异性，可以向上层应用提供统一的查询服务，在查询网关下，通过插件化的方式适配新的引擎，如图 13-29 所示。查询网关基于不同场景，将请求路由到不同查询引擎中，具备调度、执行、监控、队列管理、数据缓存等核心功能，并可以将查询结果进行序列化封装，为应用提供接口服务的同时支持插件化引入查询引擎。

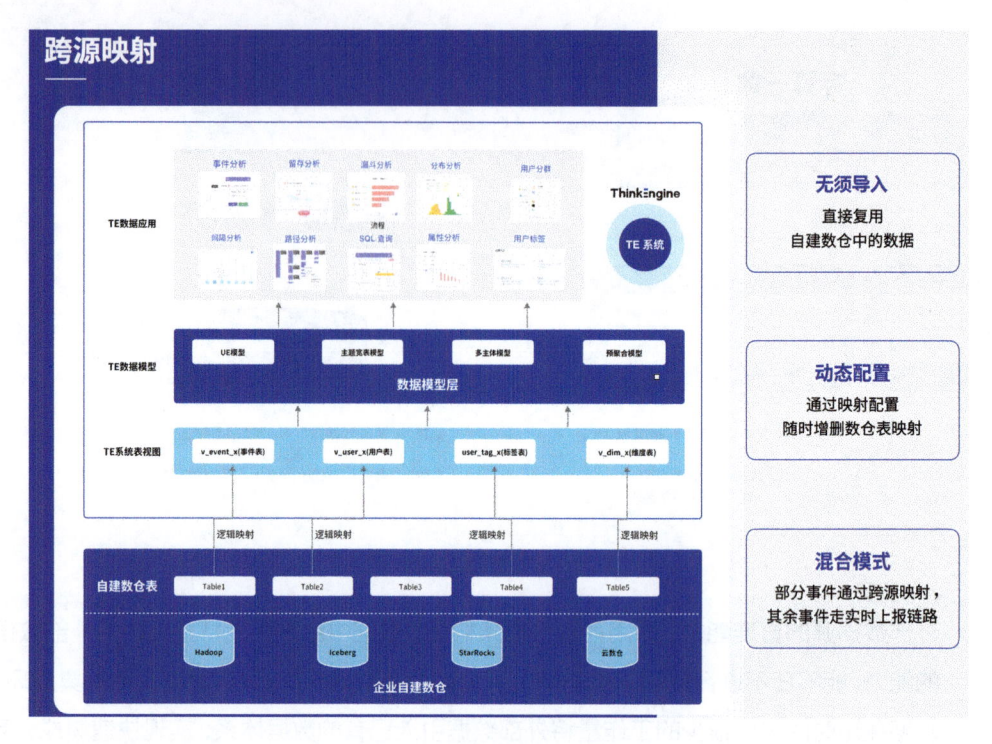

图 13-27

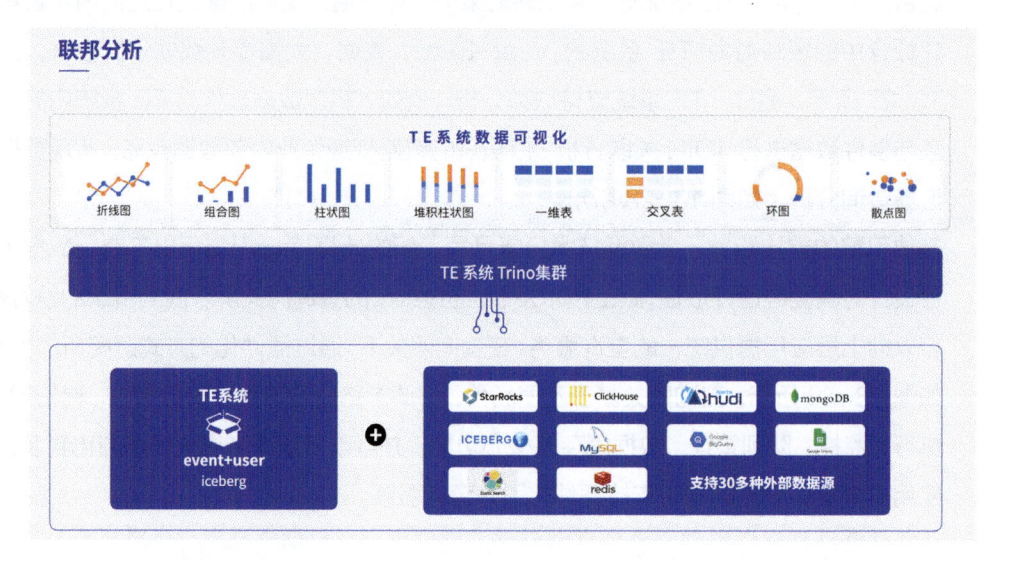

图 13-28

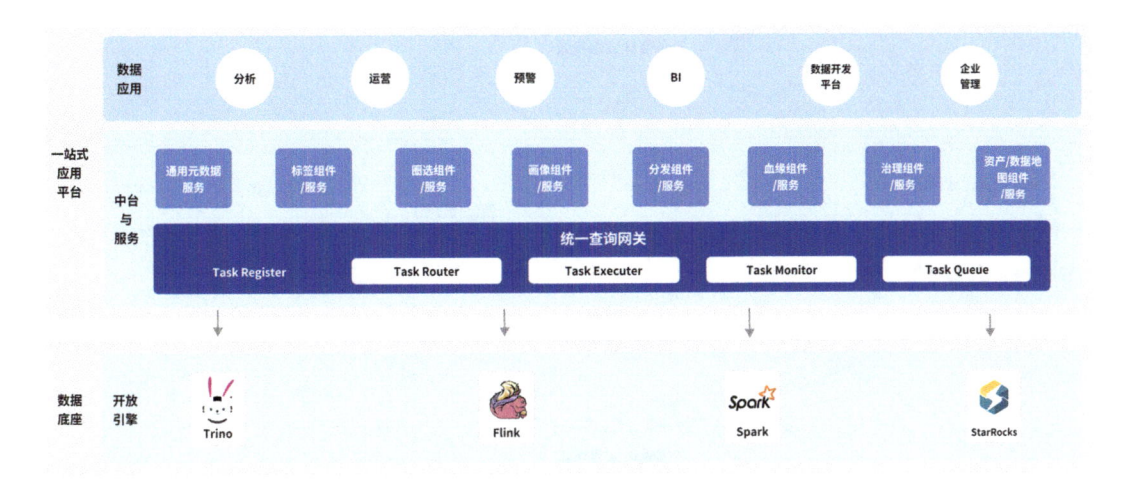

图 13-29

前述大型游戏公司接入 TE 系统后，通过跨源映射功能，无须导入自建数仓中的数据，即可即时、高效地响应业务的数据分析需求。对于项目组的小型数仓，也可以通过动态配置映射的方式，灵活地将数据纳入企业一体化数据体系中，避免数据孤岛。

13.2.4 敏捷快速的数据飞轮

某游戏公司搭建了比较完善的一体化数据中台，项目组按照内部数据标准导入数据，但随着时间推移，数仓中的数据越来越多，而被使用的数据占比不到 30%。业务方开始质疑将大量数据导入数仓的价值和意义，主动集成并导入新业务数据的意愿越来越低。

打破企业数据孤岛的价值不在于将数据作为企业资产沉淀下来，而是要让数据产生价值，最终驱动业务增长。数据飞轮将数据生产、数据应用和数据消费三大环节有机结合起来，通过一系列数据工具实现三者的良性循环，如图 13-30 所示。

图 13-30

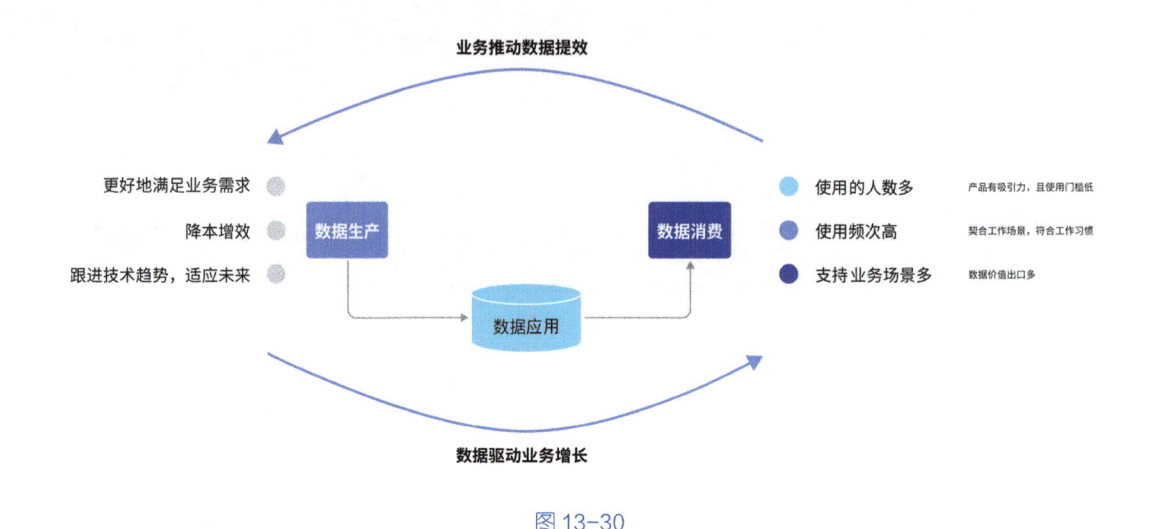

数据和业务是数据飞轮的两端，两者互为目的、彼此服务。频繁使用数据有助于提高业务决策和运营效率，而业务价值的提升也会带来更多优质的回流数据，从而倒逼数据建设与管理的优化升级。要让数据真正融入业务，需要摆脱"数据只是给分析师用的"这一误区，让公司内各个角色、各个层级的人都能看懂并使用数据。

13.3 如何高效响应业务

数据团队构建了完善的数据质量体系，原始数据被**实时**、**完整**、**一致**、**准确**地上报到数据中台中，数据中台也完成了企业分散的业务系统的数据整合工作，解决了数据孤岛问题。此时横亘在数据团队面前的核心问题是：如何让这些**高质量**、**全链路**的数据发挥价值，高效地响应业务需求，实现数据驱动业务快速增长？

TE 系统的目标是不断提升游戏公司数据相关需求被满足的效率、扩展需求被满足的边界。对于数据中台建设，我们给出以下建议。

13.3.1 抽象封装的数据模型

某游戏公司的数据团队为各项目组制定了注册、登录、付费、在线等游戏核心事件埋点标准，并基于此给出了统一的 DAU、ARPU、留存、收入等分析指标，业务方可以直接查看并使用。

然而，每当有新的游戏玩法或活动数据需要接入时，都要单独建模，定义好数据表模式再进行采集，随着时间累积，数仓中的表越来越多，经常需要多个表的关联计算，数据中台与业务方的对齐成本越来越高。

就像面向对象编程的理念一样，数据分析也需要通过模型进行数据抽象，同时进行模块化的封装，减少重复工作。如图 13-31 所示，通过多个层级的抽象和封装，屏蔽下层的具体实现细节，每个层级的开发者和数据使用者都不需要关心内部的实现，从而极大简化整体的数据分析流程。

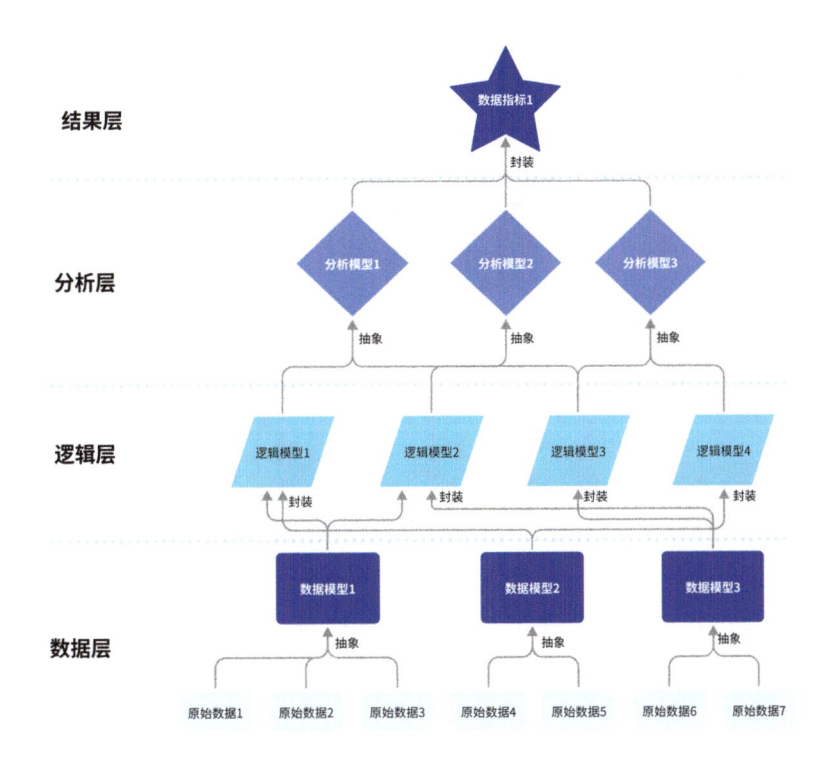

图 13-31

在数据层，需要通过足够抽象的数据模型封装原始数据，这样才能对复杂的数据业务有足够完备的定义，覆盖尽可能多的场景。这种抽象封装能力向下可以兼容任何游戏数据，向上可以进一步封装出逻辑层的模型。

TE 系统在数据层主要采用了 user-event 模型，并以星形结构的方式关联多个实体模型，从而表征游戏内不同实体下的用户数据（角色、账号、设备等），同时，引入维表模型来解决字段扩展的问题（如道具维表），如图 13-32 所示。

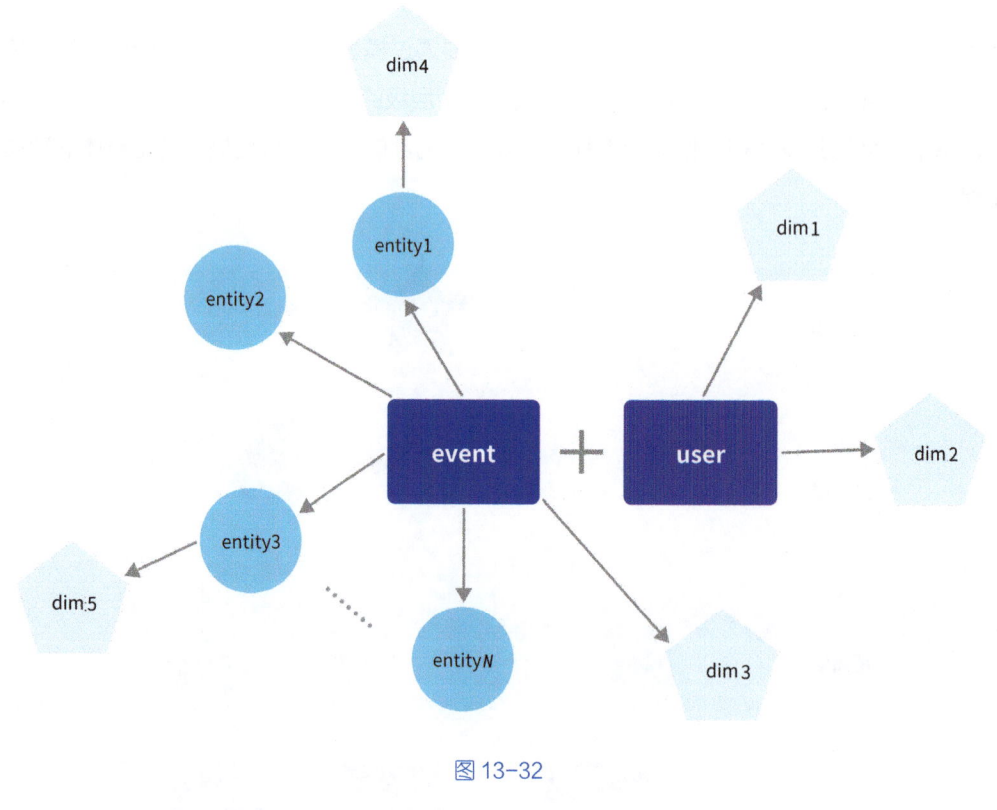

图 13-32

- event 表是一个大宽表，用来定义 who（用户）于 when（时间）在 where（地点）完成了 what（事件），并且是 how（如何）完成的，如图 13-33 所示。

who	what		when		where			how			
用户	事件名称	关卡ID	事件时间	时区	IP地址	国家	省	耗时	设备类型	App版本	操作系统	其他
张三	关卡开始	1	2023-05-01 15:08:08	8	180.149.130.16	中国	上海		Android	1.0.1	Android10	……
张三	关卡通过	1	2023-05-01 15:09:16	8	180.149.130.16	中国	上海	66	Android	1.0.1	Android10	……

图 13-33

user-event 模型可以覆盖游戏内绝大多数行为日志。

- user 表用来表征最主要用户实体（如角色）的最新状态，例如 VIP 等级、来源、首次注册时间等。
- entity 表用来记录用户的其他实体的状态数据，包括账号、设备、公会、队伍等。
- dim 表和标签表可以很好地扩展埋点维度，例如埋点时只能埋入 itemID，可以通过维表关联道具名称、道具品质等。

对比大量的原始数据表，通过抽象的方式，只需要维护以下 4 种数据模型。

- 事件表：event。
- 用户表：user。
- 实体表：entity。
- 维表：dim。

在逻辑层，需要对数据层的模型进行进一步封装，抽象出更具有业务语义的数据信息。例如，可以将 entity、event 和 dim 关联起来，然后进行时区适配，最后封装进数据权限。这样，上层分析只需关注这些逻辑层的视图，而不需要关心权限、维表如何关联，时区如何处理，如图 13-34 所示。

在分析层，需要对逻辑视图进行加工，以得到具体的分析结果。数据团队的第一反应通常是，对已经封装好的逻辑视图通过编写 SQL 代码计算结果，但是这并不符合编程思想中的封装性；如果每个需求分析都通过编写 SQL 代码来实现，那么容易出错且很低效。因此，我们仍然需要封装分析模型，抽象出能够很好地适配游戏各个场景的通用模型，将逻辑层的数据信息进一步抽象成数据知识。

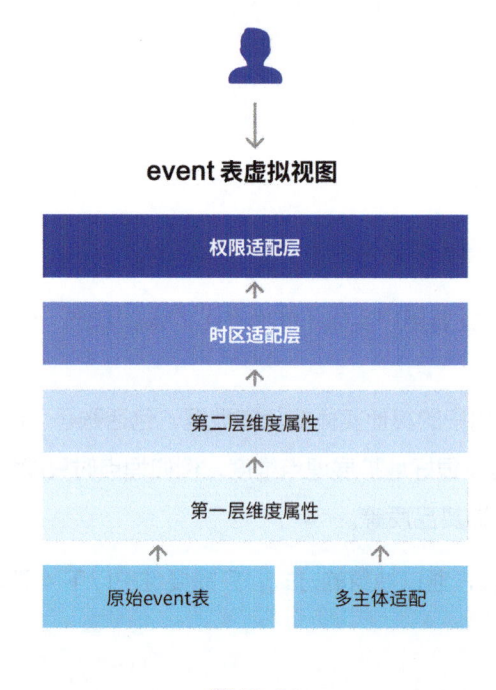

图 13-34

TE 系统持续迭代分析，以满足更多的行业分析需求，目前支持 8 大分析模型，如图 13-35 所示，这些模型是对游戏分析场景的高度封装，可以极大提升数据分析的效率和准确性。

图 13-35

为了适配更纵深的分析场景，TE 系统集成了抽象程度更高的场景分析模型，具体如下。

- 热力图。可以分析用户行为的分布状况，还可以对比不同的用户分组在相同的行为下分布的差异，验证用户的行为是否符合预期，如图 13-36 所示。

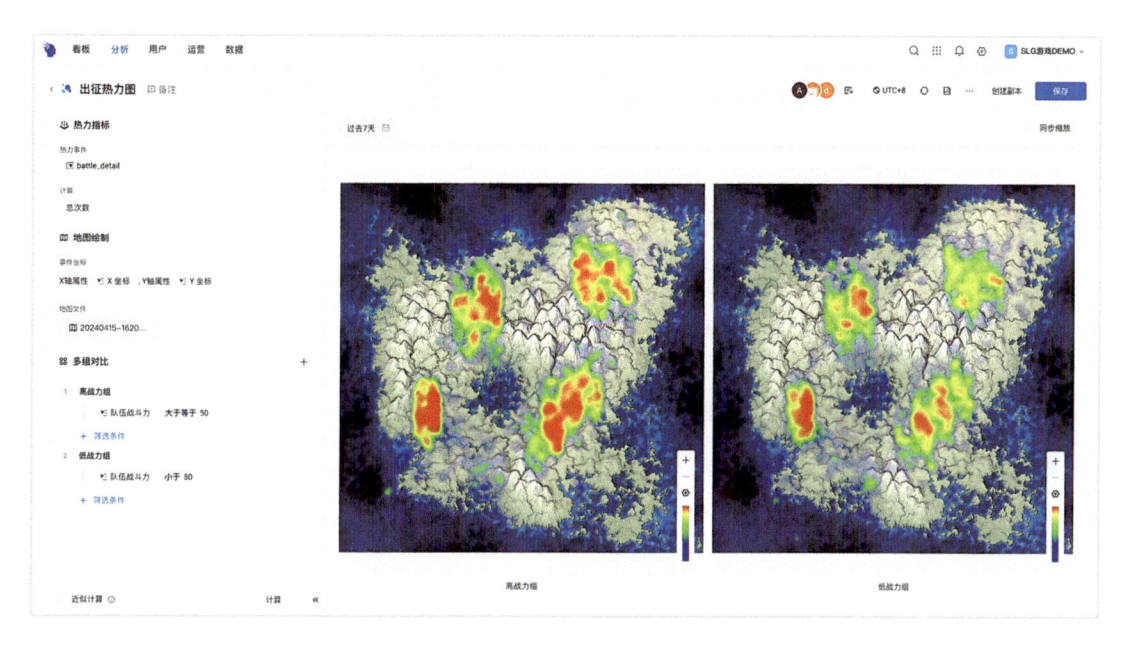

图 13-36

- 游戏排行榜分析。可从不同维度对用户进行排名，直接获取 Top*N* 榜单、名次和名次变化信息，如图 13-37 所示。

在结果层，利用分析模型给出最终的分析指标，而这些指标可以继续被封装，将分析层的数据进一步抽象成企业的智慧。通过封装好的指标，可以快速构建出企业的数据驱动业务增长的分析体系，而不需要关注具体的实现逻辑，如图 13-38 所示。

游戏进化论：数据全景应用指南

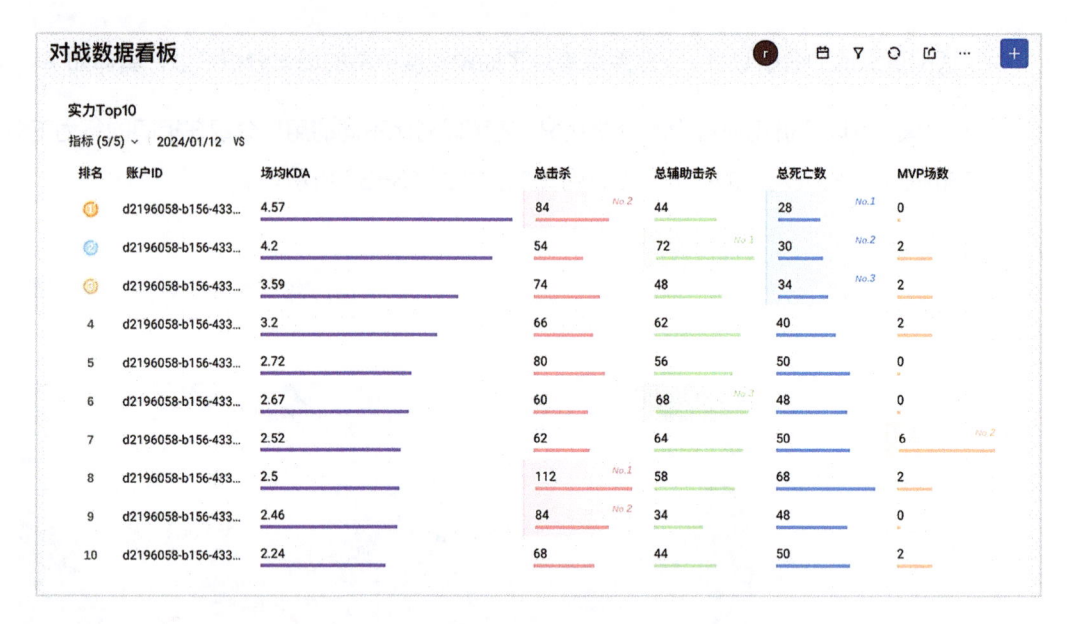

图 13-37

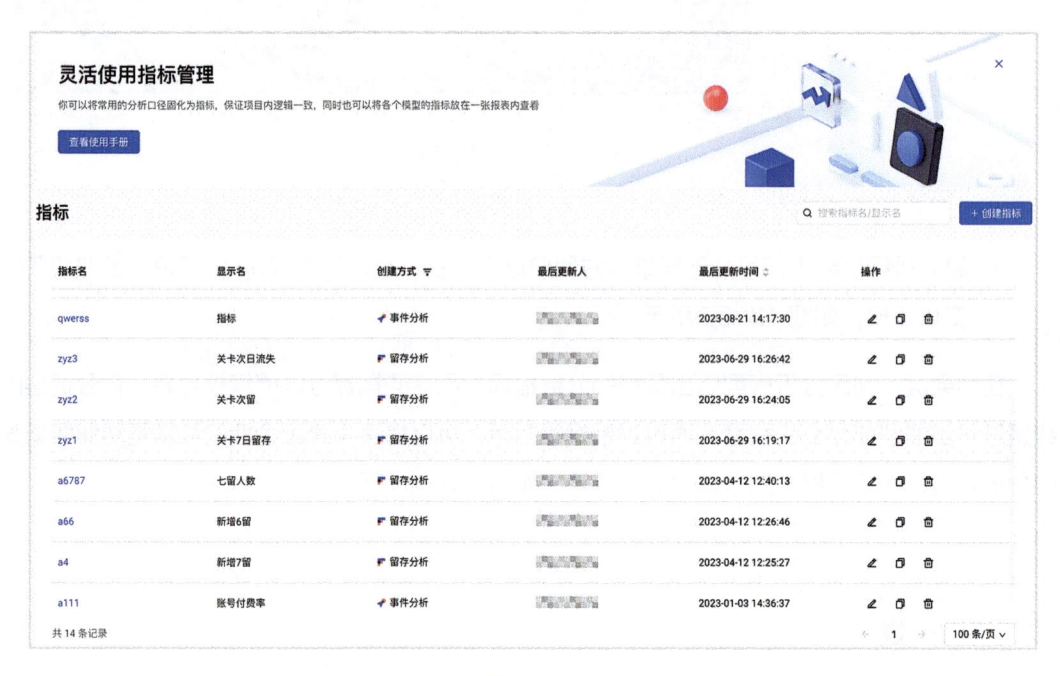

图 13-38

TE 系统对分析指标进行了抽象封装，帮助游戏公司构建属于自己的指标体系。数据团队在开发时，需要具备抽象封装的思想，在**数据、逻辑、分析和结果**层级都进行充分的抽象和封装，这样才能更好地满足业务需求，快速提炼出数据价值。

13.3.2　自助化的应用工具

数据团队通常采用图 13-39 的模式来满足业务需求。

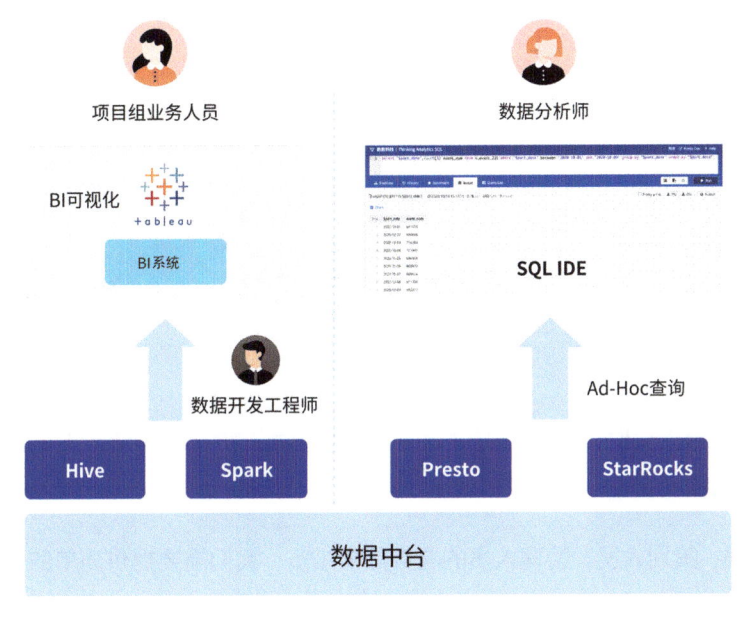

图 13-39

左侧是需求满足流程：业务人员提出需求，数据开发工程师开发完成后将结果写入 BI 系统，业务人员通过类似 Tableau 的 BI 工具进行看数。为了更快地响应需求，数据中台通常也会提供右侧的方式，把一些 MPP 查询引擎的即席查询能力通过 SQL IDE 工具直接暴露给业务方的分析师，让分析师编写 SQL 代码来获得想要的结果。

如果想要提供足够强劲的查询性能，就需要逐步把左侧的服务模式转换为右侧的基于 SQL 的模式，让业务方自己"取数"。

在实际情况中，这种方式难以实现。虽然自助化能力是解决业务响应效率问题的核心，但我们不能忽视自助化的使用门槛及易用性问题。SQL 本质上是数据领域的开发语言，它足够灵活和强大，但学习门槛很高。我们无法要求业务人员全部掌握 SQL 语言，而编写满足业务需求的 SQL 代码也需要花费较长时间，另外，没有做过性能优化的 SQL 代码也会造成严重的查询资源浪费。

因此，数据中台在秉持授人以渔的理念的同时，需要持续降低自助化的使用门槛，真正解放数据开发的人力，让业务方自主实现需求，如图 13-40 所示。

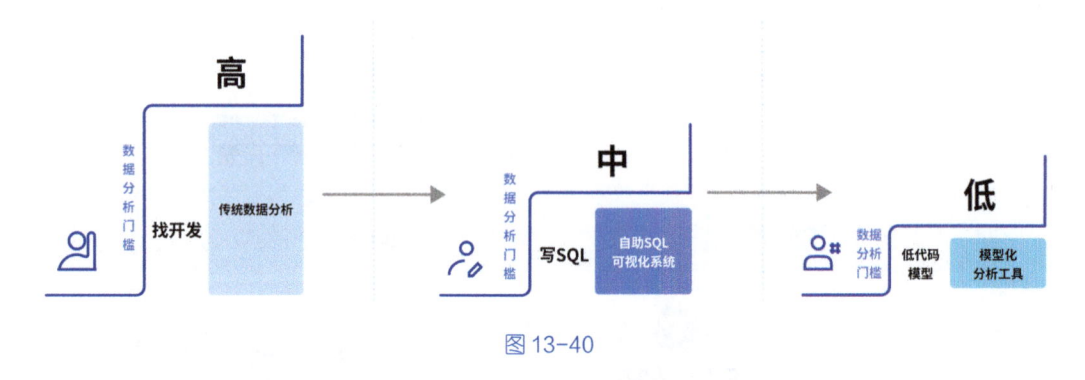

图 13-40

在开发数据中台工具时，不能只提供单一层级的能力，需要考虑使用人员的不同画像，提供不同层级的工具能力。

- 制作人员、策划人员、管理人员的看数需求较多，我们需要提供简单的数据筛选、下钻和数据异动告警能力。
- 运营人员、初级分析师不擅长编写 SQL 代码，需要通过低代码模型自助处理较为复杂的数据。
- 高级分析师在使用低代码模型快速满足业务需求的同时，仍然需要使用 SQL 的功能来满足非常复杂的业务场景需求。
- 数据开发人员需要一个具备数据集成、治理、调度等能力的工具，完成复杂数据业务流的开发工作。

第 13 章 游戏数据中台建设

TE 系统秉持"人人都是数据分析师"的理念，通过低门槛的自助化分析模型，帮助游戏公司解决数据分析难题。以游戏行业经常使用的分渠道 ROI 指标为例，图 13-41 是通过 SQL 代码实现和通过低代码模型实现的对比。

图 13-41

如此复杂的 SQL 代码的编写难度和时间开销很大，同时，不合理的查询逻辑极易引发性能问题。TE 系统提供的低代码模型可以在 1 分钟内完成指标的构建和结果产出，真正实现把统计口径交给业务人员。

在设计数据中台自助化工具时，建议参考 TE 系统的分层化思想，将工具能力不断向上抽象封装，来满足不同维度的自助化需求。

疲于响应业务侧需求的数据团队在接入 TE 系统后，把平时的取数需求全部迁移到 TE 系统中，通过低代码模型让业务方高效自助地完成各种报表，大大缩短了需求响应时间，同时让业务方无顾虑地探索各种数据场景，更高效地进行数据决策，如图 13-42 所示。

另外，自助化工具也把数据中台的开发人员解放出来，他们可以有更多的精力关注更复杂的场景，探索机器学习的应用场景，实现用户的 LTV、流失预测等高阶功能。

图 13-42

13.3.3 可扩展的系统能力

游戏公司 C 的数据团队在设计埋点时没有考虑后续会有针对用户在游戏内生命周期天数的分析场景，当业务方提出这部分需求时，有以下两种可选方案。

（1）推动开发人员增加生命周期天数埋点，但无法兼容历史数据，只能对后续的数据进行分析。

（2）通过二次开发的方式基于已有的数据进行清洗，但需要对历史数据进行全量更新，成本很高。

不管哪种方案都会造成需求在满足度和时效性上的折损。

游戏公司 C 遇到的问题非常常见，因为任何人都无法预判业务将会如何发展，后续会有哪些潜在需求。为了解决这一问题，除了进行抽象封装屏蔽内部实现细节，数据中台还要提供足够的扩展性，能够在黑盒模式下具备可被继承或依赖的能力。

如图 13-43 所示，数据系统除了向上层提供封装好的能力，还需要提供一些原子化的扩展能力，通过可插拔的方式将更底层的能力提供给外部系统进行调用，或将外部系统的能力集成进数据系统中。

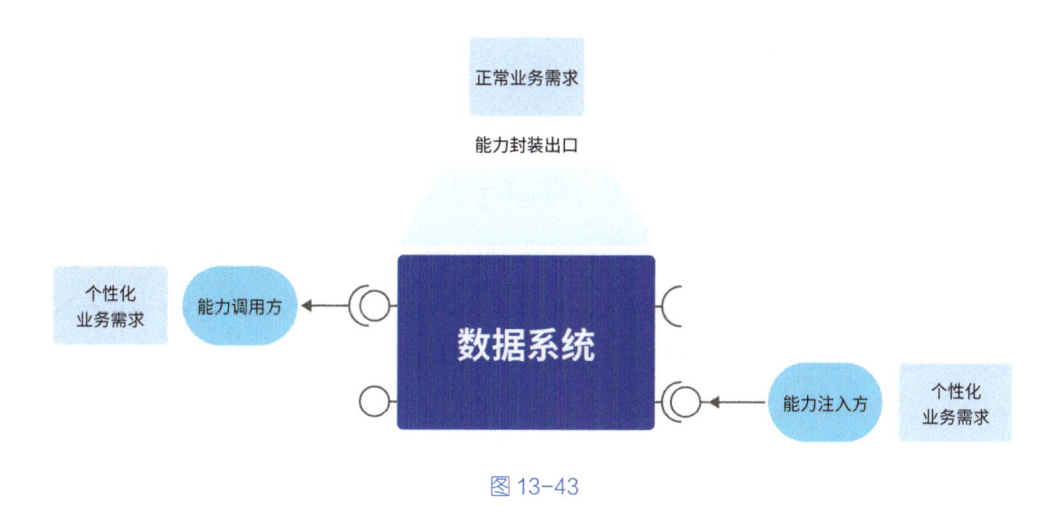

图 13-43

将抽象封装和开放扩展统一到数据系统中考验的是架构设计能力，在这两个系统设计思想之间进行权衡需要对游戏业务有足够清晰全面的判断和理解。数数基于多年游戏行业服务经验，给出以下建议。

（1）**需要抽象封装的能力一定对业务场景有足够的覆盖度**：例如前文提到的 user-event 数据模型、留存分析模型等，非常具体的场景（如用户付费数据）是不需要封装的。

（2）**系统的扩展性不能打破已经封装好的能力边界**：例如，由于 user-event 模型不能覆盖所有游戏数据，所以就对 event 进行扩展，支持所有业务数据的 event 格式写入（如游戏社交关系数据），这样会导致上层数据分析能力的不可控，引发一系列兼容性传递问题。

（3）**系统的扩展性应尽量与系统已有能力形成乘法效应**：数据系统每增加一个扩展能力，都会引入一定的复杂度和维护成本，因此，开放扩展不代表系统全方位的能力暴露，否则会遇到极大的稳健性挑战。我们需要找到 ROI 最高的扩展能力并有节制地进行开放，与系统现有功能形成正交关系，可以交叉组合（如 TE 系统的分析模型标签功能），这样才能将扩展能力的价值最大化。

（4）**系统的扩展性需要同时支持能力的嵌入和嵌出**：能力嵌出可以方便其他场景调用数据系统的能力，满足它们的个性化需求（系统功能的 API 化就是典型的能力嵌出）；能力嵌入可以把其他系统的能力嵌入数据系统，扩展数据系统的能力边界，例如，可以将第三方 BI 工具嵌入数据系统，增强系统的可视化能力。

通过可扩展的系统能力，数据中台对业务需求和不可预见的业务场景有更好的适配能力，降维满足业务需求，宛如"虫洞效应"般大幅提升分析效率，如图 13-44 所示。

游戏公司 C 接入 TE 系统后，通过埋点扩展功能中的虚拟属性，只需编写简单的 SQL 语句即可生成虚拟的属性字段，该字段与实际物理埋点属性的使用方式完全一致，从而在极短时间内实现了埋点属性的扩展，大幅提升了业务需求的响应效率，如图 13-45 所示。

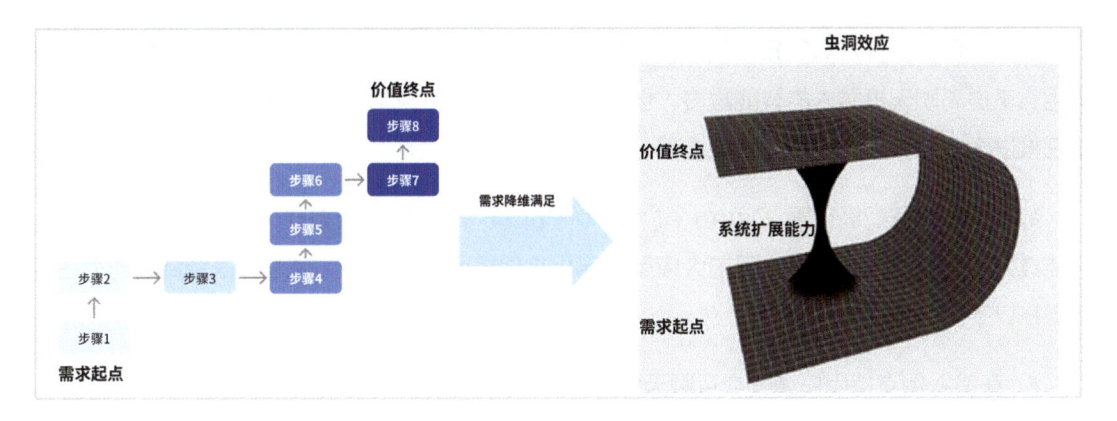

图 13-44

图 13-45

13.3.4 智能的 AI 辅助功能

2023 年是 AI 行业发展历史上具有重大意义的一年，尤其是以 GPT 为代表的 AIGC 技术，正在引领前所未有的科技和社会变革。自 Open AI 发布首个版本以来，GPT 通过大规模文本数据预训练，在很多方面展现出卓越的理解和创造能力，给各行各业的工作和发展带来深远影响。

以 GPT 为首的 AIGC 技术已被广泛应用于客户服务、内容创作、语言翻译等领域，企业运用它来提高聊天机器人的智能程度，创作者则依靠它来生成文案；教育和医疗等领域也在借助它推进个性化教学和辅助诊断的进程。

数据领域也在积极探索"Data + AI""Data+ LLM"的应用场景，基于大模型的数据 Copilot 功能成为数据系统的标配。从目前大模型展示出来的核心能力来看，其对数据领域的助力主要体现在以下两个方面。

- 在输入侧支持用户通过交互聊天的方式与数据系统交互，获取数据报表，进一步降低数据分析门槛。
- 在输出侧将多维数据报表提交给大模型，实现分析结果的智能根因查找，帮助用户快速定位数据异动问题，提升洞察的效率，如图 13-46 所示。

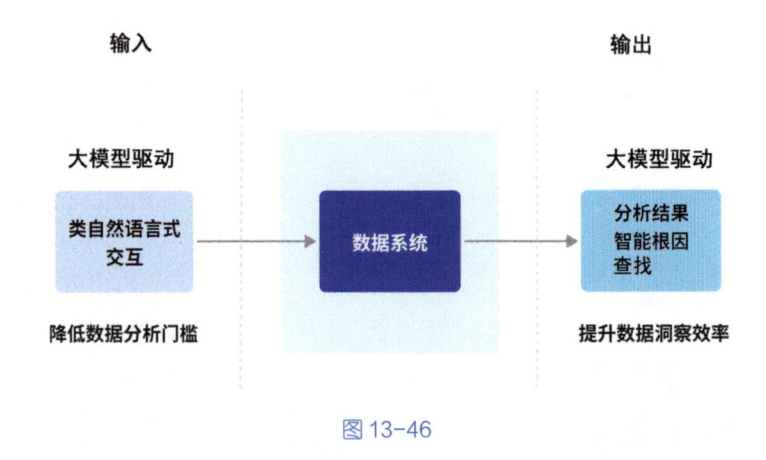

图 13-46

通过引入大模型的能力，数数也在积极探索"Data + AI"的应用场景，如图 13-47 所示。

TE 系统集成了 GPT 等大模型，为了满足不同客户对数据安全性的要求，整体架构采用 AI Native 模式，可以动态选择不同的大模型服务，也可以选择基于开源模型搭建的自有模型，其整体框架如图 13-48 所示。例如，如果将 TE 系统部署在 AWS，那么可以选择 Bedrock 提供的 Titan、Claude3，并通过同 VPC 内网调用确保链路安全。

图 13-47

图 13-48

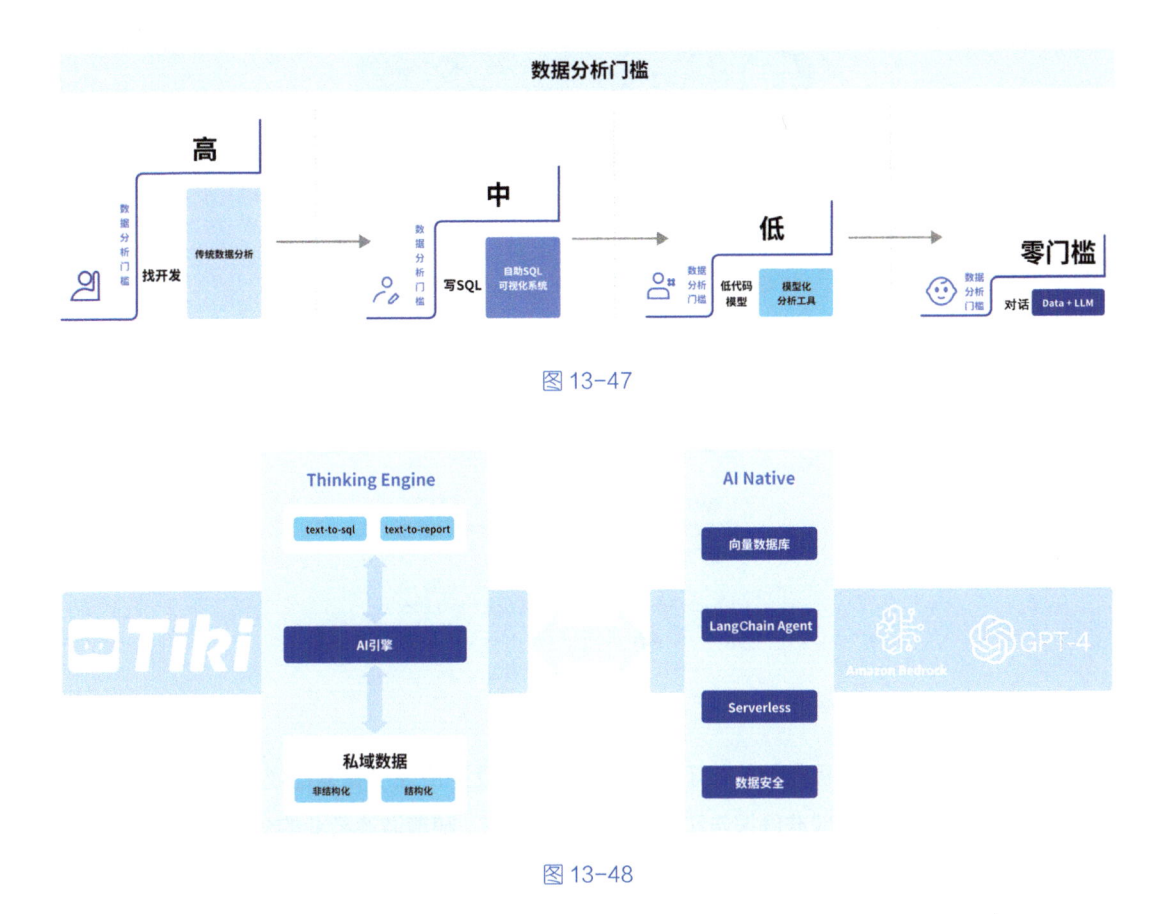

在整体实现上，通过 LangChain Agent 自动解析并生成查询结构体。Agent 是 ReAct 理念的一种实践，借助大模型的理解和推理能力，把一个复杂的任务拆解为多个独立的动作（action），然后根据动作选择相应的工具（tool），并确定需要的参数。这个模式对开放性问题有比较好的效果。

我们创建了一个可生成结构体的自定义 Agent，并绑定了几个自定义工具，包括选择模板、选择事件和选择属性，在每个工具内部通过 API 获取相关数据列表，并通过大模型确定具体的值，通过 Agent 收集各个值并生成最终的查询结构体，再调用 TE 系统的查询引擎查询系统内的私域数据并生成最终结果，具体效果如图 13-49 所示。

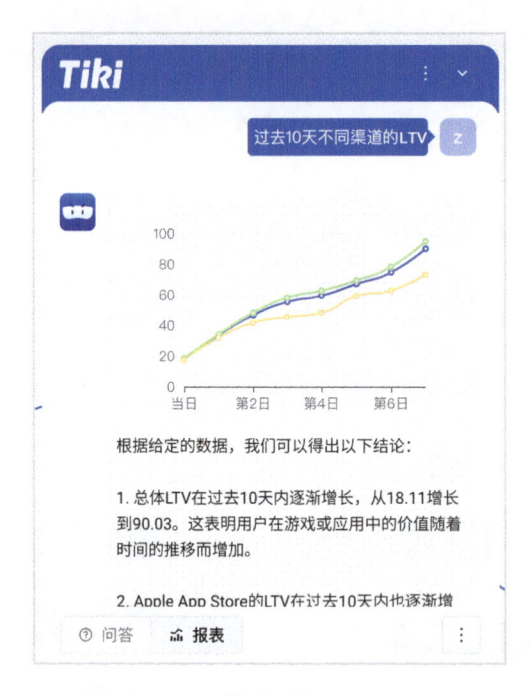

图 13-49

这种创新的交互方式极大地简化了数据分析流程,让用户在没有编程或分析背景的情况下也能迅速从海量数据中获取准确报告和深度分析,在未来,随着游戏行业的分析场景不断丰富,以及行业知识整合能力的提高,用户将被赋予更加多元化和个性化的数据洞察能力。

13.4 打造降本增效的数据中台

当下,降本增效已经成为游戏行业的热门词,这个概念囊括的内容很多,本节主要聚焦游戏数据中台建设,介绍如何在降本增效的大环境下构建低成本高效率的数据中台。

游戏行业的数据体量非常大,随着数据不断累积,数据应用越来越复杂,存储和计算的硬件成本也在持续增长。数据团队需要专注于技术演进和架构升级,不断降低企业数据中台基础设施的成本。

数据中台的发展历史也是一部降本增效的演进史，2010 年以前，有公司基于 Oracle RAC 集群搭建数据分析平台，也有公司购买 Teradata、Greenplum 等商业化产品，数据分析和应用成本非常高。2010 年开始，随着 Google 三驾马车（GFS、MapReduce、BigTable）的问世，游戏公司逐渐开始通过 Hadoop 大数据中台进行数据分析，Hadoop 凭借其分布式计算和存储能力，将数据分析应用的成本大幅降低，游戏公司进入海量数据分析应用阶段。当下，数据中台的发展已经进入第三个阶段，现代云数仓层出不穷（如 snowflake、Databricks 等），它们采用一系列新技术和架构，如列式存储、压缩算法、并行计算和向量化，来应对日益增长的数据量和复杂性。同时，随着云计算和容器技术的发展，数据中台有逐步向云端迁移的趋势，如图 13-50 所示。

图 13-50

数数团队经历了 Hadoop 大数据中台到现代云数仓的发展历程，在推进 TE 系统技术架构迭代升级的过程中，秉持为游戏行业打造最具性价比的数据中台的理念，帮助客户持续降低数据中台的硬件成本，以下是该过程中总结的一些技术经验。

13.4.1　存算分离架构

某游戏公司基于 ClickHouse 搭建了内部数据中台，具备出色的性能和极快的响应速度。但是随着数据的累积，集群规模不断膨胀，成本不断上升，而由于 ClickHouse 采用 Share-Nothing 架构，每个节点的计算都与存储资源强绑定，无论是扩展算力还是存储，都需要同时对算力和存储进行扩容。在大多数场景下，数据存储需求远大于算力需求，造成算力严重浪费。此外，数据分析业务存在明显的波峰和波谷，该平台缺乏弹性扩展能力，导致严重的资源冗余。

存算分离架构主要解决业务灵活性和适配度问题，但它的优点不止于此：数据分析和应用通常较少访问历史数据，如果数据日增量趋于稳定，那么数据中台的算力消耗会比较平稳，而数据存储量会线性增长，另外，数据查询有明显的波动周期，将计算剥离出来形成无状态模式，可以更容易地实现算力的快速扩缩容，通过将存储层与计算层解耦，使存储资源和计算资源分别弹性扩展成为可能。

TE 系统一开始就选择了存算分离的架构，如图 13-51 所示。

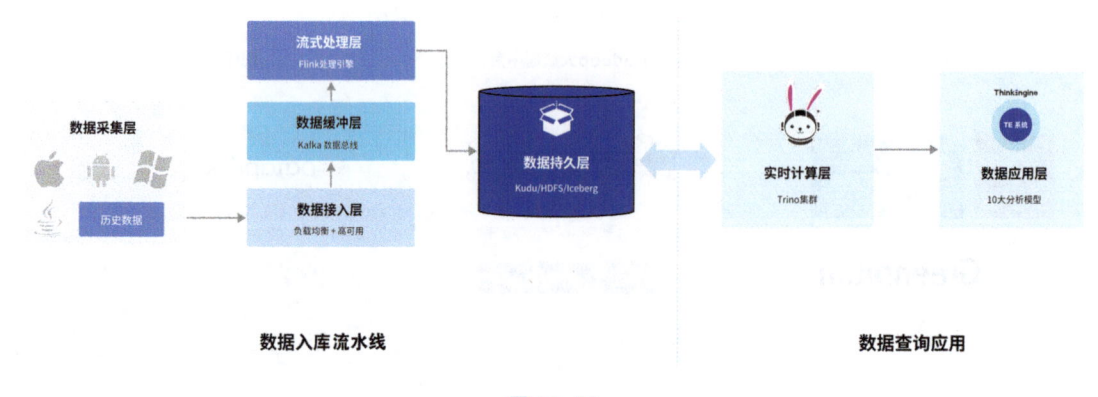

图 13-51

图 13-51 中左侧的数据处理链路只负责将数据写入持久层，右侧通过 Trinc 查询引擎与数据持久层交互，通过席查询的模式向上提供数据分析应用。在设计该存算分离架构时，我们重点考虑了以下问题。

- 混合部署：收数网关、Kafka、Flink 等组件对于 CPU、内存、I/O 等系统资源的诉求不同（例如，Kafka 属于 I/O 组件，对 CPU 要求不高），因此，可以在同一节点上进行混合部署，提升单节点的硬件利用率。
- 分级存储：为了在数据实时写入的同时提供数据扫描场景下的高 I/O 吞吐性能，充分利用不同磁盘和存储的 I/O 性能，数据中台可以采用 SSD + HDD + 对象存储的分级存储方式，并构建类似于基于 Kudu + HDFS + Iceberg 的分层存储组件结构，将不同的组件与存储介质进行高效整合。

- **写优化策略（WOS）**：在图 13-51 的架构中，左侧主要负责写数据，由于数据中台是典型的一次写入多次读取的场景，写入时需要重点考虑数据写入的时效性、压缩算法的选择、峰值流量下的吞吐性能等，充分利用分级存储模式下首层存储（SSD）的性能优势。
  - 实时数据可以流式写入 Kudu、ClickHouse 等组件中，提升数据的时效性，并定期对热数据进行沉降。
  - 字段类型编码可以基于已有数据进行学习，选择最优的 Column Encoding 类型（例如，枚举字段可以选择 dictionary 类型）。
  - 压缩算法可以基于当前热存储空间大小或处理节点的 CPU 负载选择不压缩或者 LZ4 ZLIB、snappy 等算法。
  - 在流量高峰时，为了防止击穿 Kudu 这种实时数仓组件造成性能崩溃，可以考虑降级为直接写入 avro 文件到二级 HDFS 存储中，牺牲部分时效性的同时提升数据的吞吐效率，防止数据大面积积压。
- **读优化策略（ROS）**：数据读取是多次场景，因此需要在查询前尽可能对已持久化的数据进行读优化，保证上层应用查询时极致的吞吐性能。同时，针对查询的 query 条件，尽可能提前完成谓词下推，减少对存储的 I/O 开销。为了实现这一策略，可以考虑采用以下思路。
  - 选择最优的列存储格式（ORC、Parquet），如果采用宽表的模式，则针对每个列存储文件可以单独维护其模式，减少单个文件的元存储开销。
  - 充分利用集群闲时资源，动态自适应地启动 optimize 进程，对入库的文件进行面向读取的优化（Read-Oriented Optimization）。
- 对不同层级存储的数据基于数据查询时的冷热区间进行动态沉降，提高每一层级的存储效能（例如定期将 Kudu 中的实时热数据沉降到 HDFS 中）。
- 合并入库时生成的小文件。
- 将流量高峰时的 avro 格式文件优化成 ORC 或 Parquet 列存储格式文件。
- 调整入库文件压缩格式，优化其读取时的解压效率，例如 LZ4 或者 ZSTD 算法。
- 基于经常下推的查询键（例如角色 ID）进行单数据分区下的分桶优化。

- 对经常查询的字段进行优化。
- 对业务侧经常查询的虚拟属性（例如高频从 JSON 文本中解析的字段）进行优化。

游戏行业的业务模式天然适合云，数数服务的游戏公司绝大部分部署在云上，需要充分利用原生化的云基础设施来帮助数据中台持续降本增效。当然，云原生本身也是一种理念，对于云下自建机房的游戏公司同样可以借鉴，例如：

- 基于过保或闲置物理机和磁盘搭建 HDFS 存储集群，作为数据中台的二级弹性存储扩展。
- 基于虚拟化技术和 K8s 构建私有云，利用机房闲置算力对数据中台的查询进行动态扩缩容。

13.4.2　原生化弹性存储

某游戏公司基于自建机房的物理机搭建了一套 Hadoop 集群，每个节点挂载 20TB 的本地磁盘，随着数据的积累，本地磁盘的存储水位逐渐逼近磁盘容量上限，节点内的磁盘槽位也已经挂载满了磁盘，进行横向节点扩展需要对等扩展计算资源，成本很高且需要进行节点间的数据平衡，时间开销也很大。数据中台不得不与业务团队协商，删除部分非核心数据，释放磁盘空间。

上述问题在云下自建机房的场景中很常见，虽然当下更多的游戏公司把数据中台构建在类似 EMR 生态的云上环境中，本地磁盘的扩容不再成为瓶颈，但云上磁盘的成本并不低。同时，为了保障数据可靠性，还需要构建存储副本策略进行冗余存储，随着数据的积累，这部分成本线性增长，很多时候会远超计算成本，而历史数据的价值并没有很好地被释放出来，给数据中台带来极大的负担。

现代云数仓（类似 snowflake）存放在对象存储（类似 S3）上，提供无限的存储空间以及按量付费的能力，同时充分利用对象存储本身的可靠性，去除业务侧的冗余存储，大幅降低数据存储的成本，提升数据中台的动态扩展能力。

云数仓的成本很高，数据团队可以考虑基于存算分离架构自己搭建基于原生化弹性存储的数据中台。TE 系统全面支持原生化弹性存储架构，基于上层业务的需求，充分利用不同存储介质的性能，如图 13-52 所示。

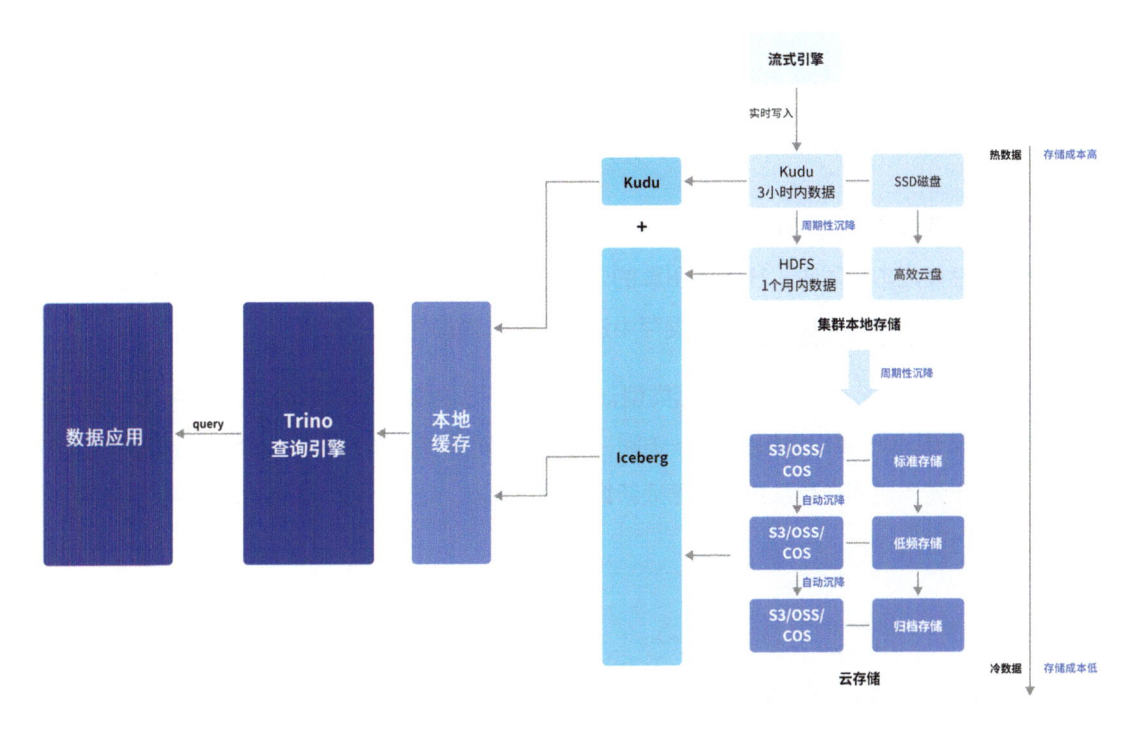

图 13-52

TE 系统的存储架构分为集群本地存储和云对象存储两个大的层级，后台的定时数据沉降服务定期将本地磁盘中的数据同步到云存储中，保证本地集群只维护 1 个月内的热数据。

- 本地集群中为了支持秒级数据写入，基于 Kudu 组件构建实时存储层，只维护最近 3 小时的数据。超过 3 小时的数据会自动沉降到本地 HDFS 中，从而在充分利用 SSD 存储性能的同时控制好成本。
- 云存储层基于冷热数据进行自动沉降，可以根据实际场景动态配置数据沉降的时间窗口，将存量数据沉降到归档存储中，从而大幅降低海量数据的存储成本。

分级存储成本和存储空间如图 13-53 所示。

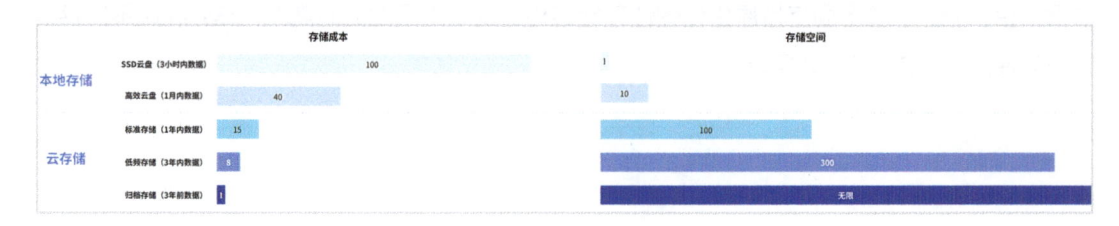

图 13-53

通过分层存储的方式，可以充分利用冷热数据的业务特性，在提供高效业务查询性能的同时大幅压缩存储成本。同时，在查询引擎的外侧可以横向构建一层类似 Alluxio 的本地缓存，将经常查询的热数据动态加载到本地缓存中进一步提升查询性能。

TE 系统为了适配不同的对象存储类型，基于 HDFS 封装了对象存储的读写 API，屏蔽掉底层的实现细节，提供给上层组件统一访问。同时，将对象存储作为 Hive/Iceberg 数据表文件的存储位置无缝集成到现有系统中，无须新增的 catalog、schema 和 table，具体的技术架构如图 13-54 所示。

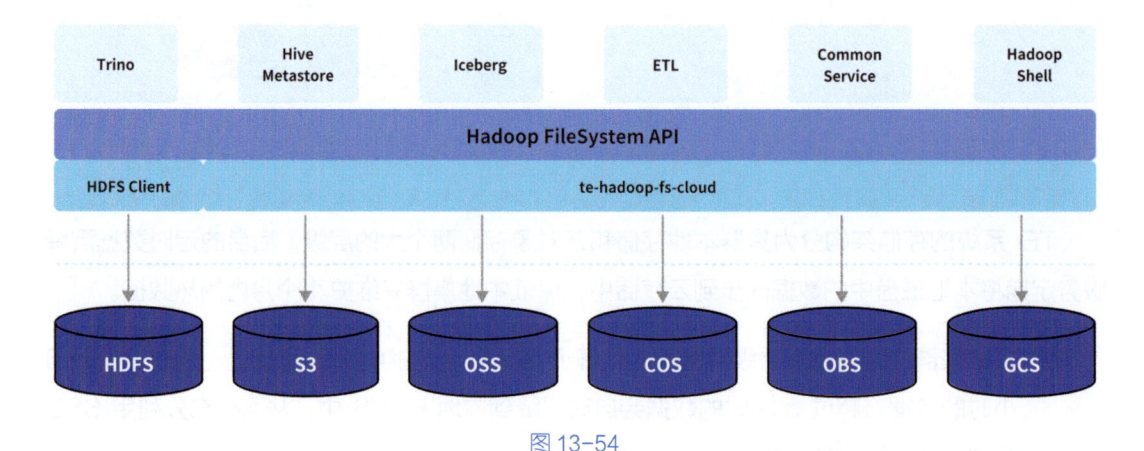

图 13-54

TE 系统的各个组件（如 Trino、Hive Metastore、ETL、Common Service 和 Hadoop File System Shell）集成进 te-hadoop-fs-cloud 后，可以通过 Hadoop File System API 以统一的方式访问 HDFS、S3、OSS、COS 和 OBS 等公有云对象存储系统。

除了封装不同云的对象存储，TE 系统还利用 Kudu、Hive、Iceberg 等不同形态的存储组件来满足查询和实时写入场景的性能要求。为了向上封装统一的查询语义，我们在存储底层构建了数据视图，并改进了 Trino，以此支持将不同的数据文件放置在不同的存储系统中，并向上层数据应用隐藏底层存储细节，如图 13-55 所示。

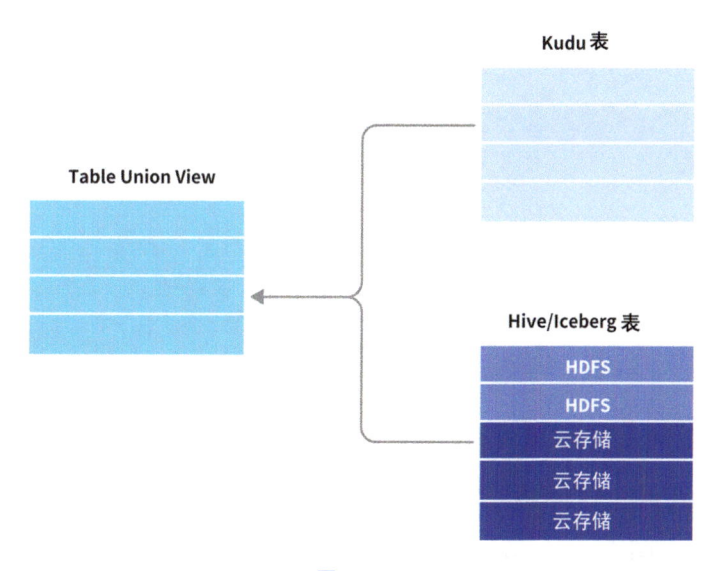

图 13-55

统一表视图的构建需要解决以下两个核心问题。

- Kudu 表中的数据会定时同步到 HDFS 中，而这个过程并非原子性的，同步过程必然导致 Kudu 表和 Hive 表中的数据冗余，需要保证不会因为数据同步导致误差。
- 事件表的字段是动态生成的，在生成新字段时，需要同步更新 View。

Kudu 表和 HDFS 都会维护一个#kudu_pt 字段，字段值是数据写入时的真实时间分片，后写入的数据一定会在更大的#kudu_pt 分片内。

在 Kudu 表向 HDFS 同步的过程中，有一部分数据会重复，此时，#kudu_pt 会在 Boundary 位置，保证剔除 HDFS 中未同步的数据，如图 13-56 所示。图 13-57 中的伪 SQL 代码展示了其大体逻辑。

图 13-56

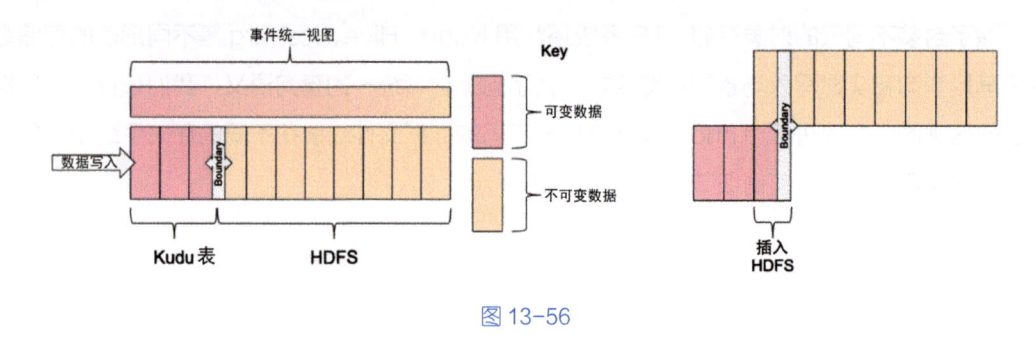

```
1 select * from
2 (
3 select * from kudu.ta.ta_event_1 where "#kudu_pt">'2022042009'
4 union all
5 select * from hive.ta.ta_event_1 where "#kudu_pt"<='2022042009'
6 ) a
```

图 13-57

在 Kudu 表成功同步到 HDFS 后，将#kudu_pt 调整至 Boundary 位置，同时剔除 Kudu 表中该部分数据，如图 13-58 所示。图 13-59 中的伪 SOL 代码展示了其大体逻辑。

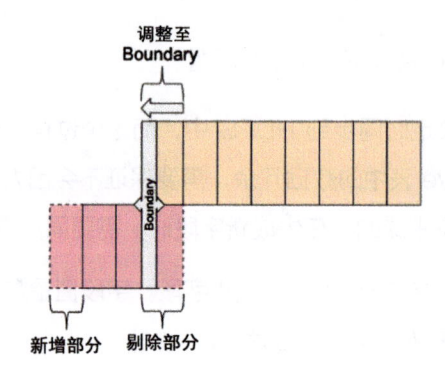

图 13-58

```sql
1  select * from
2  (
3  select * from kudu.ta.ta_event_1 where "#kudu_pt">'2022042009'
4  union all
5  select * from hive.ta.ta_event_1 where "#kudu_pt"<='2022042009'
6  ) a
```

图 13-59

通过 Boundary（#kudu_pt）的原子性移动，保证视图层的事件数据是原子性的。

前述游戏公司使用 TE 系统后，采用整套原生化存储架构，不再需要考虑数据存储扩容的问题，降低了运维复杂度，数据存储量理论上无上限。同时，基于分层存储机制，不但省去了多副本机制，也充分利用了热数据进行成本管控，整体单位存储成本降为原来的 1/3。

13.4.3　原生化弹性计算

某出海游戏公司的数据中台在 UTC-0 时区切换天时会触发大量定时任务，此时是北京时间早上 8 点，而 9 点上班时也需要进行集中式的数据分析查询工作，会引起任务争抢，集群的计算资源迅速耗尽，导致整体查询性能下降，用户使用体验很差。但在晚上下班后到早上 8 点期间，集群没有大量查询任务，整体的负载很低，计算资源有所浪费。

在存算分离架构下，解决这一问题的核心思路是将计算节点进行原生化改造，通过 HPA 策略实现自适应状态伸缩，以应对业务查询的波峰和波谷，实现降本增效。目前，各个云厂商都提供了基于 K8s 封装的原生化框架，例如 AWS 的 EKS、阿里云的 ASK、腾讯云的 TKE 等，可以将查询引擎集成到原生化环境。TE 系统目前已经适配了所有主流云厂商的原生化框架以及自建 K8s 生态，能够实现以下核心能力。

（1）**计算资源池化**，可以根据负载动态弹出适合的计算资源，提高资源的整体利用率。

（2）**支持动态查询资源隔离**，可以根据业务场景将请求动态路由到不同查询集群，做到业务资源隔离。

（3）动态状态伸缩能力，无须手动扩缩容，基于业务 HPA 在 30s 内完成计算节点的动态扩缩容。

（4）支持云上无状态 spot 竞价实例（普通实例的成本），极致压缩计算成本。

图 13-60 为 TE 系统原生化弹性计算的整体架构，下面围绕状态伸缩能力、业务资源隔离、成本优化展开介绍。

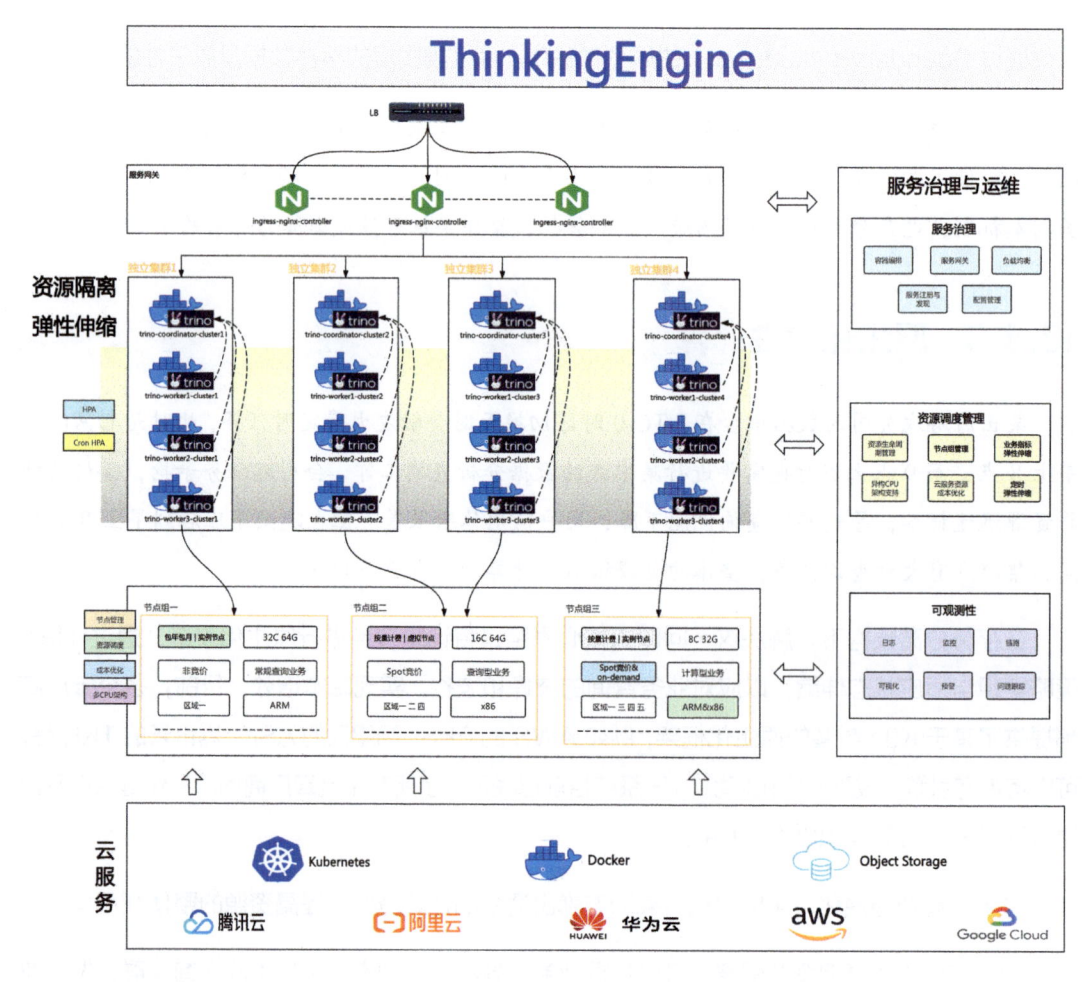

图 13-60

1. 状态伸缩能力

K8s 默认的 HPA 策略支持将 CPU 和内存维度的监控数据作为弹性指标，但是对于自定义弹性指标的支持较差。TE 系统利用 Kubernetes API 集成器的特性，将第三方服务注册到 Kubernetes API 中，基于 Trino 查询引擎的业务特征集成了更多 HPA 指标（如 query 队列积压、查询等待时间、I/O 带宽等），将 prometheus 作为监控数据源、prometheus-adapeter 作为扩展服务注册到 Kubernetes API 中。

Trino 引擎存在扩容冷启动问题，触发扩容的 query 无法享受到扩容后的性能，因此，在设计状态伸缩能力时，除了业务 HPA 策略，还需要结合 CronHPA 策略，通过对业务查询波动时间周期的学习（例如学习到每天早上 8 点会触发大量定时任务），提前触发扩缩容，提升整体的查询性能与资源利用率。

2. 业务资源隔离

基于原生化的弹性计算能力，可以针对不同的业务场景隔离出不同的 Trino 集群，提供不同的 HPA 或 CronHPA 弹性策略，满足不同业务的需求。同时，通过资源隔离，各个业务之间互不影响，某个业务的高并发查询不会影响其他业务的查询体验。

TE 系统在业务层和查询引擎层之间增加了多 Trino 集群路由模块，负责将不同类型的查询请求按照预先配置的隔离策略路由到不同的原生化 Trino 集群中，具体架构如图 13-61 所示。

- 通道配置负责管理和构建查询通道配置，可以按照业务**场景与用户**的交叉维度进行通道配置。
- 通道资源集合根据通道配置，在内存中构建通道集合以备通道选择器使用，每个独立的通道会按通道配置信息构建自己隔离的提交队列和运行队列。
- 通道选择器基于配置获取查询通道连接器，如果获取失败，则会退到 default 集群进行兜底。
- 通道装配器负责将选择的通道查询任务加载到通道请求队列中。

图 13-61

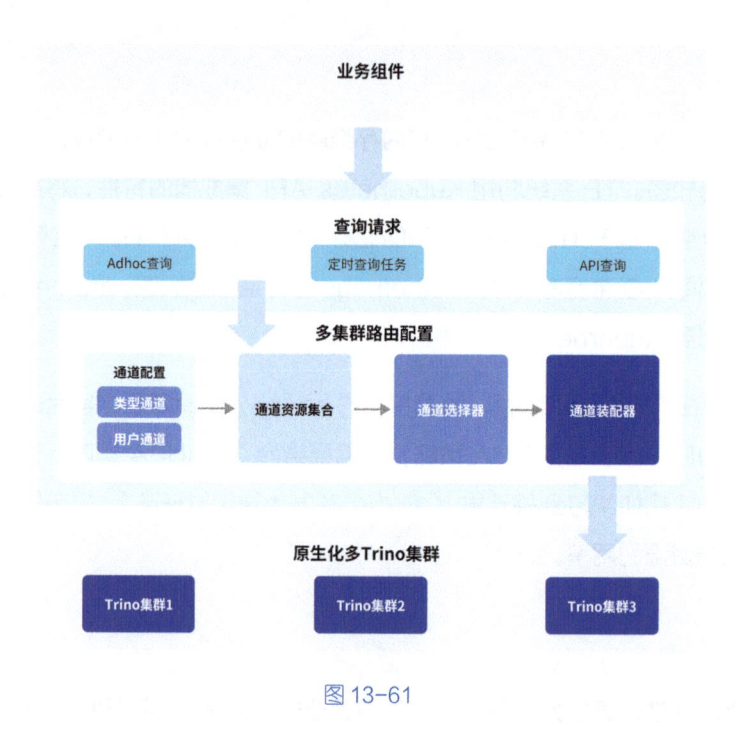

3. 成本优化

在实现了动态状态伸缩和资源隔离后,TE 系统还充分利用以下特性进一步降低计算资源的成本。

- 优先采用 spot 竞价实例。绝大部分云厂商支持 spot 竞价实例,成本低至普通实例的 1 折。它的劣势是在云厂商资源库存不够时会被随时销毁,这种无状态的特性使其非常适合应用在存算分离架构中。为了解决 spot 节点被销毁时导致的 query 失败问题,TE 系统会监听云厂商的 spot 回收事件,在回收前主动静默(不再接收新的 query)相应的 spot 节点,同时采用 Trino 的容错执行(Fault-Tolerant Execution,FTE)架构,针对在 query 任务执行完成前就被消耗的 trino worker 实现 stage 粒度的重试功能,从而极大提升查询的稳健性。此外,厂商的资源使用资费模式还有很多类型,例如,包年包月、按量计费和节省计划等,TE 系统会根据业务场景和优先级选择最优节点类型进行弹性扩容。

- 跨平台混编 Trino 镜像。部分云厂商支持 ARM 架构的实例（例如 AWS 的 Graviton 实例），ARM 架构的实例成本一般比 x86/AMD 便宜，TE 系统支持 multi-arch 模式的 Trino 镜像，可以基于节点类型动态选择启动镜像，进一步压缩计算成本。

前述游戏公司在接入 TE 系统后，将定时查询和业务 Adhoc 查询进行了资源隔离，早上的业务查询不会被大量定时任务影响。同时，动态的状态伸缩能力可以保证按需使用资源，计算成本下降了 50% 左右，服务查询的响应速度提升了 40% 左右，运维和治理过程也大大简化，提高了后续维护和管理的效率。

13.5　如何解决安全合规问题

数据已经成为游戏企业至关重要的生产资料，业界在积极寻求让数据发挥更大价值的方法，在这个过程中，必然会涉及数据交换、数据共享，以及数据安全和隐私保护问题。一方面，数据共享需求十分迫切，近年来，数据分析和人工智能应用取得的重要进展主要源于对海量、高质量数据资源的分析和挖掘；另一方面，数据的无序流通与共享可能导致数据安全和隐私保护方面的重大风险，必须对其加以规范和限制。例如，鉴于互联网公司频发的、由于对个人数据的不正当使用而导致的隐私安全问题，欧盟制定了"史上最严格的"数据安全管理法规——《通用数据保护条例》（General Data Protection Regulation，GDPR），并于 2018 年 5 月 25 日正式生效。2020 年 1 月 1 日，被称为美国"最严厉、最全面的个人隐私保护法案"——《加利福尼亚消费者隐私法案》（California Consumer Privacy Act，CCPA）也正式生效。在国内，《中华人民共和国个人信息保护法》于 2021 年 11 月 1 日生效。

确保数据系统安全合规是游戏企业建设数据中台时必须严守的底线，数数在构建 TE 系统时，在安全合规方面投入了大量资源，期间也沉淀下来一些经验，下面分享给大家。

13.5.1 如何保证数据安全

某游戏公司基于 Hadoop 搭建了内部的数据中台，基于 Kerberos 构建了数据安全认证体系。随着业务发展，数据安全管控日益精细化，涉及字段级和行级的数据权限管控，同时需要满足敏感数据加密存储、脱敏展示等一系列安全要求。系统化地提供比 Kerberos 认证更强大的数据安全能力成为数据团队亟须解决的问题。

根据所涉及系统和技术领域不同，游戏数据中台面临的安全风险由下至上可以分为以下 3 个层次。

（1）数据中台的物理安全与网络安全。TE 系统整体的安全拓扑架构如图 13-62 所示。

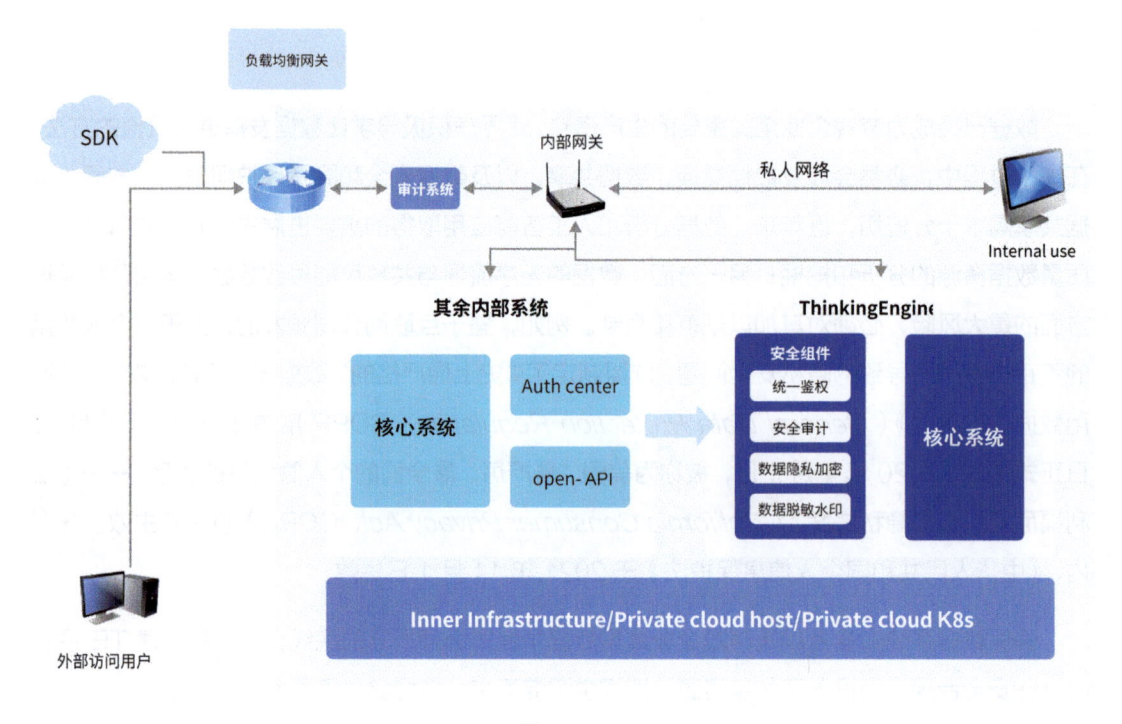

图 13-62

整个系统部署在客户自己的内网环境中，数据通过负载均衡网关统一上报，且只进不出；外部用户需要通过该网关访问内部数据系统。将所有与外网联通的场景全部收口到统一网关，有助于进行权限管控和审计，可以规避数据泄露风险。

（2）数据中台的系统安全。数据中台内部的各个子系统需要协同保障数据安全，TE 系统基于重要性程度，将数据系统的安全能力分为以下 4 个层次。

- **存储安全性保障**：通过余副本策略解决单点问题，确保在单个磁盘或者节点硬件出现故障的情况下，数据不会丢失。
- **收数安全性保障**：通过统一网关、负载均衡，以及收数服务弹性扩展的能力，确保数据在任何时刻都能上报到数据系统中，不会出现数据上报丢失的问题。
- **数据处理安全性保障**：在数据通过收数网关流入 Kafka 等 Fast Storage 后，流式引擎需要确保原始数据的完整性，同时，可以通过旁路数据备份功能将原始数据备份到其余归档存储中（例如对象存储），对数据安全进行兜底。
- **数据查询安全保障**：查询引擎可以通过高可用架构确保应用始终能够访问数据，同时，可以在查询引擎中实现系统级的权限校验功能（类似 Kerberos 认证的方式），提供粗粒度的数据权限管控能力。

（3）数据中台的应用安全。这个层次最贴近用户的数据应用场景，需要数据中台提供更丰富的数据安全功能，为用户应用数据的各类业务场景提供可靠的数据安全能力。

TE 系统提供了以下数据应用层的安全能力。

- 基于角色的数据权限。为不同角色提供不同的数据权限，例如，只给某一角色查看看板的权限，将数据访问的粒度限制在简单被动看数，如图 13-63 所示。

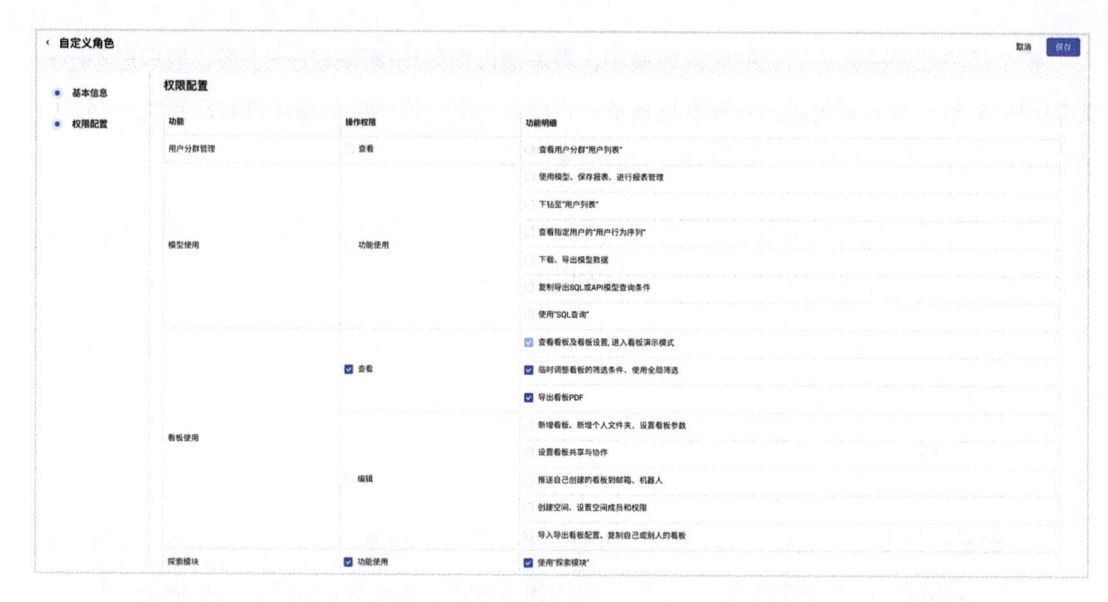

图 13-63

- 基于事件、属性、字段进行筛选，以及属性级脱敏的数据访问权限，如图 13-64 所示。

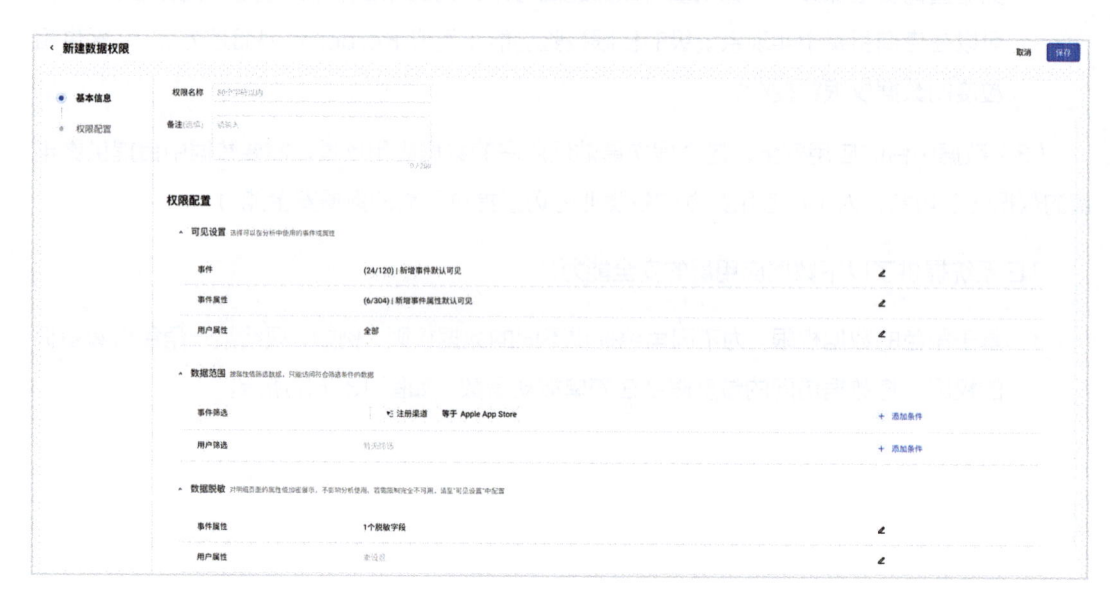

图 13-64

通过指定白名单事件、事件属性和用户属性，限制用户访问的数据类型字段属性，例如，可以限制部分用户访问付费事件等核心数据，同时限制来源、充值金额等核心属性的访问权限。进一步，通过字段级筛选功能，提供更为精细的数据访问权限，例如，只给某些用户查看渠道为应用宝的数据。对于敏感字段，系统也会提供相应的数据脱敏功能，例如，在查询展示时隐去特定字段值。

该功能在底层通过动态视图实现。在构建查询时，系统会根据用户的数据权限自动进行视图封装，并向上提供统一的查询视图，确保终端用户可以无缝查询数据，所有结果都已经过权限层的过滤。

- 敏感数据的加密功能。对于特别敏感的事件数据，例如付费数据，可以整体进行加密处理，以最大限度地提升敏感数据的安全性。

TE 系统基于 KMS 实现了 HDFS 透明加密功能，确保加密空间内的数据不会被非法查询，只有经过认证的客户端才能查看加密内容，如图 13-65 所示。

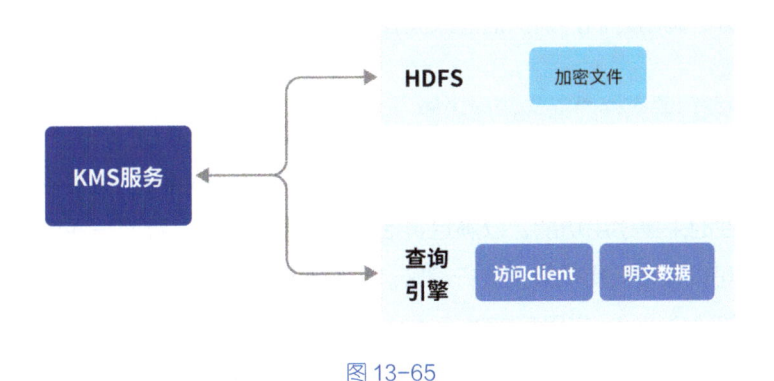

图 13-65

前述游戏公司接入 TE 系统后，通过透明加密功能针对敏感数据进行单独加密，并基于敏感数据访问审计功能进行查询行为风控。同时，基于 TE 系统提供的数据权限管理功能对接自建的权限系统，将企业内部统一的权限管控与 TE 系统灵活的数据权限功能结合起来，满足更为复杂的数据安全要求。

13.5.2　如何满足数据采集合规性

某游戏公司的数据团队为了方便各项目组上报数据，开发了统一的客户端采集 SDK。随着安全合规要求日益严格，SDK 需要即时更新。该公司的游戏在全球发行，数据团队在研究和推进 SDK 安全合规上投入了大量资源，但由于涉及的要求越来越多，团队资源难以为继。

随着安全合规政策日益严格，游戏数据采集面临越来越多的挑战，如何在保证安全合规的前提下提供精准的用户识别能力以及全面的数据收集能力，是数据团队在开发采集 SDK 时需要重点考虑的问题。数数为游戏行业提供全面的采集 SDK 能力，严格遵守安全合规政策。

1. 提供自定义初始化时机功能

需要让接入 SDK 的开发者能够自主选择在程序运行的任何时机完成 SDK 的初始化，以便在用户未授权数据收集条款时关闭客户端的数据采集功能。例如，针对国内的信息安全合规要求，开发者必须明示信息采集弹框，并在用户同意的前提下采集用户信息，因此，开发者需要自定义初始化函数的调用时机，确保信息采集在用户确认同意后进行。

2. 提供客户端预置属性的采集禁用功能

客户端 SDK 会提供常用的预置属性的采集功能，如 AndroidID、机型、运营商等，同时需要提供这些属性的采集禁用功能，以满足灵活的安全合规要求。针对一些更为敏感的属性，如 AndroidID，可以直接在代码级别进行屏蔽。我们可以使用 ASM 框架，在程序编译阶段动态移除代码。例如，Google 应用商店对于 AndroidID、GAID 的采集和信息关联有一定限制，出于合规的目的，开发者可能会选择屏蔽对 AndroidID 的信息采集。

3. 提供预置属性的不同采集时机的分层采集能力

我们可以根据预置属性的变化规则划分层级，针对不同的层级采用不同的采集方案，降低数据采集的频率，避免数据超频采集带来的合规风险，如表 13-1 所示。

表 13-1

变化规则	属性名称	处理方案
固定不变	设备 ID、屏幕宽高、设备类型、包名等	初始化时采集一次，缓存预置属性在内存中，每次使用时直接读取内存中的预置属性
实时变化	FPS、硬盘（剩余）、内存（剩余）	事件发生时，实时采集预置属性
非实时变化	网络状态、运营商信息等	1. 初始化时采集一次，缓存预置属性在内存中，每次使用时直接读取内存中的预置属性 2. 监控网络等状态变更，状态有变化时获取预置属性并写入内存

4. 提供敏感属性的脱敏或者加密功能

针对脱敏，SDK 可以封装统一的功能，以便开发者对敏感属性统一脱敏。

针对加密，SDK 可以与服务端数据中台提前约定好加密密钥，以便开发者统一对敏感属性加密。在数据中台查询时，可以根据需要，通过密钥进行解密查询。

5. 提供针对原始采集报文数据的整体加密功能

为了提升客户端本地数据存储及传输链路的安全性，客户端 SDK 可以提供可选的高阶安全保护策略，如图 13-66 所示。

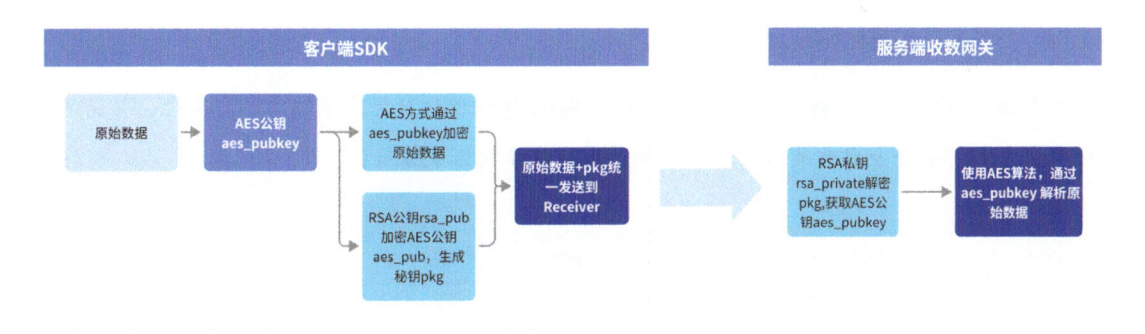

图 13-66

算法整体采用 RSA+AES 的混合加密方式，客户端的 AES 公钥是随机生成的，SDK 在初始化时会向服务端请求一个 RSA 私钥。这种混合加密方式发送的数据体较大，可以减少服务端 RSA 解密的开销。这里采用 AES 算法加密数据体，通过 RSA 算法对 AES 密钥进行加固，既兼顾了安全性，又减少了服务端在处理加密数据时的开销。

6. 提供设置和管理采集状态的功能

可以在 SDK 内集成几种采集状态，以便开发者暂停或者停止数据采集和上报，用于支持 GDPR 以及国内的同意撤回等规定。

- NORMAL：正常采集上报。
- PAUSE：只采集不上报（缓存在客户端本地）。
- STOP：停止数据采集并删除本地客户端数据。

例如，游戏用户向游戏开发者反馈需要停止采集个人信息，游戏开发者可以在客户端设置该用户的采集状态为 STOP。

7. 提供用户数据的删除功能

需要在 SDK 内置 userdelete 接口，开发者调用后可以向服务端的数据中台上报一个用户数据删除指令，删除数据中台中该用户的数据。该功能主要用于支持 GDPR 中的"数据被遗忘权"及国内的数据删除规定。

前述游戏公司接入 TE 系统后，采用采集 SDK 保证整体数据采集链路的安全性，并满足各区域和平台的安全合规政策，从而让数据团队专注于挖掘数据价值。

13.5.3　如何解决游戏出海数据隐私问题

某游戏公司发行全球同服游戏，为了规避不同区域的安全合规风险（如数据不允许跨境传输），只能将不同区域的数据保留在当地，无法进行统一的用户行为分析，并且需要在不同的集群内重复配置指标、报表和看板。

第 13 章　游戏数据中台建设

为了满足游戏"全球发行，统一分析"的需求，TE 系统提供了全球多集群的出海解决方案，核心策略如下。

- 数据需要在各个区域本地化采集，用户行为明细数据不能跨区域传输，每个区域需要有独立的数据集群。
- 非用户粒度的聚合型数据不涉及安全合规问题，可以在不同区域间传输。

基于以上两个核心策略，TE 系统的全球架构如图 13-67 所示。

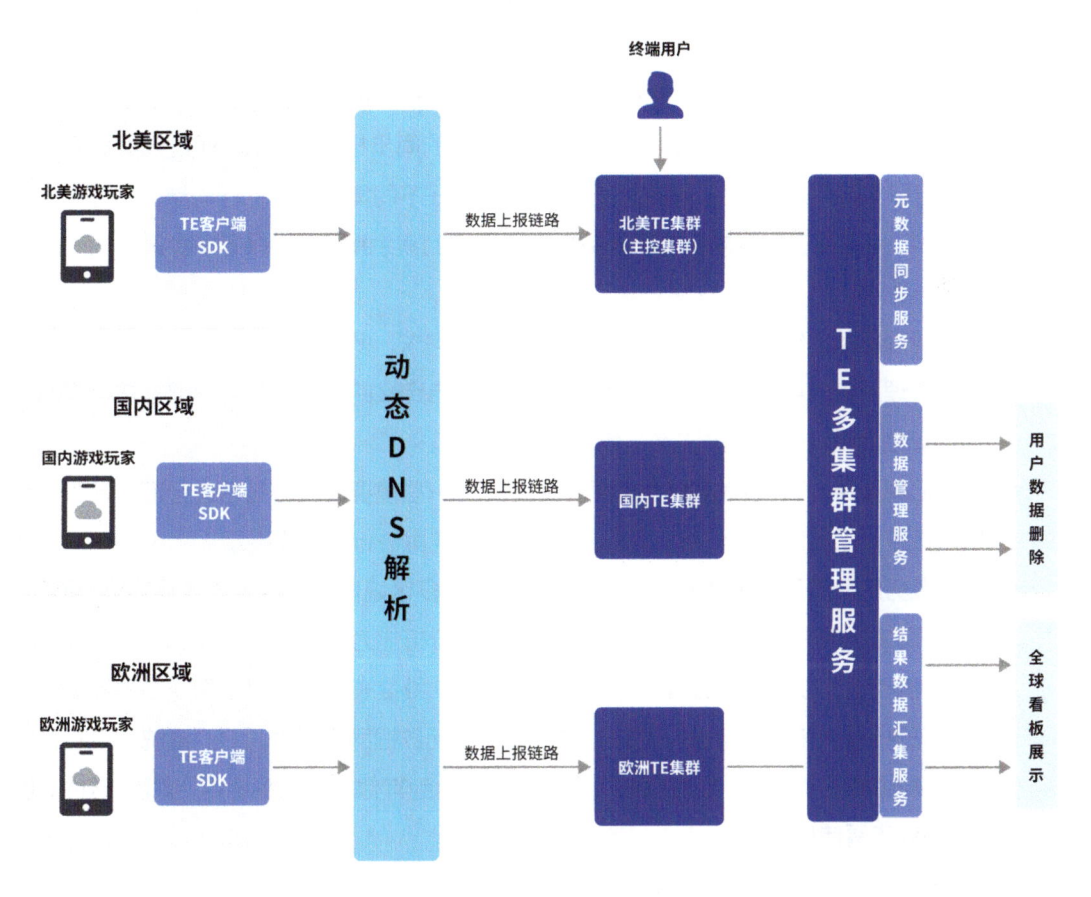

图 13-67

- 数据采集方案。游戏通过数数提供的客户端 SDK 接入，采用统一的域名进行数据上报。该域名会通过动态 DNS 解析的方式将请求路由到距离用户最近的本地化 TE 集群，确保用户的数据只会上报到用户所在区域的数据中台，避免了用户明细数据跨区域传输的风险。
- 多集群管理。由于数据分散在不同区域的集群中，所以需要一个多集群的管理组件来完成不同集群之间的元数据、数据资产，以及用户权限相关的自动化同步；需要一个统一的数据管理服务来统一处理多个集群的数据；为了能够在主控集群中查看全球统一的数据看板，还需要一个数据汇集服务。
- 元数据同步服务。由于客户端采用统一的 SDK 上报数据，因此上报的原始数据格式在不同区域是一致的，这为元数据在不同集群之间的同步打好了基础。通过元数据同步服务，可以实现用户、权限、看板、报表等元数据在不同集群之间进行同步。指定一套主控集群，可以将该集群内所有的元数据定时同步到其余集群中，保证多套集群之间的元数据一致性。
- 数据管理服务。针对 GDPR 等数据隐私政策的需求，多集群管理服务也会提供统一的数据管理系统，可以基于用户账号、设备 ID 等自定义的条件，对用户数据按需删除，实现安全合规，而无须关注这些数据在哪个集群。
- 数据汇集服务。TE 系统通过数据汇集服务，将一些重要的核心指标进行汇集计算，可以进行整体维度的统计分析，并在统一的 BI 系统里进行可视化展示。
- 全球业务统一展示。全球业务统一展示功能包括**多区域自助分析**和**全球数据统一展示**。
  - 多区域自助分析。TE 系统具备强大的自助分析能力，可以在主控集群上通过各个分析模型，以及用户分群、标签、虚拟属性、维度表等功能灵活构建各种深度的数据分析报表和数据看板。同时，借助多集群元数据同步组件，TE 系统可以将主控集群中构建的看板、报表以准实时的方式镜像到其他区域的系统内，实现**一处构建，多处查看使用**。
  - 全球数据统一展示。TE 系统内集成了多集群数据汇集计算组件，通过预聚合查询 API 将各个区域集群内的预聚合统计数据汇集到主控集群后进行二次聚合查询，生成全球统一看板，实现**全球数据统一分析**，如图 13-68 所示。

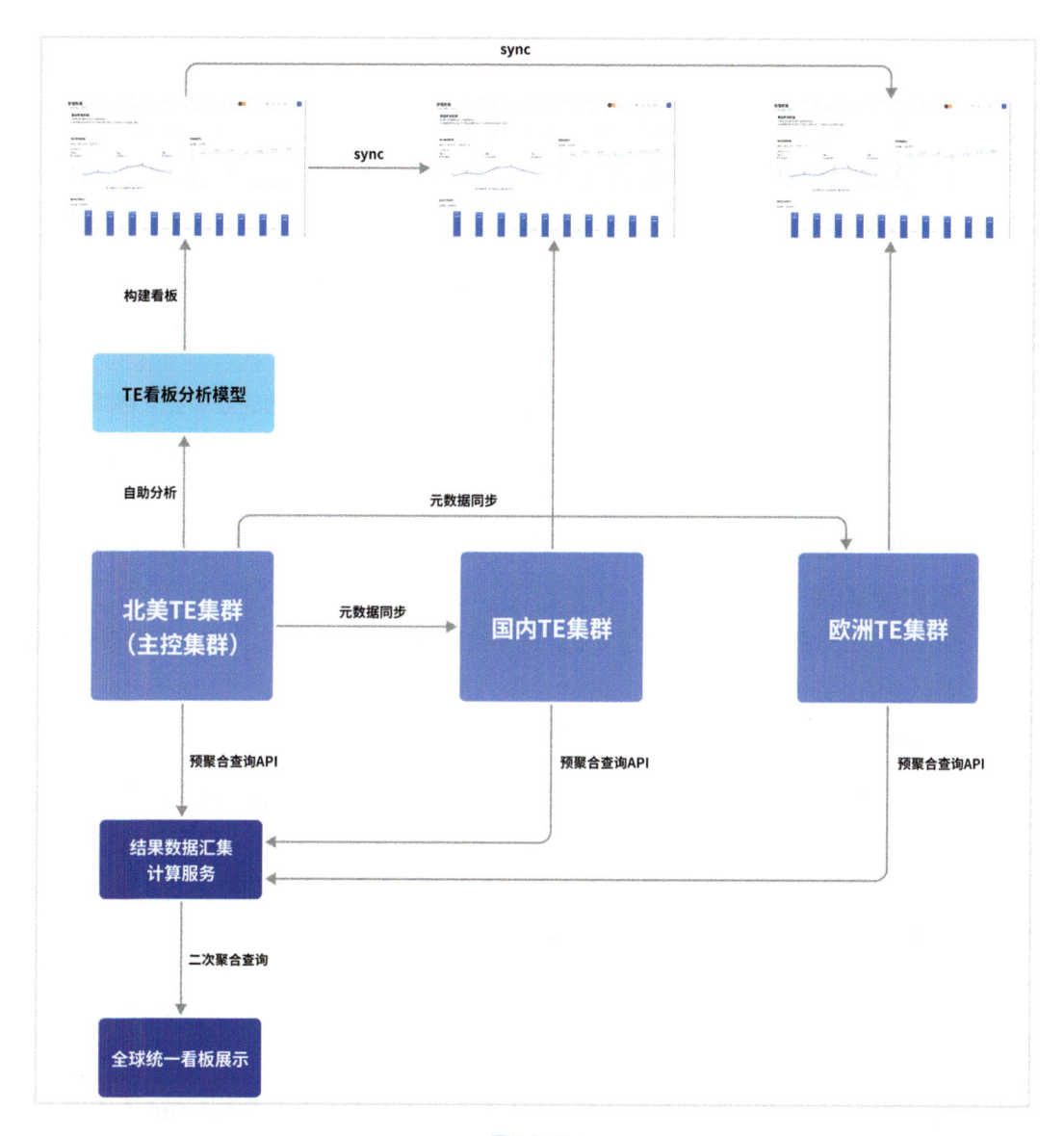

图 13-68

前述游戏公司接入 TE 系统后，采用全球集群方案解决了出海数据安全合规问题，同时，实现了在统一的系统内进行数据分析，无须在多个区域的集群内重复配置、切换使用，提高了数据分析查询的效率。

13.6　打造面向未来的游戏数据中台

前面从提升数据质量、打破数据孤岛、高效响应业务、持续降本增效、满足安全合规 5 个方面入手，展开介绍了如何通过架构思路和技术理念解决问题。当然，这 5 个方面本身并不是相互割裂的。

- 提升数据质量是**前提**。不把好全链路数据质量关，数据产生价值的效率会大幅降低。
- 打破数据孤岛是**基础**。只有把游戏业务链路上的所有数据源打通，形成完整的数据闭环，才能最大化挖掘数据的价值。
- 高效响应业务是**目的**。数据中台的最终目的是高效、即时地满足业务需求，实现驱动业务增长的数据飞轮。
- 持续降本增效是**过程**。只有持续降低数据存储和数据查询的成本，才能不断提高单位数据产生的业务价值。
- 满足安全合规是**底线**。安全合规是数据中台不能逾越的红线。

游戏行业日新月异，迭代和变化的速度很快。同时，游戏行业也是技术创新的摇篮，很多新技术会在游戏行业率先尝试，并应用到游戏业务场景中，而游戏业务也会牵引着新技术的迭代和发展。数据团队不能仅停留在基于当下数据中台技术、满足现有业务需求的层面，需要对新技术有足够高的敏感度，保持技术创新性，打造面向未来的游戏数据中台。

数数基于不断迭代 TE 系统和多年服务于游戏行业的经验，认为面向未来主要体现在以下方面。

（1）数据团队需要把重心从重复性、事务性的工作中逐步抽离，将更多精力投入平台能力的迭代和演进，以及垂直业务中。可以通过自助化且易用的数据应用降低数据使用门槛，让业务人员可以自主完成常规工作。只有这样，数据团队才有足够多的精力和资源投入新技术的探索和创新业务的支持，为企业未来的业务发展做好布局。

（2）AI 智能化的能力会被逐步引入游戏数据中台，数据团队需要投入足够的资源做好数据的 AI 智能化建设，提供基于 DATA+AI 场景的预测能力，助力业务人员提前判断并进行决策，帮助公司在快速迭代变化的游戏行业中抢占先机。

（3）数据中台的底层架构需要向"开放、融合、共建"的方向演进。为了能够跟上大数据技术的演进，确保企业内部的数据中台不会被淘汰，数据团队需要构建开放、融合的底层架构，可以快速、可插拔地引入最新的大数据引擎或者第三方数据中台能力，以融合、共建的方式打造企业内部一体化、面向未来的数据系统。

数数一直秉持"开放、融合、共建"的理念，从未来视角出发，从当下务实做起，通过底层的开放引擎，致力于助力游戏企业搭建自有数据中台，并通过技术创新帮助游戏企业释放游戏项目的最大潜力，实现高效增长，成就行业领先。

后记

为全球游戏构建数据基础设施

2015 年，数数在一家由旧工厂改造的孵化器中成立，至今已有 10 年。10 年前，我们带着改变游戏行业数据使用状况的决心出发，一路走来，几多风雨几多晴。在这 10 年中，数数的发展大致可以分为 3 个阶段：2015—2017 年，探索期；2018—2022 年，发展期；2023 年至今，成熟期，每个阶段的经历都是宝贵的。

2015—2017 年，探索期

在这两年多的时间里，我们探索了很多方向，包括游戏行业的舆情数据挖掘、用户行为数据挖掘、AI 技术在游戏业务中的应用。作为典型的技术型创业团队，我们最初的想法是做一家以技术为核心驱动力的公司，上述几个探索方向都有很高的技术壁垒。但理想很丰满，现实很骨感，市场不会为技术买单，市场只认价值。技术含量高并不等于价值高，只有为客户创造足够的价值，技术才有意义。现在看来，这是一个很简单的常识，但我们花了两年多的时间才领悟其中的道理。

2018—2022 年，发展期

2018 年的游戏行业刚经历完一段爆发式增长，进入了新的发展阶段。我们在经历了两年多的探索后，也大致清楚了游戏行业的数据使用情况。整体而言，2018 年的游戏行业处于转型的关键阶段，用户获取成本越来越高，产品研发成本也越来越高，打造精品游戏、把存量用户经营好变得尤为重要。在这个过程中，数据扮演了非常重要的角色，我们为行业打造从数据采集、存储、实时计算到可视化的一体化解决方案，在应用层面封装了数据分析模型，让业务人员能够快速开展数据分析，极大地提高了数据的使用效率。我们的产品在 2018 年 5 月推向市场后迅速获得了认可，如今已有超过一千家游戏企业使用，超过五千款游戏产品接入。

2023 年至今，成熟期

随着服务的客户越来越多，行业对数数的期待也越来越高。早在 2021 年的游戏数据驱动大会上，我们就提出了"为全球游戏构建数据基础设施"的愿景。中国游戏行业起步晚，但在移动游戏时代迅速崛起。在手游领域，中国的制作能力和运营能力是全球领先的。而不同平台的游戏，如终端游戏、主机游戏、网页游戏、手机游戏，在数据层面的需求是一致的，我们相信，基于中国游戏市场构建的优势同样可以推广到全世界。TE 系统从 2023 年 7 月正式发布以来就有一个明确的定位——全球游戏数据基础设施。

这也正是数数的使命——为全球游戏构建数据基础设施。

2025 年 6 月